Helga Briemle

Gärten für die ganze Familie

Spielen, Gärtnern,
Entspannen, Natur erleben

110 Farbfotos
25 Farbzeichnungen

VERLAG
EUGEN
ULMER

Vorwort

Kürzlich stand ich vor einem 30 Jahre alten Luftbild meines Heimatortes. Obwohl mir natürlich klar war, dass auf den Wald- und Wiesenflächen von damals inzwischen einige Häuser errichtet worden waren, hat mich das ganze Ausmaß der Veränderungen doch ziemlich betroffen gemacht.

Auf einmal stiegen in mir Bilder aus der Kindheit auf: von dem großen Garten mit seinem Hühnerhof, dem Obstgarten und den Beeten voller Gemüse und Blumen, von Familienfesten unter dem alten Apfelbaum und vom Wald gleich hinter dem Haus. Auf der Wiese davor hütete damals der Schäfer mit Hilfe seines großen, schwarzen Hundes seine Herde. Dort gab es einige Tümpel. Im Sommer trockneten sie meistens aus, aber bis in den Juni hinein boten sie den Fröschen und Kröten einen guten Laichplatz und uns Kindern Raum für Entdeckungen. Zur Zeit der Schneeschmelze, wenn Rinnsale die Furchen des Feldweges tief ausspülten, bauten wir dort kleine Staudämme aus Lehm und leiteten das Wasser in den angrenzenden Acker. Der Wald war uns vertraut. Wir sammelten Beeren und Pilze, aber auch Brennholz und Tannenzapfen. Wir wussten, wo der Fuchs seinen Bau hatte und scheuchten mit großem Vergnügen Hasen aus ihrer Sasse. Als Schaukel diente uns der weit überhängende Ast einer alten Birke. Zwischen dichten Hainbuchen bauten wir unsere Lager und hoch oben in der dicken Eiche ein traumhaftes Baumhaus.

Im Garten haben wir selten gespielt. Er hatte eher den Charakter eines Nutzgartens. Dort wurden wir zu allerlei Arbeiten herangezogen: Unkraut jäten, Beeren pflücken, Äpfel ernten, Hühner füttern und dergleichen mehr. Dafür bot sich für uns im Dorf und in der umgebenden Landschaft ausreichend Spielraum.

Inzwischen wurde aus der Schafweide ein Golfplatz, der Wald musste einer Siedlung weichen und der Feldweg verwandelte sich zur Teerstraße. Aus kleinparzelligen Feldern wurden große Schläge. Windschutzhecken und kleine Waldstücke mussten weichen und wo sich einstmals die Streuwiese in jedem Frühjahr mit Mehlprimeln und Enzianen schückte, liegt heute der asphaltierte Parkplatz eines Einkaufszentrums.

So oder ähnlich haben sich Städte, Siedlungen und ihr Umland überall in Deutschland verändert. Und mit den Naturräumen ging auch Erlebnisraum verloren. Für die Kinder gibt es im unmittelbaren Wohnum-

Unter dem Schirm eines Apfelbaumes, einfach auf dem Rasen, lässt es sich fröhlich feiern.

feld weniger Platz zum Spielen. Als Ausgleich errichtete man Spielplätze mit Sandkasten, Schaukel und Wippe, Klettergerüst und Rutsche. Das macht sicher auch Spaß. Aber das Spiel ist vorgegeben. Der Raum für freie Entfaltung, für Fantasie und Kreativität bleibt begrenzt. Außerdem liegen diese Plätze meist nicht unmittelbar vor der Haustüre. Man muss sich eigens dorthin begeben. Für größere Kinder stellt dies im Allgemeinen kein Problem dar. Aber Kleinkinder müssen begleitet werden.

Da besteht gerade bei Familien der sehr verständliche Wunsch, einen Garten zu besitzen, den man nach eigenen Vorstellungen und Bedürfnissen gestalten kann. Meist sind dies Wohn- und Ziergärten mit einigen Gemüsebeeten, Beerensträuchern und Obstbäumen und einem Bereich, wo kleine Kinder ungestört und ungefährdet spielen können, während die Eltern ganz nebenbei ein Auge darauf haben. Im eigenen Garten lässt sich ganz nach Laune fröhlich feiern, spielen und toben oder

auch Stille halten und ausruhen. Natürlich bietet sich die Möglichkeit zu gärtnerischem Gestalten einschließlich der damit verbundenen, manchmal schweißtreibenden Arbeit.

Für aufmerksame Natur-Beobachter sowie für spielende Kinder sind Gärten umso wertvoller und interessanter, je größer ihre Vielfalt an Strukturen und Lebensräumen ist. Mit jeder Nische, jedem Versteck, mit etwas Wildwuchs und allem, was sich spontan entwickelt, steigt der Erlebniswert. Dort finden sich Blumen für Sträuße, Bastelmaterial, allerlei Genießbares, es stellen sich Tiere und Pflanzen ein, die zu Freunden werden, oder auch solche, mit denen man zu kämpfen hat. Kurzum, hier setzt ein Zwiegespräch zwischen Mensch und Natur ein, das manch einer vielleicht schon fast verlernt hatte.

Einen Familiengarten zu gestalten, bedeutet in vielen Fällen auch, die Generation der Älteren zu berücksichtigen, obwohl es heute nicht mehr selbstverständlich ist, dass Jung und Alt unter einem Dach wohnen. Wo dies aber der Fall ist, muss es entsprechend bedacht werden. Deshalb ist ein Kapitel dieses Buches den Bedürfnissen der Senioren gewidmet. Es beleuchtet außerdem die Situation Behinderter.

Danken möchte ich allen, die an diesem Buch mitgewirkt haben, ganz besonders den Kindern und Eltern, mit denen ich spielen und gestalten durfte, die mit mir im Garten sowie in Feld und Wald, an Bächen und Tümpeln auf Entdeckungsreise gegangen sind. Für die Kinder war vieles neu und spannend, was für uns Erwachsene selbstverständlich schien. Sie haben manches entdeckt, woran ich achtlos vorbeigegangen war. Für sie sind Schneckenhäuser, bizarre Hölzer und glatte Kieselsteine bereits Schätze. Jeder Frosch, jeder Käfer wird ihnen zum Partner. Mit ihrer Neugier, ihren Entdeckungen, ihren Fragen haben sie mich auf vieles aufmerksam gemacht und mich bereichert. Dies weiterzugeben ist mir ein Anliegen. Es sollte mich freuen, wenn dieses Buch Anregungen geben kann, den eigenen Garten vielfältig und für die ganze Familie erlebnisreich zu gestalten.

Nürnberg, Sommer 1999
Helga Briemle

Inhaltsverzeichnis

Gärten als Spiegel ihrer Bewohner

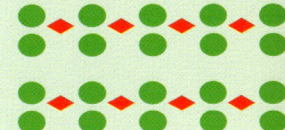

In England pflegt man seit langem die schöne Tradition des Tages der offenen Gartentüre. Zu einer festgelegten Zeit sind sehenswerte Privatgärten für jedermann zugänglich. Inzwischen gibt es das auch hierzulande. Wer möchte, kann bei dieser Gelegenheit den eigenen Garten präsentieren oder die ganze Vielfalt und Schönheit gärtnerischer Gestaltung bei anderen bewundern, sich Anregungen holen und gute Gartengespräche führen.

Da gibt es Bauerngärten nach historischem Vorbild mit der ganzen Vielfalt von Nutz- und Zierpflanzen. Daneben blüht der ehemalige Pfarrgarten in bunter Staudenpracht vor dem Hintergrund von Spalier- und Baumobst. Liebevoll gestaltete Vorgärten laden den Besucher ein. Großzügige Wohngärten mit ansprechender Pflasterung, Rasenflächen, Ziergehölzen und farbenprächtigem Zierpflanzenflor finden wir ebenso wie den kleinen Reihenhausgarten, in welchem Wasser als Gestaltungselement den Ton angibt. Ein terrassiertes Hanggrundstück in voller Rosenblüte bezaubert den Betrachter. Im stillen Hof eines Atriumhauses plätschert ein Brunnen und ausgesuchte Kübelpflanzen zaubern mediterranes Flair.

Die Reihe mustergültiger Gärten ließe sich fortsetzen. Wir sollten sie ergänzen mit Beispielen, die gärtnerisch und ästhetisch weniger anspruchsvoll sind, dafür jedoch andere Qualitäten aufweisen. Dies sind Gärten, in denen Kinder sich austoben dürfen. Sie fühlen sich dort wohl, wo ihrem Tatendrang und ihrer Fantasie wenig Grenzen gesetzt werden. Ein Erdhaufen, eine Sandkuhle, Wasser und Steine, dichtes Gebüsch, Bäume zum Klettern, Wände zum Malen oder Ballspielen, Holz zum Bau von Lager und Baumhaus, ein Platz fürs Lagerfeuer usw.; für solche und ähnliche „Garteneinrichtungen" können Kinder sich begeistern.

Gärten sind so verschieden wie ihr Umfeld und wie die Menschen, die sie bewohnen. Es dürfte kaum zwei gleiche geben. Zum einen sind sie von Boden und Klima geprägt, ebenso vom Pflanzenkleid der umgebenden Landschaft. Denn in jedem Landschaftsraum gibt es auch die für ihn typischen Gärten. Außerdem macht es einen Unterschied, ob der Garten in einem Dorf angelegt wurde oder in städtischem Ballungsraum. Natürlich spielen auch Topografie und Grundstücksgröße eine entscheidende Rolle.

Dies sind die äußeren Bedingungen. Seine individuelle Gestalt erhält ein Garten aber erst von den Menschen, die ihn erdenken, planen, bauen, pflegen und nutzen. Es lässt sich erahnen oder sogar ablesen, wer hier Hand angelegt hat:

Das klassische Wege-
kreuz und streng geo-
metrisch geformte Bee-
te, von niedrigen
Buchshecken um-
säumt, geben diesem
Rosengärtchen eine
barocke Note.

- Ein Garten voller Obstbäume und Beerensträucher, mit Kompostplatz, Kaninchenstall und Brennholzstapel, mit Gemüse- und Schnittblumenbeeten wird sicher von jemandem versorgt, der von seiner eigenen Scholle einen Nutzen haben möchte und sich mit dem Lebensnotwendigen gerne selbst versorgt.
- Gerade Wege, akkurat geschnittene Hecken, Beeteinfassungen und geometrische Formen erinnern an die Zeit des Barock, als man die Natur beherrschen wollte. Ein deutlicher Gestaltungswille lässt sich ablesen. Hoher Arbeitsaufwand wird dabei in Kauf genommen.
- Die moderne Form eines repräsentativen Gartens muss nicht geometrisch streng gestaltet sein. Hier gibt es edle Ziergehölze auf wohlgepflegtem Rasenteppich, schöne Natursteinbeläge, evtl. einen Schwimmteich, Rhododendron-Pflanzungen, Rosen- und Blumenbeete. Dabei ist alles bestens gepflegt. Dieser Garten kann sich wahrlich sehen lassen. Die Besitzer scheuen weder Kosten noch Mühe.
- Ganz anders zeigt sich der romantische Garten. Geschwungene Wege führen zu lauschigen Plätzen. Rankgitter voller Rosen, ein stiller Gartenteich, ein plätschernder Brunnen, Wildgehölze mit überhängenden Zweigen und Blüten in zarten Pastelltönen können hier zu finden sein. Die Bewohner lieben es, im Schatten überhängender Zweige dem Lied der Vögel zu lauschen und dabei zu träumen.

- Ein Garten voll verschiedenster Rosensorten verrät den Pflanzensammler. Das kann aber auch ein Steingarten mit Arten aus aller Welt sein oder ein Waldgarten mit den verschiedensten Farnen, ebenso Staudenbeete mit beispielsweise mehr als dreißig Asternsorten oder eine Sammlung von Fuchsien in schönen Pflanzgefäßen.
- Wer seinen Garten mit dichten Hecken aus heimischen Gehölzen umgibt, eine Wiese wachsen lässt, einen Gartenteich anlegt, das Garagendach begrünt und die verschiedensten Nisthilfen anbringt, der verrät Interesse an Artenschutz und Naturkunde.
- Der Künstlergarten ist von Eigenwilligkeit geprägt, sowohl in der Auswahl und Zusammenstellung der Pflanzen als auch in seiner Ausformung und der Ausstattung mit Steinen, Skulpturen und Wasseranlagen.

Im eigenen Garten kann man sich frei entfalten, Kontakte pflegen und Feste feiern, den persönlichen Neigungen nachgehen, die Fantasie spielen lassen, Gelungenes genießen, Unbefriedigendes verändern und dabei innerlich Zwiesprache halten mit allen Erscheinungen der Natur. Nur auf die Umgebung und die Nachbarschaft ist im erforderlichen Maße Rücksicht zu nehmen.

Bei der Entstehung eines Gartens sind meistens mehrere Personen beteiligt. Diejenigen, die ihn gestalten und bewohnen wollen, also zum Beispiel die Mitglieder einer Familie haben bestimmte Vorstellungen, Wünsche und Ziele, die sie mehr oder weniger in die Überlegungen zu Planung und Bau einbringen. Oft fließen Vorbilder aus anderen Gärten, aus Büchern und Zeitschriften mit ein. Wird ein Gartenarchitekt bei der Planung hinzugezogen, so stimmt dieser alle Gegebenheiten und Wünsche miteinander ab und erarbeitet einen eigenen Entwurf. Dieser Plan wird dann meist von Landschaftsgärtnern realisiert. Viele Grundstücksbesitzer legen jedoch ihren Garten zumindest teilweise selbst an. So mancher holt sich vielleicht Rat bei der Planung,

Oben: Im Garten einer Künstlerin empfängt ein Waldgeist den Besucher.

Unten: Ein lauschiger Sitzplatz am Gartenteich.

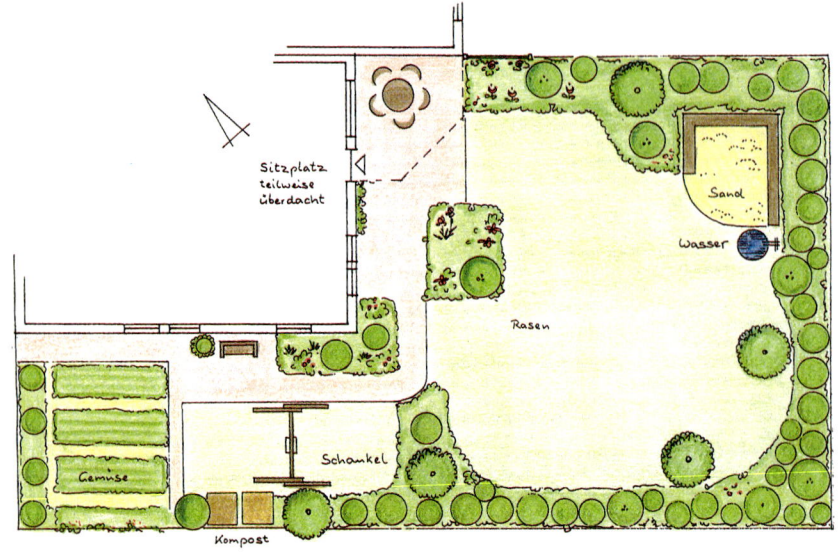

Im Jahr nach der Neuanlage eines Gartens bilden die Gehölze noch keinen geschlossenen Sichtschutz. Der Garten wird von einer Familie mit Kleinkindern bewohnt. Deshalb sind Sandkasten und Schaukel wichtig. Die halb überdachte Terrasse bietet Schatten und Schutz vor Regen. Sonnenhungrige Staudenpflanzungen rahmen den Sitzplatz ein.

Sieben Jahre später haben sich die Sträucher zu einer dichten Hecke geschlossen. Die Bäume sind so weit herangewachsen, dass sie sogar eine Hängematte tragen. Wo der Sandkasten war, wurde inzwischen ein Gartenteich angelegt. An Stelle der Schaukel haben die Kinder Stall und Gehege für ihre Kaninchen untergebracht.

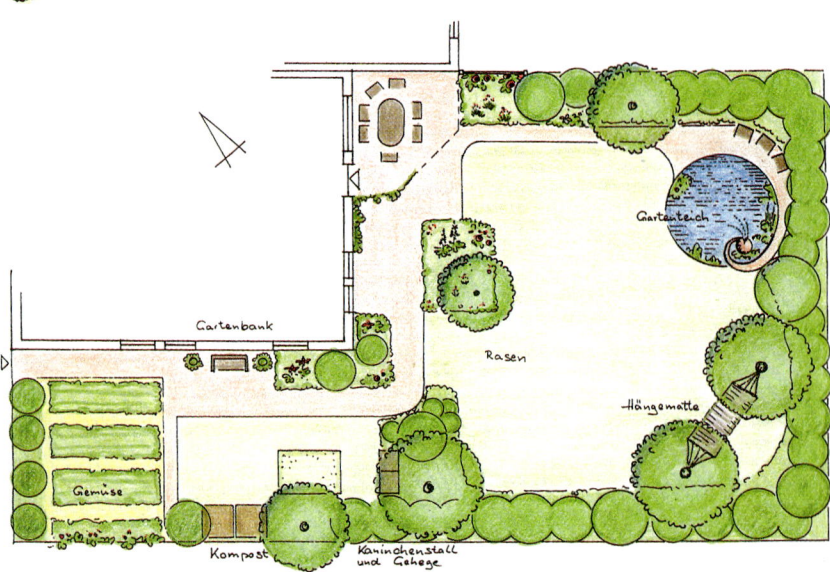

Fünfzehn Jahre nach der Pflanzung haben die Bäume mächtige Kronen gebildet. In ihrem Schatten entstand ein Rasen-Sitzplatz. Sträucher beginnen von unten zu verkahlen und erhalten nun eine Vorpflanzung. Sonnenstauden mussten schattenverträglichen Arten weichen. Die Kinder nutzen den Garten kaum mehr. Weil die Hausfrau inzwischen wieder berufstätig ist, wurde der Gemüsegarten auf ein Kräuterbeet reduziert.

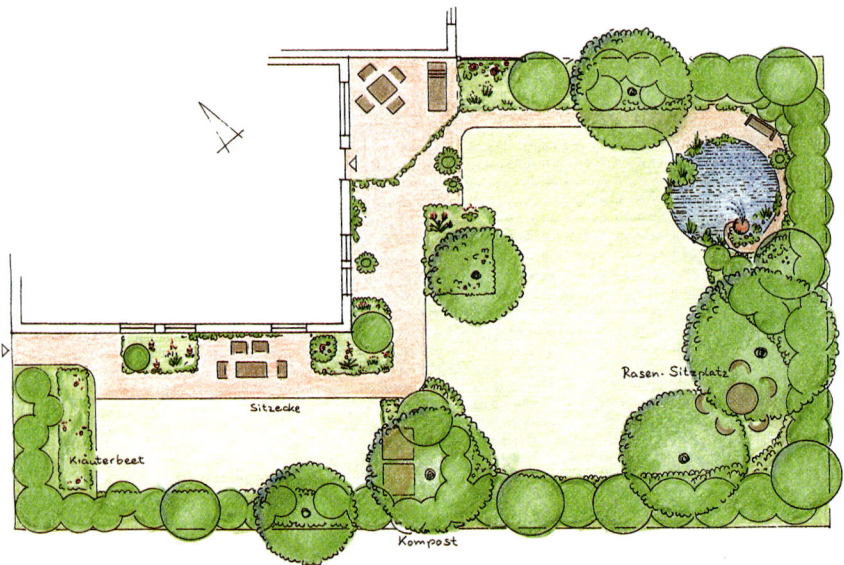

überlässt die Belagsarbeiten einer Firma und übernimmt unkomplizierte Bauarbeiten und Pflanzungen selbst.

Bis zur baulichen Fertigstellung waren also bereits verschiedene Personen tätig, die alle eine Spur hinterlassen. Im Idealfall ergänzen sich alle Beteiligten und ihr Zusammenwirken verläuft harmonisch. Dann wirkt das Ergebnis überzeugend.

Die Bedürfnisse und Wünsche von Kindern werden zwar meist berücksichtigt, aber selten dürfen die Kleinen selbst am Gestaltungsprozess mitwirken, obwohl dies durchaus möglich ist. Bereits in die Vorüberlegungen können und sollten ihre Wünsche einfließen. Dabei sind für Kinder unfertige, offene, veränderbare Bereiche, wie eine Baustelle sie bietet, am interessantesten. Sie schaffen sich ihre eigene kleine Welt aus der augenblicklichen Situation heraus mit Hilfe vorhandener Materialien. Für sie ist es am schönsten, wenn ihnen eine Gartenecke sozusagen als Dauerbaustelle zuerkannt wird, die sie selbst nach Belieben gestalten und verändern dürfen.

Wer annimmt, mit dem Bau von Wegen, Mauern, Plätzen usw., mit Pflanzungen und Rasenansaat sei der Garten fertig, der täuscht sich. Allein dadurch, dass Pflanzen heranwachsen, ergeben sich ständige Veränderungen. Außerdem wirkt der Gestaltungsprozess in der Pflege weiter. Jäten, Hacken, Mähen und Schneiden einerseits sind genauso gestalterische Maßnahmen wie andererseits die Duldung spontaner Vegetation. Im Laufe der Zeit wird man immer wieder etwas umpflanzen und neu ordnen oder einzelne Bereiche umgestalten und momentanen Erfordernissen anpassen.

Ganz besonders gilt dies für einen Familiengarten. Kinder werden größer, ihre Bedürfnisse ändern sich. Wo Sandplatz und Schaukel wichtig waren, besteht nach ein paar Jahren der Wunsch nach mehr Bewegungsfläche und einem Baumhaus. Noch später ist das alles nicht mehr gefragt und man benötigt einen weiteren Sitzplatz.

Im Garten zeichnen sich aber nicht nur naturgegebene oder funktional bedingte Veränderungen ab, er ist in besonderem Maße ein Raum, in dem sich die persönliche Kreativität entfalten kann. Geschmack und Fantasie finden ihren Niederschlag in der Auswahl und Verarbeitung von Materialien, in Farbkompositionen, Pflanzenkombinationen und allerlei Ausstattungen. Dabei gibt es Bereiche, die sehr fundiert überlegt sein wollen, weil sie lange Zeit bestehen. Dazu gehört die Ausformung des Geländes, alle raumwirksamen Elemente, größere Gehölze, die Gestaltung der Beläge und Mauern. Dagegen lässt sich mit kurzlebigen Stauden und mit Einjahresblumen gut experimentieren. Was in diesem Jahr nicht befriedigt, kann im kommenden verändert werden. Noch flexibler kann man mit Kübelpflanzen oder auch mit Gartenmöbeln gestalten. Ein besonderer Blickfang und Ausdruck des persönlichen Geschmacks sind kleinere und größere Kunstwerke. Ein Garten ist also für Groß und Klein ein Bereich stetiger Wandlung und eine Herausforderung an kreative Gärtner.

Den Garten planen

Wie geht man nun am besten vor bei der Planung und Anlage eines Gartens? Sei es, dass das Haus neu gebaut wurde und die abziehenden Baumaschinen eine arg malträtierte, kahle Grundstücksfläche zurücklassen, sei es, dass ein älterer Garten umgestaltet und aktuellen Bedürfnissen angepasst werden muss. Sofern dies möglich ist, sollte man Haus und Garten zugleich planen. Das lohnt sich, schon im Hinblick auf die optimale Stellung der Gebäude auf dem Grundstück, aber auch weil damit alle Wechselwirkungen zwischen außen und innen frühzeitig bedacht und aufeinander abgestimmt werden können.

Die Ausgangssituation – Was ist vorhanden?

Der erste Schritt gilt einer umfassenden Bestandsaufnahme. Dabei sind nicht nur Haus und Grundstück zu bedenken, sondern ebenso das Umfeld. Eine Checkliste hilft, alles Wesentlich zu berücksichtigen:

Checkliste zur Erfassung der Ausgangssituation
- Wo stehen die Gebäude?
  Welche Funktionen haben sie? (Wohnhaus, Garage, Holzschuppen, Gartenlaube, Nebengebäude für Fahrräder und Gartengeräte, Mülltonnen usw.)
- Wo gibt es Ein- und Ausgänge?
  Welche werden oft begangen, welche seltener?
- Wo sind Fenster?
  Wohin blickt der Betrachter vom Zimmer aus? (Zu berücksichtigen sind vor allem bei Tag häufig genutzte Sitzplätze wie Essecke, Mußesessel, der Platz am Schreibtisch ...)
- Gibt es auf dem Grundstück Höhenunterschiede?
  Nach welcher Himmelsrichtung neigt es sich?
  Wie steil ist das Gelände?
- Bestehen Höhenunterschiede zu den Nachbargrundstücken und zur Straße?
- Wo und in welcher Tiefe verlaufen Leitungen für Strom, Telefon, Medien, Wasser, Abwasser usw.?

Kleine Kinder brauchen einen eigenen Spielbereich im Garten, wo sie sich frei entfalten können. Am besten sollte er so gelegen sein, dass Eltern ein Auge darauf haben können.

- Welche Pflanzenbestände sind vorhanden? (Bäume, Sträucher, Stauden, Wiese, Rasen ...)
  Was kann und soll erhalten werden?
- Wie sind die Bodenverhältnisse? (durchlässiger Sand, nährstoffhaltiger Lehm, tiefgründiger Löss, dichter Ton .... unbearbeiteter Rohboden oder gut ausgereifter Gartenboden)
  Welche Unkräuter breiten sich aus?
  Was gedeiht von Natur aus?
- Ist die Lage stark dem Wind ausgesetzt?
  Woher weht er meistens?
- Wie ist die Lage zu den Himmelsrichtungen? (Mit einem Pfeil gibt man die Nordrichtung an)
- Welche Bereiche liegen in der Sonne, wohin fällt Schatten?
  Wie viele Stunden am Tag sind diese Plätze beschattet?
  Wie sind die Lichtverhältnisse im Sommer, wie im Winter?
- Wie groß ist das Grundstück? Welche Form hat es?
- Ist Sichtschutz erforderlich? Wenn ja, wo?
- Wo verläuft die Grundstücksgrenze?
  Gibt es bereits Einfriedungen? Wie sind sie beschaffen? Sollen sie erhalten bleiben oder erneuert werden?

- Wie sehen die Nachbargrundstücke aus?
  Gibt es Einwirkungen nachbarlicher Gebäude oder Pflanzenbe-
  stände auf das eigene Grundstück?
  Ist dies begrüßenswert oder problematisch?
- Wie sieht das nähere Umfeld aus?
- Befindet sich das Grundstück in der Stadt, am Stadtrand, in einer
  Villengegend, in ländlicher Gegend, in der Ortsmitte, am Orts-
  rand .... ?
- Gibt es Relikte von historischer Bedeutung (beispielsweise ältere Ge-
  bäude, Mauern oder deren Reste)?
- Gibt es für das Baugebiet einen Bebauungsplan? Was sieht er vor?
  Sind Auflagen zu erfüllen?
- In welcher Landschaft befinden wir uns? Ist sie gebirgig, hügelig,
  eben?
- Hat man von Haus und Garten aus eine schöne Aussicht, die es zu
  betonen gilt oder ist eher etwas Unansehnliches zu verdecken?
- Liegt das Grundstück an einer vielbefahrenen Hauptverkehrsstraße,
  an einer Seitenstraße oder in einer verkehrsberuhigten Zone?
- Wie weit entfernt liegt der nächste Spielplatz? Wie ist dieser ausgestattet? Eignet sich das Umfeld als Spielgelände, für Abenteuer,
  um Natur zu erleben?

Anhand des Fragenkataloges macht man sich klar, welche Besonderhei-
ten, Vorzüge und Nachteile ein Gartengrundstück aufzuweisen hat. Ein
großer Teil dieser äußeren Bedingungen können in einem Bestandsplan
im Maßstab 1 : 100 (1 cm auf dem Papier entspricht 1 m in der Realität)
zusammengefasst und dargestellt werden. Für die weitere Planungsarbeit
ist dies sehr hilfreich.

Planungsziele

Wozu soll der Garten dienen?

Als nächstes sollten sich die Bewohner eines Gartens über ihre Situation
und ihre Wünsche klar werden. Außerdem gilt es festzustellen, welche
Funktionen zu erfüllen sind. Ein Fragenkatalog kann hierzu nur Anhalts-
punkte geben. Individuelle Vorstellungen gehen meist darüber hinaus.

Wunschliste Garten
Wer nutzt den Garten?
(Familie oder Einzelperson, eine oder mehrere Nutzergruppen,
wieviele Kinder, welche Altersgruppe ...)

Wozu soll der Garten dienen?
Versorgung mit Obst, Gemüse, Kräutern,
Blumen ...
Erholung, Faulenzen, Muße ...
Gesellschaften, Partys, Familienfeste ...
Sport und Ballspiele ...
Spielbereich für Kinder
Begegnung mit Natur
Haustierhaltung
Entfaltung eigener Kreativität
Sammlung von Pflanzen, Steinen, Ge-
brauchsgegenständen, Kunstobjekten ...

**Was benötigen wir? Was wünschen wir
uns?**
Zufahrt und Stellplätze
Haupt- und Nebenwege
Sitzplätze
Pergola, Laube, Pavillon ...
Sicht- und Windschutz
Treppen und Mauern
Spieleinrichtungen
Schlupfwinkel, Nischen, Spielstübchen
Erdhügel, Sandmulde
Heckengang, Labyrinth
Wasseranlagen
Dachbegrünung
Einfriedung

Welche praktischen Dinge sind erforderlich?
Nebengebäude für Fahrräder, Gartengeräte,
Gartenmöbel ...
Lagerplatz für Brennholz
Platz für Müll- und Wertstofftonnen
Kompostplatz
Gewächshaus
Kaninchenstall, Hundehütte, Voliere ...
Wäschetrockenplatz ...

Das Nebengebäude
zur Unterbringung von
Fahrrädern hat eine
Dachbegrünung erhal-
ten. Brennholz und
Gartengeräte finden
einen regengeschützten
Platz unter dem Dach-
vorsprung.

Wie soll das private Paradies aussehen?

Es ist schwierig, Kriterien für eine qualitätvolle Gestaltung allgemein-
gültig zu formulieren. Persönliche Vorlieben und Geschmack spielen dabei eine sehr große Rolle, ebenso der kulturelle Hintergrund, allgemeine
Wertschätzung und Zeitströmungen.

So stellt sich die Frage: Wie soll der Garten formal und farblich gestaltet sein?

- In der Linienführung geometrisch streng oder naturhaft geschwungen?
- Mit größeren unzerteilten Flächen oder kleinräumig und vielfältig?
- In der Farbgebung ruhig und zurückhaltend oder fröhlich farbig?

Jeder wird seinem Garten das Erscheinungsbild verleihen, das ihm selbst und weiteren Mitbewohnern gefällt und der jeweiligen Situation entspricht. So unterschiedlich die Gestaltung auch sein mag, ihre Qualität lässt sich sehr wohl erspüren. Sie ergibt sich, wenn ein gut durchdachtes räumliches Konzept ablesbar ist, in welches die Einzelelemente eingebunden sind; wenn gediegene Materialverwendung und Bepflanzung zu einem harmonischen Ganzen zusammengeführt werden.

Selbstverständlich muss ein Garten auf seine Benutzer zugeschnitten sein. In gleicher Weise sollte er sich aber in sein Umfeld fügen. Die besiedelte Landschaft wurde ursprünglich durch ihre Landnutzung und die historisch gewachsenen Ortsbilder geprägt. Landschaft, Gestein, Bodengüte, Klima, kulturelle Entwicklung, Besitzstand der Bewohner und manch anderes findet im Ortsbild seinen Ausdruck, ebenso die örtlich vorhandenen und verwendeten Baumaterialien. So unterscheiden sich in ihrem Kern die Siedlungen der verschiedenen Landschaftsräume voneinander. Außerdem haben städtische Baugebiete einen ganz anderen Charakter als ländliche Ansiedlungen. Mit zunehmender Industrialisierung und Mobilität wurde vielerorts das ursprüngliche Bild der Städte und Dörfer durch ausufernde Bautätigkeit verwischt. Dies betrifft nicht nur den Wohnungsbau, sondern ebenso Anlagen für Verkehr, Handel und Industrie.

Wenn man diesen Nivellierungstendenzen entgegenwirken möchte, so gilt es, die Eigenheiten eines Ortes in seiner Gesamtheit zu erspüren und die Gestaltung von Haus und Garten darauf auszurichten. So stellt sich die Frage:

Der Hauptsitzplatz nahe am Haus ist eingerahmt von prächtigen Stauden und Gehölzen.

Welcher Gartentyp entspricht den vorliegenden Gegebenheiten?

In ländliche Gegenden passt ein Bauerngarten, der nutzbringendes Obst, Beeren, Gemüse und Kräuter mit dekorativen Stauden und Einjahresblumen vereint. In seiner klassischen Form hat er einen rechteckigen oder quadratischen Grundriss mit Wegekreuz. In der Mitte steht ein Schöpfbrunnen, eine dekorative Pflanze oder ein schmückender Gegenstand. Oftmals rahmen niedrige Buchshecken die Beete ein. Ein Zaun hält ungebetene Gäste von Nutzpflanzen und Blumen fern. Obstbäume, Haselstrauch, Holunderbusch und traditionelle Ziersträucher können außerhalb der umfriedeten Beete wachsen, etwa im Hofraum, im Obstgarten oder im Geflügelhof.

Ein **ländlicher Siedlungsgarten** kann sich in seiner formalen Gestaltung vom Bauerngarten deutlich unterscheiden. Das liegt an seiner Funktion als Nutz- und Wohngarten. Er vereint Schönes mit Praktischem: Wohnraum im Freien, einen Platz zum Wäschetrocknen, ein Bereich für die Kinder, Gemüsebeete und Kompostplatz, Obstbäume, Spaliere, Beerensträucher, Kaninchenstall, Brennholzlager und was sonst noch benötigt wird. Weil der Siedlungsgarten zumindest teilweise der Selbstversorgung dient, finden wir in ihm fast alle Pflanzenarten des Bauerngartens, nur eben etwas anders arrangiert.

Einen ganz anderen Charakter haben **Villengärten**. Wohlgepflegter Rasen breitet seinen grünen Teppich zwischen edlen Baumgestalten aus. Ziergehölze bilden den Rahmen. Stauden, Gräser und Farne veredeln und beleben diese Gärten, die meist am Stadtrand liegen. Als Familiengarten sind solche Freiräume weniger geeignet.

Wohngärten waren früher überwiegend städtisch geprägt. Mit steigenden Baulandpreisen in den Ballungsgebieten rücken sie immer weiter in ländliche Gebiete vor und bilden eigene Einheiten am Rande der Ortskerne. Sie dienen ihren Bewohnern als Ort der Erholung und Entspannung, der körperlichen Bewegung, der geistigen und kreativen Betätigung und dem Kontakt zur Natur. Ein Wohngarten soll behaglich und ansprechend sein. Je nach Neigungen und Vorlieben seiner Benutzer, sowie der gewünschten Pflegeintensität kann er sehr unterschiedlich gestaltet sein. Zur Selbstversorgung mit frischem Obst und Gemüse dient er in aller Regel nicht. Wohngärten können ein freistehendes Haus umgeben, zu einer Doppelhaushälfte bzw. zum Reihenhaus gehören oder den Charakter eines Hofes annehmen.

Reihenhausgärten sind schmal, es bleibt nicht viel Abstand zum Nachbarn. Je näher die Wohnräume im Freien zusammenrücken, um so deutlicher möchte jeder seine Intimsphäre gewahrt wissen. Sichtschutz an den Gartenterrassen lässt dieses Bedürfnis deutlich werden. Bezüglich der Gestaltung sind Prioritäten zu setzen, weil für die Verwirklichung vieler Wünsche der Raum fehlt.

Rechte Seite:
Bäuerliche Gärten bezaubern durch ihre bunte Vielfalt von Stauden, Einjahresblumen, Kräutern und Gemüse.

Ein Villengarten zeichnet sich aus durch gepflegten Rasen, edle Gehölze und wohlgestaltete Blumenbeete. Gelegentlich gibt es einen Gartenteich.

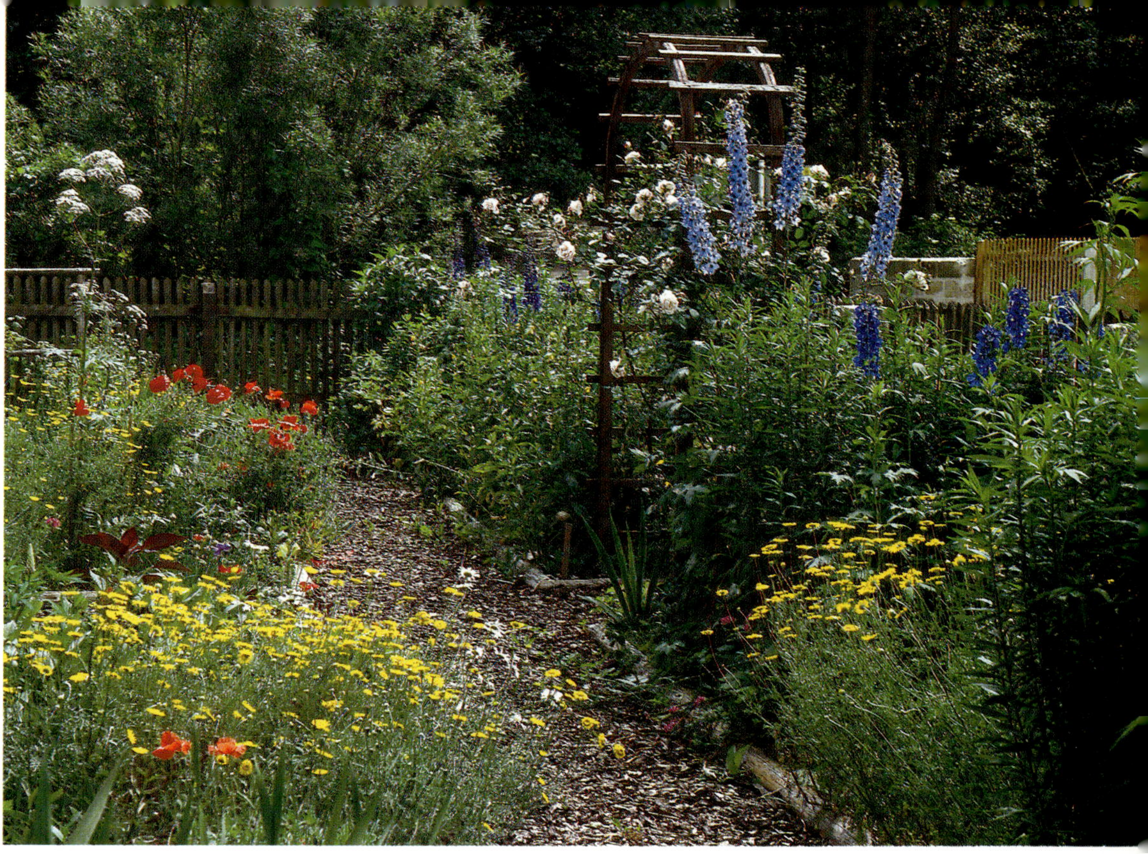

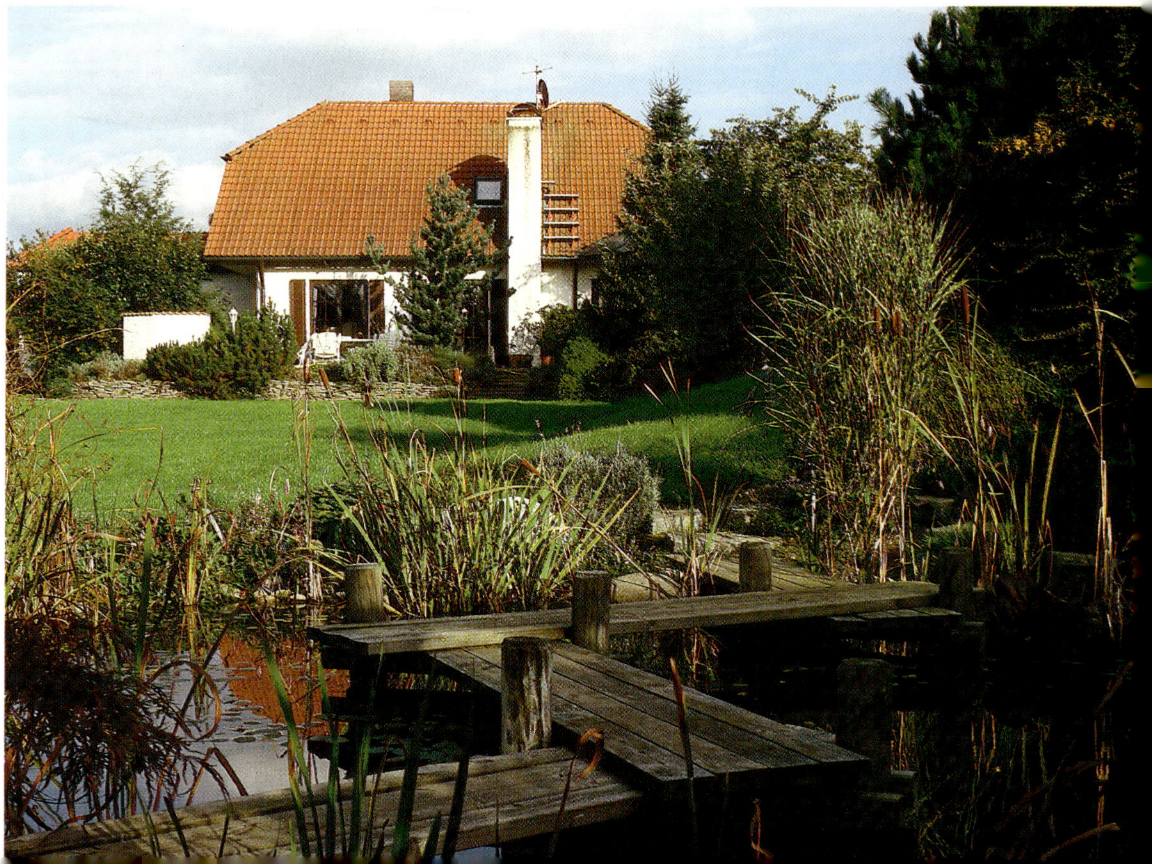

Die Pflanzen in einem Familiengarten sollten robust und unempfindlich sein. Außer Gehölzen gewährleisten dies am ehesten standortgerechte Stauden und Einjahresblumen, die sich selbst aussamen. Sie bieten einen prächtigen Anblick und sind überdies ein Feld für Naturbeobachtung.

Atriumhöfe haben den Vorteil, dass sie nach außen abgeschlossen sind und somit Privatheit gewährleisten. Solch ein kleiner Gartenhof muss sehr sorgfältig durchdacht, geplant und gestaltet sein, weil in ihm jedes Detail das ganze Jahr über im Blickfeld liegt.

Gartenhöfe zwischen städtischen Wohnblocks stehen mehreren Benutzergruppen zur Verfügung. Oft dienen sie gewerblicher Nutzung oder müssen Pkw-Stellplätze aufnehmen. In günstigen Fällen bieten sie Wohnraum im Freien mit einem oder mehreren Sitzplätzen, Spielecken und Raum für alle praktischen Erfordernisse.

Natürlich gibt es nicht nur die hier aufgeführten Gartentypen, sondern zahlreiche Varianten davon. Diese knappe Darstellung soll dazu beitragen, die jeweils passende, eigene Form zu finden.

Mit welchen Pflanzen soll sich der Garten schmücken?

Ganz entscheidenden Einfluss auf den Charakter des Gartens hat die Auswahl und Zusammenstellung der Pflanzen.

Bauerngärten und ländliche Siedlungsgärten bergen nützliche, unempfindliche und robuste Pflanzenarten und -sorten, die leicht heranzuziehen sind und kaum Pflanzenschutz erfordern. Für unnötige Gartenarbeit fehlte hier von jeher die Zeit.

Für kleinere und größere Wohngärten empfehlen sich unterschiedliche Arten der Bepflanzung. Man hat die Wahl:

Ist ein **Biotopgarten** gewünscht, in welchem der heimischen Tier- und Pflanzenwelt Lebensraum geboten wird? Pflanzenarten, wie sie in der natürlichen Umgebung vorkommen, haben hier Vorrang. Spontan aufkommende Vegetation ist erwünscht. Die Pflege besteht aus behutsamem Lenken der sich entwickelnden Lebensgemeinschaft. Solch ein Garten bietet reichlich Gelegenheit zu Naturbeobachtungen und kann in seiner vielfältigen Gestaltung zugleich eine wunderschöne Spiellandschaft abgeben.

Wäre es gut, den Garten nach **Lebensbereichen** zu gestalten?

Hier wachsen neben heimischen Arten auch eingeführte und gärtnerisch kultivierte. Für die Pflanzenauswahl und ihre Vergesellschaftung sind aber die Wuchsbedingungen einzelner Gartenstandorte ausschlaggebend. So finden sich im Lebensbereich Gehölz schattenliebende Arten, die auch Wurzeldruck vertragen. Am Gehölzrand gedeihen ebenfalls konkurrenzstarke Stauden, wobei je nach Exposition die Licht- und Schattenverhältnisse zu berücksichtigen sind. Pflanzen des Lebensbereiches Freifläche sind der Wiesen- und Steppenvegetation nachempfunden und setzen sich je nach Wasser- und Nährstoffangebot unterschiedlich zusammen. Steinanlagen, wie Trockenmauern, Steinsetzungen und Trogbepflanzungen beherbergen überwiegend Wildpflanzen der Felsspalten und Geröllfluren verschiedener Höhenlagen. Der Lebensbereich Beet vereint prächtige Stauden in großer Sortenvielfalt. Ihr Nährstoffbedarf ist hoch, Pflege erforderlich. Am Gewässerrand gedeihen Pflanzen, die Sonne und Feuchtigkeit benötigen. Im Wasser breiten sich je nach Wassertiefe Sumpfpflanzen, Schwimmblattpflanzen oder Unterwasserpflanzen aus.

Oder sollte die Pflanzung eher nach dem Vorbild **englischer Staudengärten** komponiert werden mit monochromen Einzelbereichen in weißem, blauem oder gelbem Blütenkleid, alternativ mit Rabatten überquellender, farblich fein abgestimmter Blumenpracht? Weil hierbei weniger auf die Standortansprüche der Pflanzen geachtet wird, ist intensivere Bodenvorbereitung und Pflege erforderlich. Für einen Familiengarten empfiehlt es sich, höchstens einen Teilbereich, etwa eine Pflanzung an der Terrasse, nach diesem Vorbild zu gestalten.

Auch ein **Rosengarten** wäre denkbar, sozusagen einer Leitpflanze gewidmet, der sich alles andere unterzuordnen hat.

Für einen Familiengarten sollte das Praktische im Vordergrund stehen. Die Pflanzen müssen robust und unempfindlich sein. Der Garten darf nicht alle Kräfte binden und muss kindlichen Bewegungsdrang aushalten können. Deshalb wird man den Gehölzen den Vorrang geben. Mit Dreirädern auf Abwegen, kleineren und größeren Bällen und Wurfgeschossen in den Beeten ist zu rechnen. Naturnahe Gärten halten dem am ehesten stand.

Wenn die Kinder dem Garten entwachsen sind, ist es Zeit, über Veränderungen nachzudenken. Dann kann die Anlage attraktiver Pflanzungen sinnvoll sein und viel Freude bereiten.

Wie packen wir es an?

Nachdem nun alle Fakten gesammelt und in einem Bestandsplan festgehalten wurden, kann die Planung des Paradieses beginnen. Alle sollten dabei mitwirken, auch Kinder. Wohnen Großeltern mit im Haus, müssen sie selbstverständlich einbezogen werden. Manchmal ist es sehr hilfreich, seine Gartenträume zu malen. Die Kleinen tun das gerne. Oder man nimmt etliche Kärtchen, schreibt auf jedes einen Gartenwunsch und legt sie offen auf den Tisch. Dann bekommt jeder eine Anzahl kleiner Klebepunkte, beispielsweise sieben Stück, mit welchen er nun seine bevorzugten Projekte auszeichnen kann. Dann setzen die Kinder ihre Punkte vermutlich eher auf die Kärtchen mit der Aufschrift „Baumhaus", „Schaukel", „Streetballkorb", „Kuschelecke", „Erdhügel" oder „Sandkuhle", während für die Erwachsen „Pergola", „Kräutergarten", „Blumenbeete", „Obstbäume" oder „Carport" von größerer Bedeutung sind. Auf diese Weise erhält man eine gerechte Wertung und Klarheit darüber, was wichtig und was entbehrlich ist.

Laien fällt es oft schwer, sich an Hand eines zweidimensionalen Planes vorzustellen, wie der Garten später aussehen könnte. Dann hilft der Bau eines Modells. Es sollte möglichst einfach zu erstellen und veränderbar sein, damit man verschiedene Varianten ausprobieren kann. In einer mit Sand gefüllten Kiste lassen sich Geländeformen gut gestalten. Gebäude aus Pappe finden darin ihren Platz. Fruchtstände geeigneter Kräuter, irgendwelche Kugeln oder zerknülltes Papier symbolisieren Bäume und Sträucher, aus Flechten kann man Gebüsch basteln. Wege lassen sich einfach in den Sand zeichnen oder mit Sägemehl markieren. Moos kann Rasenflächen darstellen. Auf jeden Fall muss alles leicht zu verändern und zu versetzen sein, um unterschiedliche Varianten auszuprobieren. So nimmt das Miniaturgärtchen rasch Form an, lässt sich ergänzen, verbessern und fantasiereich ausstatten. Erfahrungsgemäß werden während des Bauens immer wieder neue Ideen eingebracht. Beim Bau eines Sandkastenmodells können im Prinzip alle mitmachen.

Allerdings ist es nicht sehr haltbar und für das weitere Vorgehen ungeeignet, wenn man verschiedene Angebote für die Anlage des Gartens oder einzelner Bereiche einholen möchte. Deshalb wird das Ergebnis der Überlegungen am besten in einem Grundrissplan im Maßstab 1 : 100 festgehalten. Hilfreich ist dabei Transparentpapier, das man über den Bestandsplan legt. Alle Konturen, soweit sie für die weitere Planung von Bedeutung sind, werden übertragen und dann die Standorte der verschiedenen Einrichtungen eingezeichnet. Mit Hilfe von untergelegtem

Millimeterpapier zeichnet man dann die Umrisse in der richtigen Größe und Gestalt auf.

Wer verschiedene Entwurfsideen nicht am Modell, sondern auf dem Plan durchspielen will, kann die Grundrisse einzelner Gartenelemente aus Papier ausschneiden und solange auf dem Grundstücksgrundriss verschieben, bis eine stimmige Lösung gefunden ist. Diese wird schließlich fixiert.

Trotz all dieser Hilfen fällt es manchen schwer, sich die realen Dimensionen und die Wirkung von Einbauten, oder größeren Pflanzen im Garten vorzustellen. Dann ist es ratsam, beispielsweise eine Pergola, eine Mauer oder ein Nebengebäude mit Pfosten, Schnüren und Latten probeweise im Gelände abzustecken. Wege und Platzflächen lassen sich leicht mit Sand, Sägemehl und Ähnlichem markieren.

Welche Gestaltungsmöglichkeiten sich im Einzelnen bieten und worauf zu achten ist, soll im Folgenden kurz skizziert werden.

Erdmodellierung

Mit einer einfühlsamen Modellierung des Geländes lassen sich bestimmte Effekte erzielen. Denn ein ebenes Grundstück ist zwar übersichtlich und gut zu bearbeiten, durch eine gut überlegte Reliefgestaltung kann es aber interessanter und abwechslungsreicher werden. So erscheint ein Gartenraum größer, wenn er leicht ausgemuldet ist. Ein weich verzogener Erdwall schafft Geborgenheit, während Hügel einen größeren Garten gliedern. Gerade für Kinder bietet eine bewegte Spiellandschaft im Garten viele Anregungen. Mit dem Aushub vom Hausbau steht kostengünstiges Material zur Verfügung. Immer müssen die natürlichen Gegebenheiten berücksichtigt und die Dimensionen gewahrt werden.

Je nach Nutzung und Situation kann ein Hang wenigstens teilweise sein natürliches Gefälle behalten. Der Gartenraum wirkt größer und geschlossener, wenn ein bepflanzter Wall das hängige Gelände auffängt

Hängiges Gelände wurde so gestaltet, daß direkt am Haus ein ebener Sitzplatz entsteht, umgeben von einer Pflanzfläche, die zum Hang hin abgestützt ist. Durch weitere Terrassierung ergibt sich eine gut nutzbare, ebene Fläche.

Haus — bepflanzte Terrassen — ebene Fläche — Stützmauer

Haus — Stützmauer — Hang — Mulde — Wall

Eine Gartenmauer verleiht dem kleinen Sitzplatz die Rückendeckung und schafft das passende Kleinklima für wärmeliebende Pflanzen.

Liegt das Haus am Hang, so sollten wir versuchen, direkt am Haus einen ebenen Platz zu schaffen, vielleicht umgeben von einer Pflanzfläche, die dann zum Hang hin abgestützt ist. Auf jeden Fall muss vermieden werden, dass ein „Feldherrenhügel" entsteht. Die Einbindung ist wichtig. Je nach Gartengröße und Höhenunterschied können wir das Gelände frei fallen lassen oder verschiedene Ebenen schaffen. Die bei einer Terrassierung entstehenden waagerechten Flächen lassen sich gut nutzen und bearbeiten. Zur Überwindung der Höhenunterschiede können Stützmauern und Treppenanlagen erforderlich werden. Das erhöht die Kosten, kann aber sehr reizvoll sein.

Einen anderen Charakter erhält ein Garten im hängigen Gelände, wenn die natürliche Höhenabwicklung weitgehend erhalten bleibt und er mit Rasen oder Wiese sowie einzelnen Gehölzen, etwa Obstbäumen, bestückt wird. Er wirkt natürlich und fügt sich hervorragend in die Landschaft ein. Kinder nutzen solche Böschungen zum Kullern und Rutschen. Schön ist es, wenn der Hang an seinem Fuß eben ausläuft oder sogar eine leichte gegenläufige Erhöhung erfährt, die noch durch eine Gehölzpflanzung betont wird.

Die zeichnerische Darstellung von Höhenunterschieden geschieht mit

Höhenlinien. Dies ist aber für den Laien nicht ganz einfach. Es bedarf der Übung. Man kann sich der Einfachheit halber jedoch mit Böschungssignaturen behelfen, einer Art Schraffur mit abwechselnd langen und kurzen Strichen.

Der Sitzplatz unter dem schattigen Dach einer rosenumrankten Pergola ist an warmen Sommertagen besonders beliebt.

Gartenräume

Bei einem neu errichteten Haus sind die umgebenden Freiflächen zumeist offen und von allen Seiten einsehbar. Man fühlt sich wie auf dem Präsentierteller. Geborgenheit und Privatsphäre entstehen erst mit raumbildenden Gartenelementen, die dem Garten sozusagen Wand und Dach geben. Wie erwähnt, lassen Erdwälle und Mulden ein Grundstück oder einen Gartenteil bereits in sich geschlossen erscheinen. Ein richtiges Raumgefühl erhalten wir aber erst durch Bäume, Sträucher, Hecken, Mauern, Gebäudewinkel oder anderes. Die Gehölze müssen natürlich erst heranwachsen, ehe sie eine spürbare Raumwirkung erzeugen. Steht nur begrenzt Platz zur Verfügung, so sind freistehende Trennwände, gemauert oder aus Holz, sowie Rankgitter, auch verbunden mit einer Pergola, sehr geeignete Elemente der Raumbildung. Von Kletterpflanzen umschlungen bilden sie grüne Wände und Dächer, oft sogar voller Blüten, Düfte und Früchte.

Ihren eigenen Spielbereich im Garten dürfen Kinder sich nach Belieben selbst einrichten.

Ließe man Kinder nach ihren Wünschen den Garten gestalten, so gäbe es sicher neben vielen anderen Elementen etliche Ecken und Nischen, um sich darin zu verkriechen. Kleine Schlupfwinkel würden sie sich schaffen, wo sie ganz geborgen sind und sich unbeobachtet fühlen. Kinder brauchen beides: Freiräume, um sich auszutoben und Winkel, um sich darin zu verbergen. Das muss bedacht werden. Am besten erhalten Kinder ihren eigenen, abgeschirmten Gartenraum, der ihnen gehört und den sie sich, soweit möglich, selbst einrichten dürfen.

Formale Gestaltung

Nachdem die Geländeausformung sowie die Einteilung des Grundstücks in einzelne Gartenräume festgelegt sind, ist die weitere Formgebung zu entscheiden. Haus und Garten bilden eine Einheit. So wird sich die Gestaltung der hausnahen Bereiche an den Vorgaben der Architektur orientieren. Geometrische Formen des Hauses können beispielsweise für den Terrassengrundriss wieder aufgenommen werden. Andererseits bilden Stauden am Hausfuß, Kletterpflanzen und Spalierobst an den Wänden eine grüne Hülle für das Gebäude und schaffen damit einen harmonischen Übergang vom Haus zum Garten.

Für kleinere Gartenräume bieten sich eher geometrische Formen an, deren Ecken und Kanten von Pflanzen überspielt werden, während in größeren Gärten vor allem nach außen hin die Gliederung nicht streng sein muss und frei geschwungene, natürliche Formen vorherrschen dürfen.

Ob sich dann ein Gartenraum mit einer unzerteilten großen Rasen- oder Wiesenfläche ergibt oder dieser durch Einbuchtungen vom Rand aus kulissenartig gegliedert wird, hängt wiederum von den jeweiligen Vorgaben und Zielen ab.

Sitzplätze

Der Hauptsitzplatz liegt zumeist direkt am Haus. Damit wir uns gerne dort aufhalten, muss er geschützt sein vor Wind und neugierigen Blicken. Er sollte also in einem Gebäudewinkel liegen oder von einer Mauer, Sichtblende, Hecke oder Ähnlichem flankiert sein. Ein gutes Maß für die Stellfläche von Tisch und Sitzgelegenheiten sind 3 mal 4 m. Wegeflächen müssen hinzugerechnet werden. Zu große Terrassen wirken monoton und bedürfen der Gliederung durch Pflanzflächen, Tröge oder Kübelpflanzen.

Wenn sich viele Kinder in einem kleinen Garten tummeln, erweist sich eine befestigte Fläche, sei es der Garagenvorplatz oder eine vergrößerte Terrasse, als äußerst hilfreich. Hier kann man in einer windstillen Ecke Tischtennis spielen, es bietet sich Platz für Hüpfspiele oder zum Dreiradfahren. Eine kleine Rasenfläche würde solche Strapazen nicht gut überstehen. Wird der großzügig gepflasterte Platz von den Kindern nicht mehr benötigt, so verkleinert man ihn und schafft Pflanz- oder Rasenfläche, wo vorher fester Belag war.

Eine Überdachung ermöglicht uns den Aufenthalt im Freien auch noch während eines Regenschauers. Sie kann weitergeführt werden als Pergola, die Schutz vor starker Sonneneinstrahlung bietet. Unvergessen bleiben Sommerabende an einer offenen Feuerstelle. Davon später mehr.

Am schönsten wirken Sitzplätze, wenn sie sich mit der Vegetation innig verzahnen. Wie üppig und abwechslungsreich die Terrasse selbst

Am großen runden Tisch findet die ganze Familie bequem Platz.

Ein kleiner, intimer
Sitzplatz im Schatten
der Gehölze.

auch gestaltet ist, wichtig ist immer der Blick, den wir von hier aus haben. Blüten, Steine oder Wasser im Vordergrund lenken die Aufmerksamkeit auf sich, eine ruhige Fläche dahinter vermittelt Weite, während das Auge beispielsweise an einer Gehölzgruppe im Hintergrund wieder Halt findet.

Außer dem Hauptsitzplatz kann und sollte es durchaus weitere Sitzplätze im Garten geben: einen Frühstücksplatz in der Morgensonne, eine Feierabendbank auf der Westseite des Hauses, ein Beobachtungsplatz am Teich, eine Mußebank unter Sträuchern mit Blick zum Haus, eine Hängematte zwischen hohen Bäumen oder ein Liegestuhl unter dem Haselstrauch. Eigentlich darf alles als Sitzplatz gelten, worauf man sich niederlassen kann: Steinquader in der Wiese, ein dicker, waagerecht gelegter Baumstamm vor der Hecke, die Einfassung der Sandspielecke, das Trockenmäuerchen am Hang, die Brüstung der Terrasse usw. Solche und ähnliche lauschige Orte können nicht immer von vornherein geplant werden. Oft findet man seine Lieblingsplätze erst im Laufe der Zeit und mit dem sich verwandelnden Garten.

Für den Belag stehen Naturstein, Klinker, Betonstein und Holz in den verschiedensten Formen, Größen und Färbungen zur Verfügung. Bezieht man Kombinationsmöglichkeiten ein, so gibt es unendlich viele Gestaltungsvarianten. Wir sollten aber nicht zu viele Materialien verwenden, sondern uns für eines oder eine Materialkombination entscheiden, die gut zum Haus und zur Umgebung passt. Verlegemuster und Fugenstruktur dürfen dann durchaus variieren. Dabei wirkt das Einfache und Selbstverständliche meist am überzeugendsten.

Wege

Wege führen durch den Garten. Das muss aber nicht immer die schnellste und direkteste Verbindung sein. Wir können uns führen lassen, die Blickrichtung verändern, Umwege gehen. Wege sind jedenfalls ein wichtiges und reizvolles Gestaltungselement. Sie sollten einen Gartenraum nicht zerteilen, sondern ihn vielmehr einfassen. Ihre Linienführung kann dabei architektonisch streng oder geschwungen sein. Geschwungene Wege wirken gefällig und laden zum Schlendern ein, geradlinige lenken nicht nur die Füße, sondern auch das Auge direkt auf ihren Zielpunkt, der dadurch eine Betonung erfährt. Harmonisch eingebunden liegt ein Weg zwischen Pflanz- und Rasenfläche. Führt er diagonal über eine ruhige Fläche, so zerteilt er diese optisch. Das kann erwünscht sein, wirkt aber meistens eher störend. Bei allen Überlegungen darf nicht ignoriert werden, welche Linienführung sich ohne gestalterische Vorgaben, allein durch die Nutzung, ergäbe. Trampelpfade oder Schneespuren im Winter geben hierzu deutliche Hinweise.

Ebenso erzielt man mit Struktur und Farbe des Belags eine bestimmte Wirkung. Sehr helle Platten- oder Pflasterbeläge dominieren stark und blenden, wenn die Sonne darauf scheint. Gedecktere Farbschattierungen fügen sich besser ein. Ein gut angelegter Gartenweg ist zweckmäßig und passt in seine Umgebung.

Hauptwege, auf denen wir zu zweit nebeneinander gehen wollen, sollten etwa 1,20 breit sein. Für Nebenwege genügen 60 bis 80 cm Breite.

Eigentlich darf alles, worauf man sich setzen kann, als Sitzplatz gelten, sogar ein liegender Baumstamm am Rande des Weges.

Ein geschwungener
Weg führt durch den
Garten.

Aufweitungen zu kleinen Plätzen beleben den Garten.

Eine ganz einfache Lösung besteht
darin, sich mit dem Rasenmäher einen
Weg durch die Wiese zu bahnen. Wird
diese Spur häufig begangen, so kann
eine Befestigung mit Kies, Pflastersteinen oder Schrittplatten erforderlich werden. Durch Gehölzflächen
kann ein Weg aus Holzhäcksel führen.
Daran hat man aber nur dann Freude,
wenn der Unterbau eine gute Dränage
bietet, die das Niederschlagswasser
ableitet, denn wer will schon durch
den Matsch waten. Die breiteren
Hauptwege erhalten am besten den gleichen Belag wie Terrasse oder Ein-
fahrt.

Wir sollten darauf achten, dass Regenwasser nicht in den Kanal abge-
leitet wird, sondern auf dem Grundstück in Pflanz- und Rasenflächen versickern kann und somit dem Grundwasser zugeführt wird. Beläge mit
breiten Fugen, in denen Moose, trittverträgliche Kräuter und Gräser
wachsen, ergeben nicht nur ein wirkungsvolles Farbspiel, sie erwärmen
sich außerdem weniger stark, verursachen geringere Oberflächenverdun-
stung und sind Lebensraum für die Ritzenbewohner unter den Tieren.

Treppen

Zur Überwindung größerer Steigungen sind Treppen erforderlich. Auch
damit lassen sich zugleich gestalterische Akzente setzen. Wenn eine
Treppe frei durch sanft ansteigendes Gelände führt, sollte man versuchen,
dass kurze Treppenläufe von zwei bis vier Stufen mit angemessenen Podesten abwechseln. Sind größere Höhen zu überwinden, so kann eine
Treppe ein- oder beidseitig von Stützmauern flankiert sein. Ein Trep-
penlauf kann sich wendeln oder sich verengen und wieder aufweiten. Gefällig wirkt eine seitliche Verzahnung der Stufen mit dem Gelände. Ein
gutes Stufenmaß ist das Steigungsverhältnis von 16/32 cm. Podeste sollten das durchschnittliche Schrittmaß von 65 cm oder ein Vielfaches davon messen. Zur Vermeidung von Unfällen wird bei einer seitlichen Absturzhöhe von mehr als 50 cm ein Geländer benötigt.

Rechte Seite:
Wenig begangene
Wege müssen nicht
unbedingt befestigt
sein. Die einfachste
Lösung besteht darin,
sich einen Weg durch
die Wiese zu mähen.

Trockenmauern

Wo im Garten ein hängiges Gelände zu terrassieren ist, bietet sich neben
verschiedenen anderen Abstützungsmaßnahmen die Anlage einer
Trockenmauer an. Auf einem 40 cm tiefen Fundament aus Kies und

Schotter wird sie aus geeigneten Steinen ohne Mörtel trocken aufgesetzt. Die Fugen füllt man mit lehmiger Erde. Einige Spalten dürfen unverfüllt bleiben und werden zur besseren Haltbarkeit mit Steinen ausgezwickt. In Ritzen, die sich zwischen den Mauersteinen ergeben, sollten bereits während des Baues Jungpflanzen von Polsterstauden, Dachwurzarten oder Mauerpfeffer eingesetzt werden.

Aus statischen Gründen muss die trocken aufgesetzte Stützmauer eine Neigung von 10 bis 20 Prozent gegen den Hang aufweisen. Auch sollte sie nicht höher werden als etwa 1,20 m. Damit eindringendes Wasser gut versickern kann, hinterfüllt man sie mit lockerem Material (Steinbrocken, Kies, Schotter usw.) und führt das Sickerwasser entweder in einem Dränagerohr oder durch Sickerschlitze im Mauerfuß ab. Solche Maßnahmen sind bei Mäuerchen bis zu einer Höhe von 50 cm aber normalerweise nicht erforderlich.

Die ausgewählten Steine haben entscheidenden Einfluss auf das Fugenbild. Während sich aus quaderförmi-

Mit einer Trockenmauer läßt sich hängiges Gelände terrassieren. Üppig blühende Polsterstauden quellen aus ihren Fugen.

gem Material Mauern mit waagerechten und senkrechten Fugen bauen lassen, und aus schiefrigem Gestein Schichtmauerwerke auszuführen sind, bedingen gerundete oder unregelmäßig geformte Steine in alle Richtungen verlaufende Fugen. Gute Vorbilder für Trockenmauern finden wir in älteren Weinbergen, wo aus dem anstehenden Gestein Mauern zur Geländeterrassierung und zur Verbesserung des Kleinklimas errichtet wurden.

In der beschriebenen Weise lassen sich auch Sitzmäuerchen, freistehende Gartenmauern oder Mauerbeete aufbauen. Jede Form trocken aufgesetzter Mauern erfordert allerdings handwerkliches Geschick, weil die Haftung, die sonst der Mörtel gewährleisten würde, hier durch die Reibung der Steine aneinander und durch ihre Verspannung gegeneinander ersetzt wird. Doch das Ergebnis, eine Mauer voller Leben, lohnt die Mühe.

Einfriedungen

An den Grundstücksgrenzen zu den Nachbarn kann durchaus ein grüner Maschendrahtzaun stehen, der, beidseitig eingewachsen, kaum mehr wahrgenommen wird. Aber die Straßenfront verlangt doch eher einen Holzzaun. Damit im Ort kein Zaunchaos entsteht, legt oft ein Bebauungsplan Art, Material und Höhe der Einfriedung fest. Gibt es solche Vor-

gaben nicht, dann wäre es wegen eines harmonischen Straßenbildes wünschenswert, dass Nachbarn sich gemeinsam um eine einheitliche Lösung bemühen. Auskünfte über bestehende Vorschriften erteilt die Gemeindeverwaltung.

Am ansprechendsten wirken immer noch Holzzäune mit senkrechter Verlattung. Dem Dorfcharakter entsprechen eher die Halbrundhölzer, während im städtischen Bereich durchaus Profillatten Verwendung finden können. Schön wird jeder Zaun durch zierendes Blattwerk.

Dem Dorfcharakter entspricht ein Staketenzaun. Besonders charmant wirkt er, wenn ihn Gartenpflanzen umranken und sich durch die Zwischenräume zwängen.

Wasseranlagen

Wasser belebt – und zwar in jeder Hinsicht. Ohne Wasser wäre weder Pflanzenwachstum noch unser Leben möglich. Wo es fehlt, ist Wüste. Wasser hat für uns nicht nur eine konkrete Bedeutung als Lebensgrundlage, sondern ist auch für unser seelisches Wohlbefinden wichtig. Ob wir nun einen sprudelnden Brunnen im Innenhof, eine Vogeltränke an der Terrasse oder einen Gartenteich anlegen, auf dessen spiegelnder Oberfläche prachtvolle Seerosen schwimmen, das richtet sich ganz nach den persönlichen Wünschen und örtlichen Gegebenheiten.

Wo nur wenig Wasser zur Verfügung steht oder aus anderen Gründen größere Wasseranlagen nicht gewünscht sind, können kleine Brunnen

Die Tiere im Gartenteich lassen sich am besten an einer Stelle beobachten, wo man senkrecht ins Wasser sehen kann.

Die wassergefüllte Keramikschale auf der Krone eines Mauerbeetes ist ein beliebter Badeplatz der Vögel.

und Wassergefäße viel Freude bereiten. Dabei steht eine unendlich große Vielfalt der Formen und Ausführungen zur Wahl. Mit Wasser gefüllt kann eine flache Keramikschale, ebenso ein Steintrog mit runden Kieselsteinen oder ein Findling mit einer Mulde den Vögeln als Tränke und Badeplatz dienen. Ansprechende Gefäße aus Holz, Ton und Stein, mit Wasserpflanzen bestückt, stellen eine ästhetische Bereicherung der Gartenterrasse dar und benötigen zudem weniger Pflege als übliche Kübelpflanzen.

Bewegtes Wasser hat doppelten Reiz: sichtbaren und hörbaren. Das erleben wir mit einem munter sprudelnden Quellstein oder an einem Brunnen mit Fontäne. Beruhigend wirkt Wasser, das ein Gefäß füllt und kaum hörbar über dessen Rand rinnt, um zwischen Steinen zu verschwinden. Für umschlossene Gartenräume, zum Beispiel einen Hof, stellen Brunnen eine große Bereicherung dar. Sind im Garten Höhenunterschiede vorhanden, so bietet sich die Anlage eines plätschernden Baches an, der sich am Hangfuß in einen stillen Teich ergießt. Gegebenenfalls sorgt eine Solarpumpe für die erforderliche Umwälzung.

Der Wasserspiegel eines stillen Teiches kann im Garten die alles bestimmende, ruhige Fläche sein. Gut liegt er direkt am Sitzplatz oder abgerückt am Rande des Grundstücks. Immer sollte der Betrachter das Gefühl haben, dass sich an dieser Stelle Wasser auch von Natur aus gesammelt hätte. Am praktischsten wird der Gartenteich vom Dachwasser gespeist, entweder über unterirdisch verlegte Leitungen oder über einen bewachsenen Wassergraben bzw. eine flache Rinne. Selbstverständlich muss verhindert werden, dass Kinder in einem Gartenteich zu Schaden kommen. Von Schutzvorrichtungen wird in einem späteren Kapitel die Rede sein. Am besten ist es aber, auf einen Gartenteich zu verzichten, solange er für kleine Kinder eine Gefahr darstellt. Andererseits gibt es am und im Wasser vieles zu beobachten. Deshalb könnte die Anlage eines knietiefen Wassergrabens eine gute Lösung darstellen. Dieser wird zu Zeiten regelmäßiger Niederschläge mit Wasser gefüllt sein, im Sommer dagegen austrocknen.

Flache Uferzonen sind bei einem Gartenteich wichtig. Hier siedeln sich Pflanzen der Falchwasser- und Sumpfzonen an, Vögel nehmen ihr Bad, und in gut erwärmten Bereichen entwickeln sich Kaulquappen. Tiere lassen sich im Teich am besten beobachten, wenn man an einer Stelle senkrecht ins Wasser sehen kann. Von einem Steg aus oder an einer steilen Uferstelle ist das gut möglich.

Viele Gartenbesitzer wünschen sich ein privates Schwimmbad. Abgesehen davon, dass es entsprechend Platz erfordert, ist dieses Badevergnügen auch ziemlich kostspielig, sowohl in der Anlage, als auch im Betrieb. Das gilt ganz besonders, wenn das Becken beheizt wird.

Ein Schwimmteich stellt eine Kombination von Swimmingpool und Gartenteich dar. Dabei schließt der Teich direkt an das (unbeheizte) Badebecken an. Die Beckenränder liegen tiefer als der Wasserspiegel. Die Pflanzen im Teich besorgen die Wasseraufbereitung. Bei lebhaftem Badebetrieb kommt es allerdings zu Trübungen im Wasser. Das Badebecken im Schwimmteich muss so gebaut sein, dass es von Schlamm und Algen gereinigt werden kann.

Wo immer Beete zu gießen sind, darf die Regentonne nicht weit entfernt sein. Aus Sicherheitsgründen muss sie eine Abdeckung erhalten. Sie sollte ein ausreichendes Fassungsvermögen aufweisen. Denn bei anhaltenden und starken Niederschlägen ist sie schnell gefüllt und zu Zeiten, in denen wir fleißig gießen, reicht ihr Inhalt nicht lange aus. Deshalb ist es am besten, beim Neubau eines Hauses eine Regenwasser-Zisterne vorzusehen. Ganz ohne Wasserzapfstelle werden wir aber trotzdem nicht auskommen. Vielleicht lässt sie sich mit einem Trog oder einer Wassertonne hübsch kombinieren.

Nutzgarten

Wer frisch geerntetes Obst und Gemüse schätzt und sich Nahrungsmittel verspricht, die möglichst wenig mit Schadstoffen belastet sind, wird im Garten, wenn irgend möglich, einen Platz für Küchenkräuter, Gemüsebeete, Beerensträucher und Obstgehölze vorsehen.

Im Gemüsegarten wird die intensivste Form der Bodennutzung betrieben. Gute Kompostwirtschaft ist dafür die Grundlage. Dann ist es möglich, Torfprodukte zu vermeiden und Düngemittel sparsam einzusetzen. Die Schaffung günstiger Wachstumsbedingungen hinsichtlich des Kleinklimas und der Bodenverhältnisse tragen ebenso wie Mischkulturen und Fruchtwechsel dazu bei, dass Pflanzenschutzmittel überflüssig werden. Zeigen sich trotzdem Schnecken, Raupen oder Läuse, so kann man sie absammeln oder mit Jauchen, Brühen, Tee und anderen naturverträglichen Mitteln bekämpfen.

Gemüsebeete müssen während des ganzen Tages voll in der Sonne liegen. Kaum eine Gemüseart verträgt Beschattung. Am besten verlaufen die Beete in Nord-Süd-Richtung, eine leichte Abweichung bringt jedoch keine nennenswerten Nachteile. Als praktikabel hat sich eine Beetbreite von 1,20 m erwiesen. Die Wege dazwischen sind dann 30 cm breit.

Gemüsebeete fügen sich ästhetisch gut in den Garten ein, wenn sie von einer Rabatte mit Kräutern und Blumen eingerahmt werden. Mit einer geschnittenen Buchshecke als Einfassung oder einer Reihe von Beerensträuchern erreicht man, dass die Gemüsebeete etwas aus dem Blickfeld rücken und zugleich vor tobenden Kindern geschätzt sind. Wenn sie Lust zum Gärtnern haben, sollen Kinder ihr eigenes Beet bekommen. Davon später mehr.

Wer Spaß am Gärtnern hat und die Vegetationszeit etwas verlängern möchte, wird sich ein Kleingewächshaus anschaffen.

Gartenausstattung

Neben alledem müssen noch viele Kleinigkeiten sinnvoll untergebracht werden. Wer mit Holz heizt, benötigt einen regengeschützten Lagerplatz für Brennholz und eventuell ausreichend Raum zum Zerkleinern. Im Winter muss das Holz schnell zur Hand sein. Ein guter Platz dafür kann unter dem Dachvorsprung des Hauses sein oder

an der Garage, deren Überdachung eine Verlängerung erhält. Ein über-
dachter Holzstapel kann aber auch ein eigenes „Bauelement" sein und
als Sichtschutz oder Raumteiler dienen.

Fahrräder, die bei feuchtem Wetter im Freien stehen, nehmen schnell
Schaden. Deshalb ist frühzeitig zu überlegen, wo sie am besten untergebracht werden. Das Gleiche gilt für Gartengeräte, Düngemittel, Gartenmöbel, Polster usw.

Vielen bereitet die Frage nach der Unterbringung der Abfalltonnen
Kopfzerbrechen. Gut erreichbar sollen sie sein, aber am besten nicht
sichtbar. Üblicherweise wird in Eingangsnähe eine Müllbox aufgestellt.
Mit Efeu überrankt oder mit einer Dachbegrünung versehen sieht sie
schon viel gefälliger aus. Es ist aber zu überlegen, ob die Behälter für
Restmüll, Papier und Kunststoffe nicht besser in der Garage, hinter dem
Haus oder am Kompostplatz stehen können. Mit einigen Sträuchern, einer geschnittenen Hecke, Holzpalisaden oder einem halbhohen Rankgitter lässt sich dafür sorgen, dass die private Recyclingecke aus dem Blickfeld verschwindet.

Der Kompostplatz liegt meist in einer entfernteren Gartenecke, dem
Nutzgarten zugeordnet. Beschattung tut ihm gut. Kompostsilos aus Holz,
Draht oder anderem Material haben gegenüber einer frei aufgesetzten
Miete den Vorteil, dass das Kompostgut nicht von Vögeln auseinander
gewühlt und gescharrt wird. Immer ist ein Behältnis zum Sammeln der
Abfälle erforderlich, während in einem zweiten der aufgesetzte Kompost
seine Rotte durchmacht bis zur Verwendungsfähigkeit.

Weil Brennholz
trocken lagern muss,
benötigt man dafür ei-
ne Holzlege. Wenn
noch Raum bleibt für
einen Stuhl und ein
paar Pflanzen, kann
dies ein hübscher Platz
sein.

Bepflanzung

Ein großes Grundstück bietet ausreichend Raum für freiwachsende Hecken und vielleicht auch für einen oder mehrere Großbäume. Dabei müssen die vorgeschriebenen Grenzabstände, die für einzelne Bundesländer verschieden sind, berücksichtigt werden, es sei denn, man pflanzt im Einvernehmen mit dem Nachbarn dicht an der Grundstücksgrenze.

Bäume bereichern die Landschaft. Sie verwandeln graue Siedlungen in grüne Oasen und bieten nicht zuletzt den Tieren Lebensraum. In besonderem Maße ist dies bei heimischen Gehölzen der Fall, denn sie sind die Nahrungsgrundlage unserer Tierwelt.

An markanter Stelle im Garten, dort wo er sich ausbreiten kann und alt werden darf, ist der Platz für den Hausbaum. Ein Laubbaum sollte es sein, der uns die Jahreszeiten deutlich macht. Je nach Standort und Umgebung eignen sich Eiche, Esche, Ulme, Linde, Buche, Ahorn oder Walnuss. Seine Krone kann im Alter einen Durchmesser von weit mehr als 10 m einnehmen und das Haus um einiges überragen. Deshalb darf solch ein großer Baum weder dem Haus noch den Nachbarn zu nahe rücken. Außerdem ist zu bedenken, dass seine Wurzeln weit ausstreichen. Auch der sommerliche Schattenwurf will einkalkuliert sein. Aus diesen Gründen sind solch mächtige Baumarten nur für große Gartenanlagen zu empfehlen.

Kinder würden sich vermutlich einen Rosskastanienbaum im Garten wünschen, weil sie mit den glänzend braunen Früchten wunderschön basteln und spielen können. Der Baum ist auch sonst interessant. Im Frühling entfalten sich aus großen, harzigen Knospen die gefingerten Blätter, und wenig später steckt der Baum seine prächtigen Blütenkerzen auf. Obwohl diese Bäume im strengen Sinn bei uns nicht heimisch sind, gereichen sie doch jedem Biergarten zur Ehre und zieren auch manchen geräumigen Hausgarten. Es macht viel Freude, sie selbst aus einer Kastanie heranzuziehen. Die spätere Größe sollte man aber dabei im Auge behalten.

Für kleinere Gärten eignen sich Arten wie die Eberesche, Vogelkirsche, Hainbuche, Feldahorn und vor allem Obstgehölze. Kirschbäume, Birnen- und Apfelhochstämme werden mittelgroße Bäume, gefolgt von Zwetschgen und Pflaumen. Wenig Platz nehmen Buschformen und Spaliere ein. In den Baumschulen werden darüber hinaus selbstverständlich noch zahlreiche attraktive Gehölze angeboten, die im Garten durchaus ein Blickfang sein und uns große Freude bereiten können. Nur müssen wir uns darüber im Klaren sein, dass sie der heimischen Tierwelt kaum Nahrungsgrundlage bieten.

Von der Hecke, die das Grundstück umschließt, erwartet der Besitzer, dass sie ihm Sicht- und Windschutz bietet und den Garten mit Blüten, Früchten und farbigem Herbstlaub schmückt. Darüber hinaus sollte sie für die Vögel reichlich Nahrung und für die Freibrüter unter ihnen sicheren Nistraum bereithalten. Als Vorbild können Gebüsche der Waldränder oder Feldgehölzhecken dienen. Sind die Sträucher dicht genug, so eignen sie sich bestens zum Bau von Lagern und Verstecken. Ein geheimer Heckengang kann hindurch führen. Die Gehölze, aus welchen die Hecke besteht, blühen von Februar bis Juni, und nur wenig später zeigen sich bereits die ersten Früchte. Über die kleineren Sträucher wie Liguster, Schneeball, Heckenkirsche, Alpenjohannisbeere und Schlehe erheben sich Kornelkir-

Zierapfelbäume sind als Hausbaum für kleine Gärten gut geeignet. Anfang Mai zieht die Blütenpracht des *Malus × purpurea* 'Eleyi' alle Blicke auf sich.

Eine freiwachsende Hecke aus verschiedenen Blütensträuchern umschließt den Garten. Im Mai erscheinen die rosaroten Blüten der Kolkwitzie.

sche, Bluthartriegel, Pfaffenhütchen, Hundsrose und Holunder, wiederum überragt von Hasel und Weißdorn. Einige tragen giftige Beeren (davon später mehr), die Früchte anderer sind dagegen begehrtes Wildobst.

Besonders schön sind freiwachsende Hecken mit stufigem Aufbau, vor allem wenn sie Nischen, Buchten, sowie Vorsprünge an ihren Rändern bilden. Solche Hecken benötigen eine Breite von mindestens drei Metern.

Oft lassen aber die Raumverhältnisse nur eine einreihige, maximal 2 m hohe Hecke zu. Das bedeutet, dass wir neben den wenigen heimischen Arten, die dieses Maß einhalten, unseren Garten mit Zierquitte, Forsythie, Kolkwitzie, Spierstraucharten, Zierjohannisbeeren, Weigelien und anderen einrahmen.

Wo für freiwachsende Sträucher kein Platz ist, können geschnittene Hecken den Raum begrenzen. Dafür eignen sich u. a. Weißdorn, Feldahorn, Hainbuche, Rotbuche, Liguster oder Kornelkirsche. Alljährlich muss geschnitten werden, jedoch nicht zwischen März und September, um brütende Vögel nicht zu stören. Damit die Hecke überall ausreichend

Robuste Gehölze für den naturnahen Familiengarten

Pflanzenart deutscher und botanischer Name	Höhe in m	Blütezeit	Blütenfarbe	Licht-anspruch	Bemerkungen
Großbäume					
Spitzahorn *Acer platanoides*	20–30	IV – V	grüngelb	○ – ◐	Bienenweide, flammende Herbstfärbung
Bergahorn *Acer pseudoplatanus*	20–30	V – VI	grüngelb	○ – ◐	Bienenweide, gelbe Herbstfärbung
Rosskastanie *Aesculus hippocastanum*	20–30	V	weiß	○ – ◐	Unterpflanzung schwierig, Früchte zum Basteln
Rotbuche *Fagus sylvatica*	20–30	V	gelblich	◐ – ●	Herbstfärbung gelbbraun, Früchte zum Basteln, essbar
Esche *Fraxinus excelsior*	30–40	IV – V	gelblich	○ – ◐	Boden frisch bis feucht, tiefgründig, gelbe Herbstfärbung
Walnuss *Juglans regia*	20–30	IV – V	gelblich	○	spätfrostgefährdet, Boden tiefgründig, nährstoffreich, Wildobst
Vogelkirsche *Prunus avium*	15–20	IV – V	weiß	○	raschwüchsig, essbare Früchte
Stieleiche *Quercus robur*	20–30	V – VI	grüngelb	○	langsamer Wuchs, Früchte zum Basteln
Winterlinde *Tilia cordata*	25–30	VI	gelblich	○ – ◐	Bienenweide, duftende Blüten, Teepflanze, klebriger Honigtau
Kleinbäume					
Feldahorn *Acer campestre*	10–15	IV – V	grüngelb	○ – ●	gelbe Herbstfärbung, geeignet für Schnitthecken
Hainbuche *Carpinus betulus*	15–20	V – VI	grünlich	○ – ●	dichter Wuchs, gut geeignet für Schnitthecken

Pflanze	Höhe (m)	Blütezeit	Blütenfarbe	Licht	Bemerkungen
Traubenkirsche *Prunus padus*	8–12	IV – V	weiß	● – ●	häufig Befall und Kahlfraß durch Gespinstmotten
Salweide *Salix caprea*	8–10	III – IV	gelb	○ – ●	sehr wichtige Bienenweide
Vogelbeere, Eberesche *Sorbus aucuparia*	10–15	V	weiß	○ – ●	rote Beeren, essbare Sorten, wichtige Vogelnahrung
Eibe *Taxus baccata*	7–10			● – ●	immergrün, schnittverträglich, ganze Pflanze giftig außer dem roten Fruchtbecher
Obstgehölze					
Apfelbaum zahlreiche Sorten	bis 8	IV – V	weiß bis rosa	○	Sortenauswahl nach Lage und Bedarf (Geschmack, Lagerung usw.)
Birnbaum zahlreiche Sorten	bis 15	IV – V	weiß	○	wie bei Apfelbäumen, aber wärmere Lagen bevorzugt
Kirschbaum viele Sorten	bis 10	IV – V	weiß	○	Sortenauswahl nach Lage und Reifezeit, spätfrostgefährdet
Mirabellen, Pflaumen und Zwetschgen je nach Art und Sorte	bis 7	IV – V	weiß	○ – ●	Auswahl nach Lage und Bedarf
Brombeeren verschiedene Sorten	bis 6	V – VI	weiß	○	am Spalier ziehen, dornenlose Sorten
Himbeeren verschiedene Sorten	1–2	V / VII – VII	grünlich	○ – ●	Ausläufer treibend, Sorten für Sommer- und Herbsternte erhältlich
Johannisbeeren verschiedene Sorten	1–2	IV – V	grünlich	○ – ●	Sträucher und Stämmchen
Stachelbeeren verschiedene Sorten	0,5–1,5	IV – V	grünlich	○	Sträucher und Stämmchen

Robuste Gehölze für den naturnahen Familiengarten (Fortsetzung)

Pflanzenart deutscher und botanischer Name	Höhe in m	Blütezeit	Blütenfarbe	Lichtanspruch	Bemerkungen
Heckengehölze					
Gewöhnliche Felsenbirne *Amelanchier ovalis*	1–2	IV – V	weiß	○	treibt Ausläufer, Beeren essbar
Berberitze, Sauerdorn *Berberis vulgaris*	1–2	V	gelb	○ – ◐	alte Heilpflanze, Beeren essbar
Kornelkirsche *Cornus mas*	3–5	III –IV	gelb	○ – ◐	langsamer Wuchs, schnittverträglich, essbare Früchte
Blut-Hartriegel *Cornus sanguinea*	3–4	V	weiß	○ – ●	rote Herbstfärbung, blaue Beeren, rötliche Rinde
Haselnuss *Corylus avellana*	3–5	II – III	gelb	○ – ●	Bienenweide Wildobst
Eingriffeliger Weißdorn *Crataegus monogyna*	4–6	V – VI	weiß	○ – ◐	Vogelschutzgehölz, rote Beeren, geeignet für Schnitthecken
Pfaffenhütchen *Euonymus europaeus*	3–5	V – VI	grüngelb	◐ – ●	Herbstfärbung, orange-rote Früchte, giftig
Liguster *Ligustrum vulgare*	2–3	VI	weiß	○ – ●	wintergrüne Sorte, für Schnitthecken geeignet, schwarze Beeren, giftig
Rote Heckenkirsche *Lonicera xylosteum*	2–3	V – VI	weiß-gelb	◐ – ●	früher Blattaustrieb, rote Beeren, giftig
Alpenjohannisbeere *Ribes alpinum*	1–2	IV – V	gelbgrün	◐ – ●	zur Unterpflanzung geeignet
Hundsrose *Rosa canina*	2–3	VI	rosa	○ – ◐	Vogelschutzgehölz, duftende Blüten, Hagebutten verwertbar

Name	Höhe	Blütezeit	Blütenfarbe	Standort	Bemerkungen
Bibernellrose *Rosa pimpinellifolia*	1–2	V – VI	weiß – gelb	○ – ●	leichte Böden, Ausläufer treibend, schwarze Hagebutten
Weinrose *Rosa rubiginosa*	2–3	VI	hellrosa	○ – ●	Vogelschutzgehölz, scharlachrote Hagebutten
Schwarzer Holunder *Sambucus nigra*	4–6	VI	weiß	○ – ●	duftende Blüte, alte Heilpflanze schwarze Beeren gekocht essbar
Wolliger Schneeball *Viburnum lantana*	2–4	V – VI	weiß	○ – ●	trockene, warme Lagen, rote bis schwarze Beeren, giftig
Gewöhnlicher Schneeball *Viburnum opulus*	2–4	V – VI	weiß	○ – ●	frische bis feuchte Böden rote Beeren, giftig
Ziersträucher					
Felsenbirne *Amelanchier lamarckii*	4–6	IV-V	weiß	○ – ●	essbare, süße Früchte flammende Herbstfärbung
Sauerdorn *Berberis julianae*	2–3	V-VI	gelb	◑ – ●	immergrüner Strauch, stark bewehrt, rötliches Winterlaub
Schmetterlingsstrauch *Buddleja davidii* in Sorten	3–4	VII – X	weiß bis violett	○	starkwüchsig, Blüten locken Schmetterlinge an
Buchsbaum *Buxus sempervirens*	2 (–4)	IV – V	gelbgrün	○ – ●	für Schnittformen und Einfassungen, leicht giftig
Zwergmispel *Cotoneaster divaricatus*	1–2	VI	weiß	○ – ●	leuchtend rote Herbstfärbung, rote Früchte
Zwergmispel *Cotoneaster multiflorus*	2–3	VI	weiß	○ – ●	reicher Blütenflor, aber unangenehm riechend, rote Beeren
Deutzie *Deutzia* in Arten und Sorten	2–3	VI	weiß bis rosa	○	anspruchslose Blütensträucher

Robuste Gehölze für den naturnahen Familiengarten (Fortsetzung)

Pflanzenart deutscher und botanischer Name	Höhe in m	Blütezeit	Blütenfarbe	Lichtanspruch	Bemerkungen
Pfaffenhütchen *Euonymus planipes*	3-4	V	gelbgrün	○ – ◐	Herbstfärbung, viele hochrote Früchte, giftig
Goldglöckchen *Forsythia intermedia*	2-3	IV	gelb	○	schönes Blütengehölz
Perlmutterstrauch *Kolkwitzia amabilis*	2-3	V – VI	rosa	○ – ◐	prächtiger Blütenstrauch, anspruchslos
Zieräpfel *Malus* in Arten und Sorten	2-8	V – VI	weiß, rosa, rot	○	auffallender Blüten- und Fruchtschmuck, Äpfel einiger Sorten verwertbar
Goldregen *Laburnum × watereri* 'Vossii'	4-6	V – VI	gelb	○	raschwüchsig, duftende, lange Blütentrauben, Giftpflanze
Pfeifenstrauch *Philadelphus coronarius*	2,5-3	V – VI	weiß	○ – ●	stark duftende Blüten
Kirschlorbeer *Prunus laurocerasus*	1-4	V – VI	weiß	○ – ●	etliche Sorten, immergrün, schwarze Beeren, giftig
Zierkirschen *Prunus* in Arten und Sorten	2-6	IV – V	weiß bis rosa	○	reichblühende Großsträucher, Herbstfärbung
Feuerdorn *Pyracantha* in Arten und Sorten	2-4	V – VI	weiß	◐ – ●	immergrüne, bewehrte Sträucher, zierender Fruchtbehang gelb bis leuchtend rot
Blutjohannisbeere *Ribes sanguineum* Sorten	2-4	IV – V	rosa bis rot	○ – ◐	reich blühendes Ziergehölz

Pflanze	Höhe (m)	Blütezeit	Blütenfarbe	Standort	Besonderheiten
Wildrosen *Rosa* in Arten und Sorten	1–3	V – VII	weiß, gelb, rosa, rot	○ – ◑	Vogelschutzgehölz, Sortenvielfalt, zierend durch Blüten und Früchte
Spiersträucher *Spiraea* in Arten und Sorten	1–2	V – VIII	weiß, rosa, rot	○ – ◑	verschiedene Wuchsformen
Pimpernuss *Staphylea colchica*	3–4	V–VI	weiß	○ – ◑	duftende Blüten, aufgeblasene Fruchtkapseln
Flieder *Syringa* in Arten und Sorten	1–4	V – VII	weiß, rosa lila, violett	○ – ◑	Formenvielfalt, viele Sorten mit duftenden Blüten
Schneeball *Viburnum* in Arten und Sorten	1,5–3	XI – VI	weiß, rosa	○ – ●	je nach Art sommer- und wintergrün, duftende Blüten, einige Arten blühen im Winter
Weigelie *Weigela* in Sorten	1–3	V – VII	weiß, rosa, rot	○ – ◑	anspruchslose Blütensträucher

○ sonnig
◑ halbschattig
● schattig

Der Lieblingsplatz der Kinder ist der alte Apfelbaum mit Baumhaus und Hängematte.

Einen Trog mit Sumpfpflanzen finden wir beim Wasserhahn vor der efeubewachsenen Klinkermauer.

Um die Rasenfläche in der Mitte des Gartens gruppiert sich alles, was sich die Familie wünscht: Der Terrasse am Haus ist eine Staudenpflanzung vorgelagert. Sie wird von einer niedrigen Buchshecke entlang des Weges eingefaßt. Ein Holzsteg führt über den Teich zu einem kleinen Sitzplatz. Der alte Apfelbaum trägt das Baumhaus der Kinder und dient zur Befestigung der Hängematte. Gartenhütte und Kompostplatz liegen versteckt in der Ecke. Die Gemüsebeete wurden mit einer Klinkermauer umgeben. Sie umfaßt auch das Schwimmbad mit seinem Grillplatz und bietet einen sicht- und windgeschützten Raum.

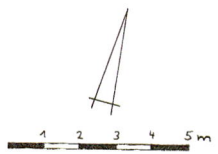

Licht erhält und nicht in den unteren Teilen verkahlt, muss sie sich nach oben zu verjüngen.

Als Lebensraum gewinnen Gehölzbestände besondere Bedeutung, wenn sich in ihnen ein Steinwall, ein Reisighaufen oder morsche Baumstrünke verbergen und sie dazu von Säumen aus Stauden, Gräsern und Farnen begleitet werden. Dort verkriechen sich oftmals Blindschleichen. Spitzmäuse gehen auf Insektenjagd und der Igel verschläft den Tag. Vielleicht baut ein Zaunkönig zwischen Reisig sein Kugelnest. Im Gehölzsaum können wir die spontan aufkommenden Pflanzen gewähren lassen. So manche Schmetterlingsraupe findet dort ihre Nahrung.

Kletterpflanzen beleben Häuser, sie umschlingen Pergolen, Zäune, Sichtschutzwände. Einige besitzen Haftorgane, mit deren Hilfe sie sich festhalten. Dazu gehören Efeu, Kletterhortensie und einige Sorten des Wilden Weins. Rank- und Schlingpflanzen, ebenso Obstspaliere und Kletterrosen, benötigen Verlattungen, Spanndrähte und ähnliche Hilfen.

Seinen ganz besonderen Reiz erhält ein Hausgarten erst durch die bunte Pracht der Blumen. Stauden und Gräser, Zwiebelpflanzen und Einjahresblumen sind seine besondere Zierde. Bei der Zusammenstellung muss nicht nur ihre Wirkung hinsichtlich ihrer Blüte, des Fruchtschmucks und der Blattgestalt berücksichtigt werden. Ganz wichtig ist es, auf ihre Bedürfnisse in Bezug auf den Standort, das heißt auf Boden, Klima, Besonnung und Vergesellschaftung, einzugehen. Am einfachsten folgt man dem Beispiel der Natur und gruppiert Pflanzen in Lebensgemeinschaften, wie sie bereits auf Seite 23 beschrieben wurden. Das erspart Pflegearbeit.

Ausführung

Wenn alle Überlegungen angestellt und zu Papier gebracht sind, geht es an die Ausführung. Vielfach wird der Gartenbesitzer einen Teil der Arbeiten an eine Fachfirma vergeben und soviel er kann und möchte selbst ausführen. Deshalb kommt es darauf an, die richtige Reihenfolge der notwendigen Arbeiten festzulegen.

Stehen auf dem zu bebauenden Grundstück bereits erhaltenswerte Pflanzenbestände, so gilt es, diese während der Bauarbeiten mit einem hohen, stabilen Zaun zu schützen. Als nächstes muss der Oberboden abgehoben und zu einer Miete aufgesetzt werden, die man am besten mit Gründüngungspflanzen einsät.

Ist dann das Haus soweit erstellt, dass man mit den Außenanlagen beginnen kann, erfolgt die Rohplanie. Das Gelände erhält seine gewünschte Form. Zu berücksichtigen ist die Aufbauhöhe von Wegen, Plätzen und anderen Einbauten und die Auftragsdicke des Oberbodens mit 10 bis 40 cm je nach Saat- oder Pflanzfläche. Ehe der Oberboden wieder angedeckt werden kann, müssen Treppen, Mauern, Wege, Platzflächen und Wasseranlagen fertiggestellt sein.

Oftmals erfordert der vorhandene Oberboden eine Verbesserung mit Kompost oder anderem Dünger. Ratsam ist es auch, Gründüngungspflanzen anzusäen, bis der Boden sich wieder belebt und gesetzt hat. Erst dann sollte mit Pflanzarbeiten und Feinplanie begonnen werden. Mit den Pflanzungen und Ansaaten ist der letzte Schritt zur Gartenanlage getan. Voller Erwartung können wir uns auf das Sprießen und Blühen freuen und staunen über den sich zusehends belebenden und ständig verändernden Garten.

Soweit allgemeine Grundsätze, wie sie jede Gartengestaltung betreffen. Was das Besondere eines Familiengartens ausmacht, werden wir im Folgenden erfahren.

Literatur zum Thema
Briemle 1995   Wirth 1981
Neuenschwander 1993   Wirth 1984
Weber, Greiner 1992   Wirth 1993

Labyrinthe

In barocken Anlagen mit ihren Achsen und Parterres, kunstvoll geschnittenen Gehölzen und heckenumsäumten Bosketts erfreuten sich Labyrinthe und Irrgärten besonderer Beliebtheit. Als diese strenge Gartenform von der des Englischen Landschaftsgartens abgelöst wurde, gerieten auch die Irrgärten und Labyrinthe in Vergessenheit. Inzwischen hat man dieses Gartenthema wieder entdeckt, zum Beispiel greifen es viele Gartenschauen wieder auf. Labyrinthe nach klassischem Vorbild entstehen neu in privaten und öffentlichen Gärten. Besonders pfiffig erscheint mir die Idee einiger Landwirte, die einen Irrgarten anlegen, indem sie Gassen in ihren Maisacker mähen. Solche Anlagen sind bis zu 2 ha groß, und die zahlenden Besucher irren darin oft mehrere Stunden herum. Das Spektakel ist von kurzer Dauer, denn zur Erntezeit verschwindet mit dem Mais auch das Kunstwerk.

Auf Umwegen zum Ziel

Das Labyrinth eignet sich jedoch nicht nur als einträgliche Kombination von Ackerbau und Freizeitspaß. Es ist ein uraltes Sinnbild für den verschlungenen Weg des Lebens und könnte als solches durchaus wieder Eingang in die Gartenarchitektur finden, vor allem, weil es ein begehbares und damit physisch erlebbares Symbol ist. Wer schon einmal den Windungen eines Labyrinthes bis zu seiner Mitte gefolgt ist und sich nach einer Kehrtwendung dann wieder herausgewunden hat, der wird das Gedicht nachempfinden können, das Nigel Pennick an den Anfang seines Buches „Das Geheimnis der Labyrinthe" stellt:

> „In einer Furche, tief im Rasen eingebettet
> Und breit genug, den Füßen Platz zu bieten,
> Nimmt mancher Teil am Schäferwettlauf durch ein Labyrinth,
> Das seine Form vor langer Zeit erhielt.
> Die Füße werden müde, und der Geist wird irre,
> Und doch erfreut der Lauf Herz und Verstand;
> Gleicht er doch irgendwie dem Ablauf unseres Lebens,
> Und wo du ihn beginnst, da muss er enden."
>
> Bradfield, *Sentan's Wells,* 1864

Das wohl berühmteste Labyrinth des Altertums ist jenes im Palast des Königs Minos von Knossos auf Kreta. Bekanntlich wurde es von Dädalus, dem findigen Architekten und Konstrukteur, so verschlungen erbaut, dass jeder, der es betrat, von der Vielzahl der Irrwege so sehr gefangen war, dass er sich ohne fremde Hilfe nicht mehr daraus befreien konnte. In diesem Labyrinth hauste der Minotaurus, ein furchterregendes, menschenverschlingendes Ungeheuer, halb Mensch, halb Stier.

Der Sohn des König Minos war angeblich von den Athenern ermordet worden. Als Sühne für diese Tat mussten die Athener alle neun Jahre sieben Jungfrauen und sieben junge Männer nach Kreta bringen, wo König Minos sie aus Rache in das Labyrinth schickte und der Minotaurus sie zerriss.

Der Athener Theseus war bei seiner Mutter aufgewachsen und gelangte erst als junger Mann an den Hof seines Vaters Aegeus. Dort erfuhr er von der schrecklichen Forderung und war fest entschlossen, das Ungeheuer zu töten und Athen von der Last befreien. Aegeus gab nach langem Zögern dem Drängen seines Sohnes schließlich nach und stimmte dem Vorhaben zu. Er verlangte aber, dass als Zeichen einer glücklichen Rückkehr statt der ursprünglich schwarzen Segel weiße gesetzt würden.

Theseus fuhr also mit sechs jungen Männern und sieben Jungfrauen nach Knossos. Dort lernte er die Königstochter Ariadne kennen, die sich in ihn verliebte. Als es für ihn an der Zeit war, in das Labyrinth zu gehen, gab sie ihm ein Garnknäuel, das er am Eingang befestigte und während seiner Wanderung abrollte. In der Mitte des Labyrinthes traf er auf den Minotaurus. Er kämpfte mit ihm, besiegte und tötete ihn. Mit Hilfe des Fadens fand er seinen Weg zum Ausgang zurück. Er befreite die Geiseln, nahm Ariadne zu sich auf das Schiff und trat die Rückreise an.

Auf der Fahrt nach Athen kamen sie zunächst zur Insel Delos, wo sie mit einem Tanz für ihre geglückte Mission dankten. Auf Naxos, der nächsten Insel, ließ Theseus Ariadne zurück und segelte weiter. Dabei vergaß er, die weißen Segel zu setzten. Als Aegeus das herannahende Schiff mit den schwarzen Segeln sah, nahm er an, sein Sohn sei umgekommen und stürzte sich voller Schmerz und Verzweiflung von einem hohen Felsen ins Meer.

In diesem Mythos wird deutlich, dass der Gang durch das Labyrinth ein Einweihungsweg ist, eine Wanderung in die eigene Mitte, wo ein Kampf zu bestehen und eine Wendung zu vollziehen ist. Der Weg macht viele Windungen, ist so unübersichtlich, verwirrend und verschlungen, dass derjenige, der sich hineinwagt, nur mit Hilfe eines Fadens, einer ihn leitenden Kraft, hindurchfinden kann.

Wie sieht nun solch ein Labyrinth aus? Es gibt die verschiedensten Formen: kreisrunde, herzförmige, runde mit Eckbastionen, quadratische, rechteckige, sogar trapezförmige Irrgärten sind bekannt. Die an-

Spiralförmiges Labyrinth mit fünf Umläufen.

tike Labyrinthform erhält man, wenn man den griechischen Mäander, auch ein Symbol des Lebensweges, biegt und in eine Kreisform bringt. Auf diese Weise entsteht ein Bild der scheinbaren Bewegung der Sonne (oder anderer Gestirne) am Himmel, deren täglicher Lauf je nach Jahreszeit höher oder tiefer liegt.

Das römische Labyrinth ist in vier Sektoren geteilt. Dies entspricht der etruskischen Technik symbolischer Landvermessung, wie sie beispielsweise bei einer Stadtgründung vorgenommen wurde. Dieser Grundriss liegt auch der mittelalterlich christlichen Labyrinthform zugrunde. Hier sind Kreis und Kreuz von Bedeutung. Die Mitte wird als Mittelpunkt der Welt empfunden, als Heiligtum oder auch als Heilige Stadt, zum Beispiel das Himmlische Jerusalem. Meist haben diese Labyrinthe sieben Umläufe, der heiligen Zahl entsprechend. Es gibt aber auch einfachere mit fünf oder größere mit neun oder elf Umrundungen.

Rechteckiges Labyrinth nach antikem Vorbild als Pflasterspur in einer Belagsfläche.

Manche Labyrinthe wurden mit Steinen gesetzt oder aus Rasen ausgestochen. Viele davon liegen in der Nähe von Kirchen. Möglicherweise bezeichnen sie ein heidnisches Heiligtum, das später christianisiert wurde. Man nimmt an, dass Labyrinthe in der Jungsteinzeit und mancherorts noch bis in die Neuzeit ein Platz für Initiationsriten und magische Handlungen bzw. religiöse Rituale war. Sicherlich fördern sie beim rituellen Durchschreiten die Kontemplation, wie dies bei Fußbodenlabyrinthen in Kirchen der Fall ist. Der Gang durch das Labyrinth wurde hier als meditativer Pilgerweg empfunden. Ein bekanntes Beispiel ist jenes in der Kathedrale von Chrartres.

Bei diesen klassischen Labyrinthen folgt man dem spiralig sich windenden Weg vom Eingang bis zum Zentrum und verlässt ihn wieder in umgekehrter Richtung. Es gibt keine Verzweigungen, keine falschen Pfade, keine Sackgassen oder Inseln.

In der Zeit der Renaissance und deutlicher noch im Barock sollten die Labyrinthe fürstlicher Gartenanlagen allerdings eher der Unterhaltung einer gelangweilten Hofgesellschaft dienen. Dazu eigneten sich antike und mittelalterlich christliche Labyrinthe nicht. Man benötigte eingebaute Schwierigkeiten. Unübersichtlichkeit war gefragt. Aus niedrigen Buchseinfassungen wurde mannshohe Hecken, aus dem Pilgerweg ein Versteckspiel. Das Labyrinth wandelte sich zum lrrgarten. Wer sich hineinwagt, steht an jeder Verzweigung vor einer Entscheidung, geht Irr-

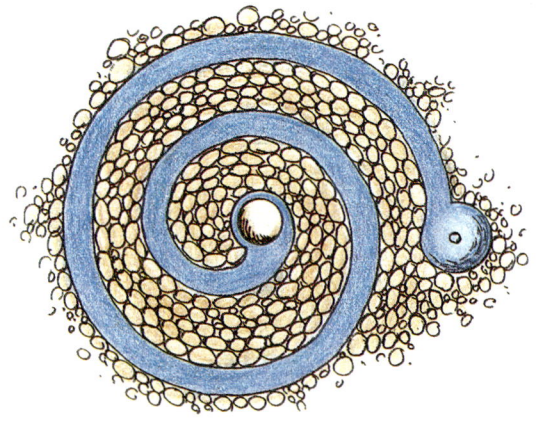

Wasserlabyrinth.
Das Wasser fließt in Spiralform von einem ku-
geligen Quellstein in der Mitte zu einer Schale.
Belag aus Spaltkiesel, Mosaikstein oder ande-
rem kleinförmigem Material.
Das Gerinne ist ausgepflastert oder betoniert.

Zwei Doppelspiralen, jede aus einer dicken
Spaltplatte herausgearbeitet, eine als erhabene,
glatte Spur, die andere als Wasserrinne.

wege, die nicht weiterführen, verliert die Orientierung, ist gefangen in
der Ausweglosigkeit und findet sich womöglich doch ganz unvermutet
am Ziel.

Wenn heute Irrgärten in Gartenschauen oder Parks angelegt werden,
so geschieht dies meist nach dem Prinzip jener barocken Anlagen. Wer
einen großen Garten besitzt und Spaß daran hat, kann solch ein Hecken-
labyrinth natürlich auch im Hausgarten anlegen. Die Wände könnten
dann aus geschnittenen Hainbuchen bestehen, aus Liguster, Eiben oder
anderen Schnittgehölzen. Weidenflechtzäune eignen sich gleichermaßen.
Auch Rankgerüste mit Kletterpflanzen sind denkbar, ebenso Mauern
oder eine Kombination aus verschiedenen Elementen.

Für private Gärten sind aber Anlagen nach dem Muster klassischer
Stein-, Fußboden- oder Rasenlabyrinthe besser geeignet. Sie benötigen
weniger Platz und sind bei entsprechender Gestaltung vielseitiger verwendbar. So lässt sich ein Labyrinth als gepflasterter Pfad im Rasen gestalten. Im Prinzip eignet sich zur Befestigung und Markierung des ge-
wundenen Labyrinthweges jedes Belagsmaterial: Naturstein, Klinker, Betonstein oder Kies. Es muss nur zur Form des Labyrinthes passen.

Dem Vorbild des Fußbodenlabyrinthes folgend kann eine Pflasterfläche beispielsweise in einem Höfchen oder auf dem Platz vor einem Eingang mit der Zeichnung eines rechteckigen oder runden Labyrinthes versehen werden.

Während man diese Labyrinthe durchschreiten kann, übernimmt beim Wasserlabyrinth das fließende Nass die Bewegung. Unser Beispiel zeigt einen kleinen Wasserlauf, in der Form einer Spirale. Er wird aus einem kugeligen Quellstein gespeist und verschwindet nach seinem kreisenden Lauf in einer Schale. Eine Umwälzpumpe führt das Wasser wieder dem Quellstein zu. Auf dem Kanal kann man Schiffchen, Korken oder Ähnliches schwimmen lassen. Schwimmkerzen zaubern an einem Sommerabend eine besondere Atmosphäre. Solche Spiralformen lassen sich auch gut aus einer großen, dicken Steinplatte herausarbeiten, sei es als erhabene Spur oder als Rinne.

Eine andere Variante ist ein Labyrinth mit drei Umläufen in der Form eines runden Senkgartens (Abbildung). Der Weg führt spiralig entlang drei Stufen zu einem Feuerplatz in der Mitte auf dem Grunde der Mulde. Diese Stufen sind knapp 40 cm hoch und damit auch zum Sitzen geeignet. Abgestützt werden sie mit Holzpalisaden, die an den Windungen in bequem begehbare Treppenstufen auslaufen.

Es kann sehr reizvoll sein, ein Labyrinth nur für kurze Dauer anzulegen. Da genügt es schon, den Labyrinthweg als Furche in den Sand zu ziehen, ihn mit Kreide auf eine Belagsfläche zu malen oder ihn mit dem Rasenmäher durch die Wiese zu bahnen. Als Markierung können außerdem Kieselsteine, Fichten- oder Kiefernzapfen, Baumrinde, Stöcke, Sand oder Sägemehl dienen. Wenn im Winter wenig Schnee liegt, lässt sich eine Labyrinthspur mit einer Schneekugel ausrollen. Bildet man nacheinander drei Kugeln aus Schnee, erhält man sozusagen als Ergebnis einen Schneemann, der die Mitte markiert. Liegt ausreichend Schnee, so lassen sich daraus Wände zwischen den Gängen formen. Je nachdem, wieviel „Baumaterial" vorhanden ist, können sie kniehoch bis mannshoch werden. Spätestens im Frühjahr zerrinnt das kühle Gebäude des Winterlabyrinthes. Diese vergänglichen Gebilde haben den Vorteil, dass man verschiedene Labyrinthformen ausprobieren kann.

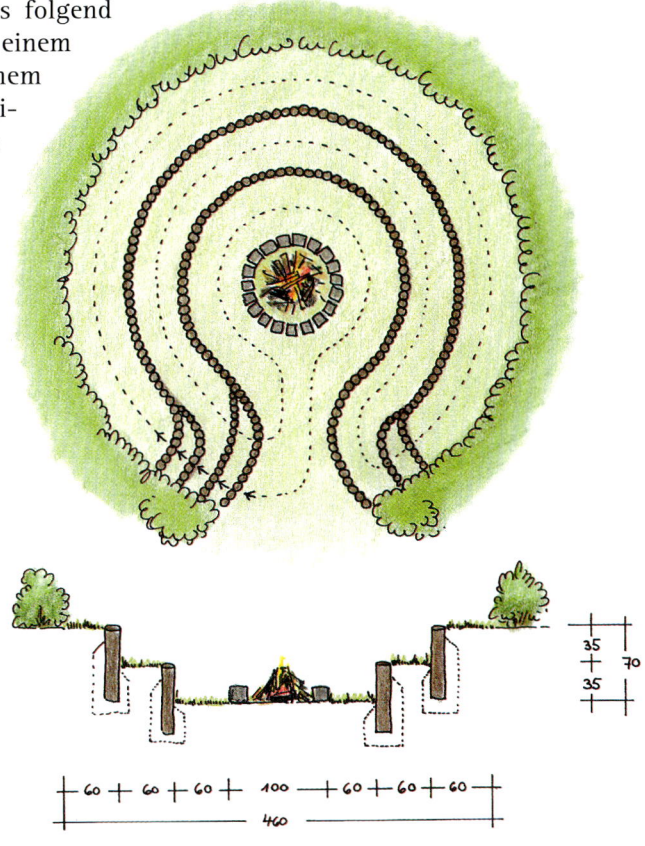

Labyrinth in Form eines Senkgartens mit Feuerplatz. Grundriß und Schnitt.

Ein Labyrinth muss nicht auf Dauer angelegt werden. Es kann sehr reizvoll sein, die spiralige Spur im Sommer mit Kiefernzapfen oder im Winter mit Schnee vorzuzeichnen und ihr zu folgen.

Kinder und Erwachsene können den Weg nach altem Vorbild abtanzen, ihn durchschreiten oder durchlaufen. Zur Benutzung eines Labyrinthes gibt es allerdings Spielregeln. Man sagt, es bringt Glück, ohne Zögern voranzuschreiten. Dabei muss man auf den Pfaden bleiben und darf nicht in die falsche Richtung gehen. Man sollte die Begrenzung nicht betreten und darf sie erst recht nicht überspringen.

Literatur zum Thema
Pennick 1990

Ein Lebensweg ums Haus

Wie das Labyrinth ein Symbol des oftmals verschlungenen und unübersichtlichen Lebensweges ist, so kann auch ein Garten mit den darin wachsenden Pflanzen symbolisch gedeutet werden. In früheren Zeiten, zumal im Mittelalter, war dies allgemein bewusst. Der Garten, der ja ursprünglich ein der Wildnis abgerungener, umhegter Platz zur Kultivierung von Obst, Gemüse, Kräutern und Heilpflanzen war, wurde mit dem Paradies in Verbindung gebracht, wo es Nahrung und Schönheit in Fülle gibt, alle Mühsal und Bedrohung vergessen ist.

Das klingt alles recht historisch und scheint für einen Hausgarten in unserer Zeit keinerlei Bedeutung zu haben. Symbole tragen aber ihren Sinn in sich und sind somit zeitlos. Sie werden allerdings je nach äußeren Gegebenheiten oder innerer Befindlichkeit verschieden aufgefasst und gedeutet. In einem Symbol steckt um einiges mehr, als im Moment darin gesehen wird.

So kann es reizvoll sein, alte Sinnbilder für einen Hausgarten heutiger Zeit wieder aufzugreifen. Dabei muss die Symbolhaftigkeit dieses Gartens gar nicht beim ersten Hinsehen auffallen. Es soll vielmehr ein ganz

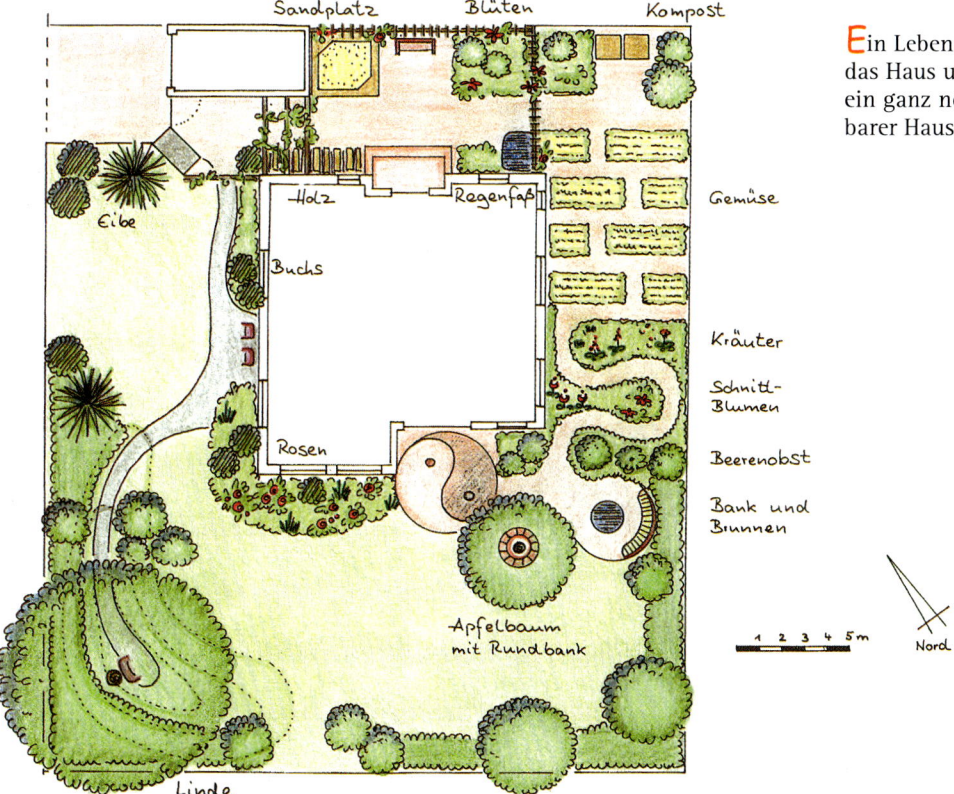

Ein Lebensweg um das Haus und zugleich ein ganz normal nutzbarer Hausgarten.

normal nutzbarer Freiraum sein, der die Bedürfnisse einer Familie befriedigt, sowohl die funktionalen als auch die ästhetischen. Und doch vollzieht sich beim Gang um das Haus so etwas wie der Weg durch ein ganzes Menschenleben. Hier ein Vorschlag dazu:

Das Haus steht so im Grundstück, dass es rundum Raum zur Gestaltung verschiedener Gartenräume freilässt. Sieben unterschiedliche Bereiche symbolisieren die entsprechenden Lebensabschnitte.

1. Der Besucher kommt durch einen Laubengang zwischen Haus und Garage in den Garten. Damit lässt er den Straßenraum hinter sich und gelangt in ein noch unbekanntes Terrain, ganz so, wie der Mensch in sein Leben tritt. Pfeifenwinden umranken diesen Laubengang und verdunkeln ihn mit großen Blättern, einem Geburtskanal nachempfunden.

2. Das Kleinkind wird von seinen Eltern behütet, seine Welt ist noch überschaubar. Diesem Lebensabschnitt entspricht der Gartenhof vor dem Hauseingang. Auf zwei Seiten wird er von Haus und Garage begrenzt, auf den anderen beiden Seiten von Rankgerüsten voller blühender Kletterpflanzen. Das Kind beginnt, die Welt, in die es gestellt ist, zu erkunden. Dies mögen die vier klassischen Elemente symbolisieren, denen die Eckbereiche entsprechen. Das Brennholz steht für Feuer, der Sandplatz für Erde, Blüten für Luft und das Regenfass für Wasser.

3. Mit dem Eintritt in die Schule beginnt die Zeit des von der Vernunft bestimmten, systematischen Lernens. Ordnungsprinzipien rücken in den Vordergrund, ebenso soziale Einordnung und Disziplin. Gleichzeitig weitet sich der Blick. Auf dem Lebensweg im Garten verlässt der Besucher den eng umgrenzten Hofraum und begibt sich in den Nutzgarten mit seinen rechteckigen Beeten und wohl geordneten Gemüsereihen. Der Weg führt rechtwinklig um die Beete.

4. Der Übergang in die Phase der Pubertät ist fließend. Sie ist noch bestimmt von schulischem Lernen. Der Besucher bleibt im selben Gartenraum. Die Gemüsebeete gehen über in Pflanzungen mit Kräutern, Schnittblumen und Beerenobst. Und doch ändert sich etwas Wesentliches: Der Weg, der bis hierher befestigt und geebnet war, wird holprig. Auf Kopfsteinpflaster schreitet man voran. Außerdem windet er sich in Schlangenlinien. Die Geradlinigkeit der Lehrmeinung wird in Frage gestellt, der junge Mensch sucht nach eigener Erkenntnis. Das mündet am Ende dieses Abschnittes in einer Rundbank unter dem Apfelbaum. Von hier aus geht der Blick in alle Richtungen. Man hält Ausschau. Zugleich gehört dieser Punkt, zumal der Apfelbaum, bereits zum nächsten Lebensabschnitt, denn er hat nach christlicher Auffassung einen unverkennbaren Bezug zum ersten Menschenpaar. Der Apfel ist ein Symbol für Liebe und Fruchtbarkeit. Seine Süßigkeit und Schönheit deuten auf die Verlockungen der Welt hin. Zugleich versinnbildlicht er die Erde und damit vielleicht sogar den Wunsch, diese zu beherrschen. Man denke nur an den Reichsapfel.

5. Der letzte Mäander an der Schwelle zum Erwachsenwerden windet sich um einen kreisrunden Brunnentrog mit einer Fontäne in seiner

Mitte. Auch hier steht eine Bank. Sie ist aber nicht nach außen gerundet, sondern nach innen. Wer sich darauf niederlässt, öffnet sich für einen Partner. Die Bestimmung des eigenen Standpunktes mündet in die Gemeinsamkeit. So ist die Verschmelzung der Gegensatzpaare das zentrale Thema des Wohngartens auf der Südseite des Hauses. Symbolisiert wird es durch das Belagsmuster der Terrasse, die beiden Fischblasen in hell und dunkel, die miteinander einen Kreis ergeben, wobei jede Blase den Keim der anderen in sich trägt. Gegensätzliches wird harmonisch vereint, Teile bilden ein Ganzes. Eines kann ohne das andere nicht sein. Bereits beim Brunnen war dies angedeutet: Das weiche Wasser füllt eine starre Form, der waagerechte, ruhige Wasserspiegel wird von der senkrecht aufspritzenden Fontäne bewegt. Rosen umrahmen die Terrasse. Sie deuten auf die Blütezeit des Lebens hin, verweisen aber bereits auf die Dornen, die den Weg begleiten und zuweilen das Vorwärtskommen behindern.

6. Von hier aus führt der Weg aufwärts, einen Hügel hinauf. Er ist nicht ausgebaut und befestigt, sondern führt nur als Rasenspur durch die Wiese. Jeder muss den Pfad selbst finden. Das kostet Mühe und Anstrengung, bis schließlich der höchste Punkt erreicht ist. An den Stamm einer Linde lehnt sich eine kleine Bank. Hier darf man von den Strapazen ausruhen. Die Lebensmitte ist erreicht. Von hier oben lässt sich ein großer Teil des bisherigen Weges überblicken. Den weiteren Verlauf kann man durch den Schleier einer Strauchgruppe erahnen. Soviel ist sicher: Es geht bergab.

7. Die Phase des Lebensabends ist von Mühsal geprägt. Man muss zwar keinen Hügel mehr erklimmen, der Pfad führt bergab. Aber im tief gekiesten Weg werden die Schritte schwer. Holunder, als Heilpflanze geschätzt, steht am Weg, ebenso ein Haselstrauch, von dem gesagt wird, dass er Blitze abzuwehren vermag und somit Schutz gewährt. Auf der Bank am Haus darf der ältere Mensch rasten und dem Spiel der Enkel zusehen. Eibe, Buchs, Efeu und Immergrün, Symbole der Unvergänglichkeit und Unsterblichkeit bestimmen das Bild dieses Gartenraumes. Dann führt der Weg weiter durch ein von Efeu umranktes Tor wieder in einen Raum außerhalb des Gartens.

Der Kreis schließt sich.

Wenn die Kräfte nachlassen

Bei der Gestaltung eines Gartens für die ganze Familie bedenken wir, dass Kinder sich darin entfalten können, dass Obst und Gemüse gedeiht, dass sich ein ästhetisch und funktional gelungener Raum ergibt, in welchem sich alle wohl fühlen. Manchmal gehört dazu auch, die Bedürfnisse älterer, gesundheitlich geschwächter oder behinderter Mitbewohner zu berücksichtigen. Sinnvoll gestaltet kann ein Garten beidem gerecht werden: den überschießenden Kräften der Jugend ebenso wie den nachlassenden des Alters. Von Gärten für Kinder wird noch ausführlich die Rede sein. Zunächst wollen wir die Situation Älterer und Behinderter kurz betrachten.

Viele ältere Menschen sind noch rüstig und pflegen ihren Garten mit großer Freude.

Dabei zeigen sich sehr unterschiedliche Wünsche, Bedürfnisse und Notwendigkeiten. Wo lediglich Kraft und Beweglichkeit nachlassen, gilt es, auf pflegeintensive Gestaltungselemente nach und nach zu verzichten. Für Rollstuhlfahrer sind allerdings umfangreichere Anpassungen erforderlich. Menschen mit schwindender Sehkraft bereitet ein Garten Freude, in dem es viel zu riechen, zu schmecken, zu ertasten und zu hören gibt. Um so erfreulicher, wenn dies alles – beispielsweise auf Hochbeeten – in gut erreichbarer Nähe wächst.

Für viele Behinderte stellt der Garten einen überaus wertvollen, geschützten Raum dar, wo sie sich, von anderen unbeobachtet, ihrer Beweglichkeit, ihren Kräften und ihrem Tempo gemäß betätigen können. Technische Vorrichtungen und sinnvolle Ausstattung bringen Erleichterung. Dies ermöglicht eine große Selbstständigkeit und reduziert die notwendige Hilfe von außen.

Sowohl Behinderte als auch ältere Menschen wollen nicht nur zurückgezogen leben, sondern wünschen sich innerhalb ihrer Privatsphäre gleichermaßen Raum für Kontakte, Geselligkeit, fröhliches Beisammensein. Auch dazu dient der Garten.

Ein paar aus dem Leben gegriffene Beispiele sollen die Situation beleuchten, die sich ergibt, wenn die Kräfte nachlassen.

Mit dem Rollstuhl durch den Garten

Alles schien bestens zu laufen. Der Vater hatte eine gesicherte Position, die Kinder wuchsen problemlos heran. Der Jüngste war gerade eingeschult worden, die ältere Tochter hatte soeben den zwölften Geburtstag

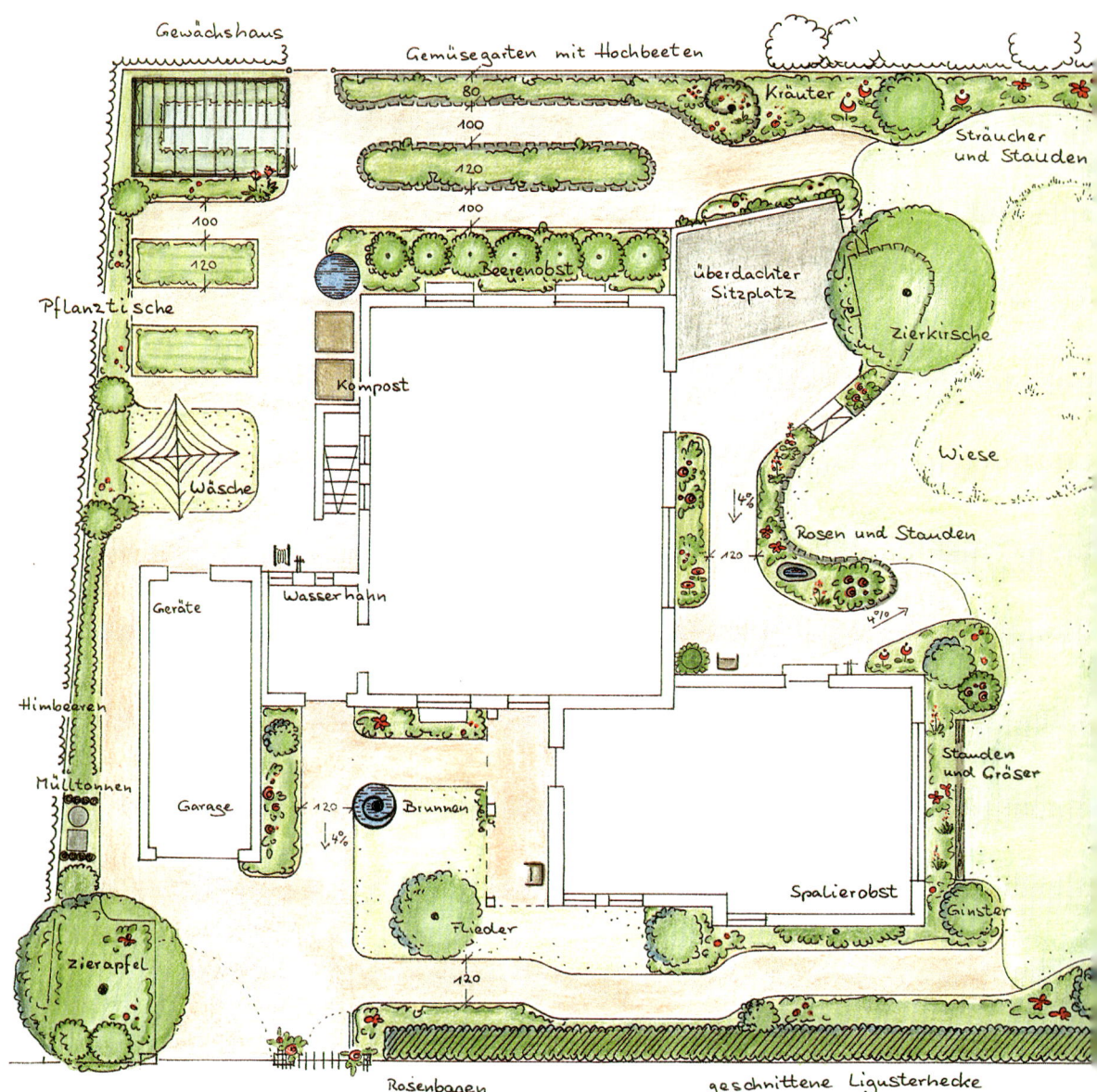

Garten für einen Rollstuhlfahrer und seine Familie. Er besteht aus einem Nutzgarten an der sonnigen Süd-Ost-Ecke und einem Wohngarten mit Terasse, Gartenteich und weiteren Sitzplätzen unter dem alten Apfelbaum sowie bei der Volière. Der Eingangshof nimmt den Besucher freundlich in Empfang. Wege und Beete wurden so gestaltet, dass der Garten auch für Rollstuhlfahrer gut erlebbar ist.

gefeiert. Nach dem Tod der Großmutter übernahm die Familie das Elternhaus. Es musste renoviert und für die Bedürfnisse der jungen Familie etwas umgebaut werden. In einem Anbau richtete sich der Großvater eine bequeme, kleine Wohnung ein.

Voller Freude war die Familie aus einer beengten Wohnung in das Elternhaus der Mutter umgezogen. Nun wohnten drei Generationen unter einem Dach, in zwei getrennten Wohnungen. Obwohl der Anbau Fläche verschlungen hatte, bot das Grundstück noch einigen Raum zur Gestaltung eines hübschen Gartens.

Man wünschte sich einen gemeinsamen Eingangsbereich, einen Nutzgarten, dort, wo Großmutters Gewächshaus noch stand, und einen Wohngarten mit Terrasse. Außerdem ein paar hübsche Winkel, in die man sich allein oder zu zweit zurückziehen konnte.

Jeder sollte Raum bekommen für das eigene Hobby. Eines der Kinder benötigte ein Beet für eine Mini-Forstbaumschule. Eifrigst wurden hier Laub- und Nadelbäume aus Samen und Stecklingen gezogen. Alle drei Kinder wünschten sich einen Hund. Sie versprachen, ihn täglich auszuführen, obwohl sie eigentlich der Meinung waren, er habe im Garten reichlich Auslauf. So tauschte ein junger Mischling seinen Zwinger im Tierheim mit dem Hundekörbchen hinterm Kachelofen. Eine kleine Gruppe Zebrafinken war mit umgezogen. Die Vögel bekamen jetzt eine Sommervoliere im Garten, die ihnen so sehr behagte, dass sie sich schon bald munter vermehrten. Ein Gartenteich für Frösche, Molche und Libellen wurde angelegt. Obstbäume sollten Schatten spenden, eine Rasenfläche Platz zum Spielen bieten.

Doch dann kam die Krankheit des Vaters, die das Leben der Familie völlig veränderte. An Berufstätigkeit war nicht mehr zu denken. Intensive Pflege wurde erforderlich. Der Rollstuhl ermöglicht seither ein gewisses Maß an Beweglichkeit. Auch finanziell muss man sich nach der Decke strecken. Die Einkünfte haben sich reduziert, und die Ausgaben sind gestiegen. Einbauten und Veränderungen im Haus sind vordringlich. Deshalb können manche Gestaltungswünsche im Garten nicht sofort realisiert werden. Nun ist zu überlegen, was bald verändert werden muss und was sich erst später verwirklichen lässt. Gerade in dieser Situation ist es wichtig, ein Konzept zu haben, nach dem man vorgehen kann.

Für einen Rollstuhlfahrer gibt es im Garten einige Hindernisse, die abgebaut werden müssen. Alle Schwellen und Treppen sind durch Rampen zu ersetzen. Weil die Terrasse um

Rollstuhlfahrer können bei der Gartenarbeit nur aktiv mithelfen, wenn die Gartengeräte wie hier entsprechend hoch angebracht sind.

zwei Stufen höher liegt als die anschließende Rasenfläche, wird hier ein eigener Weg mit geringem Gefälle angelegt. Auf längere Strecken sollte die Steigung nicht mehr als 6 Prozent betragen. Eine kurze Rampe kann bis zu 8 Prozent steil sein, wenn es nicht anders geht. Diese Maße sind jedoch anzupassen an den jeweiligen Fall. Rollstuhlfahrer, die ausreichend Kraft besitzen und beide Arme einsetzen können, überwinden eine flache Rampe meist ohne Probleme. Halbseitig Gelähmte hingegen haben damit große Schwierigkeiten. Für sie ist es auch kompliziert, den Rollstuhl zu lenken. Daher sollten Steigungsstrecken eine seitliche Begrenzung haben, so dass die Räder des Rollstuhles nicht abrutschen können. Im Winter darf es nicht zu Glättebildung kommen.

Der Garagenvorplatz muss ausreichend Raum zum Ein- und Aussteigen und zum Verladen des Rollstuhles bieten. Behindertenparkplätze sind 3,50 m breit. Dieses Maß wurde auch hier angelegt. Ein Rollstuhl hat eine Breite von 80 cm. Entsprechend sollen die Wege im Garten mindestens 1 m breit sein. Bei 1,20 m bis 1,50 m Wegebreite kann bereits eine Begleitperson neben dem Rollstuhl gehen. Andererseits soll im Garten nicht zuviel Fläche versiegelt sein.

Auch die Kosten spielen eine Rolle, denn alle Baumaßnahmen – und dazu gehört der Wegebau – verschlingen eine Menge Geld. Daher werden in unserem Fall zunächst nur Eingangswege, Garagenvorplatz und Terrasse mit einem gut befahrbaren, engfugigen Klinkerbelag versehen. Im übrigen behilft man sich einstweilen mit Rasenwegen. Der Untergrund muss allerdings fest genug sein, so dass die Räder nicht einsinken. Dann sind Rasenwege sogar für halbseitig Gelähmte gut befahrbar. Auf diese Weise kann der Behinderte jede Gartenecke mit dem Rollstuhl erreichen.

Eine geschnittene Ligusterhecke entlang der Straße bietet Sichtschutz. Zum vorhandenen Bestand des Gartens zählt die feiwachsende Hecke mit Zier- und Wildgehölzen auf der Südseite. Lockere Strauchpflanzungen markieren die Grenze zum östlichen Nachbarn. Eine Zierkirsche flankiert die Terrasse. Der alte Apfelbaum, unter dessen schattenspendender Krone schon mancher Geburtstag gefeiert wurde, erhielt einen jungen Partner nahe der Voliere.

Gerade in der Situation, in welcher sich Behinderte und ihre Angehörigen befinden, ist der Garten von unschätzbarer Bedeutung. Beispielsweise sind Wanderungen, die man früher gemeinsam unternommen hat, nun viel beschwerlicher und meist gar nicht mehr möglich. Da bietet der eigene Freiraum etwas Ausgleich. Hier kann man den Duft der Pfingstrosen atmen, dem Gesang der Amsel lauschen, den Libellen bei der Eiablage zusehen und alles Sprießen, Blühen und Fruchten das Jahr hindurch verfolgen. Neue Qualitäten eröffnen sich, trotz aller Beschwernis, die das Leben im Rollstuhl mit sich bringt.

Noch schöner ist es, wenn sich jemand trotz Behinderung im eigenen Garten betätigen kann. Allerdings richtet sich dies nach den persönlichen Möglichkeiten und Neigungen. Wer keine Freude am Umgang mit Pflanzen hat, der sollte überlegen, ob für ihn ein Garten überhaupt sinnvoll und ratsam ist. Wer sich zwar gerne draußen aufhält, aber nicht viel Gartenarbeit leisten kann oder möchte, der sollte seinen Freiraum so pflegeleicht und einfach wie möglich gestalten.

Es zeigt sich aber, dass mancher Behinderte in der für ihn völlig neuen Situation nach anfänglichen Schwierigkeiten viel Freude am Gärtnern findet. Mancher Genesungsprozess begann mit einem Saatkistchen. Ein Kranker, der in Depressionen zu versinken drohte, lebte in einem Garten wieder auf. Wer sich für Pflanzen verantwortlich fühlt und sie pflegt, kann sich nicht selbst hängen lassen. Einem Behinderten, der selbst etwas tun und für eigene Schützlinge dasein kann, fällt es nicht so schwer, seinerseits Hilfe beanspruchen zu müssen.

Für Gartenarbeit vom Rollstuhl aus muss das Gelände jedoch gestaltet werden. In unserem Fall sollten dazu vor allem im Gemüsegarten Hochbeete angelegt werden. Sie sind etwa 60 cm hoch und dasjenige, welches nur von einer Seite zugänglich ist, hat eine Breite von ebenfalls 60 cm. Hinzu kommt die Dicke der Wandung, die aus Holz, Betonelementen, Natursteinplatten oder anderem gefertigt sein kann. Das mittlere Hochbeet ist von beiden Seiten zugänglich und kann daher 1,20 m breit sein. Weil es hübsch aussieht, mündet das schmale Hochbeet in einer Kräuterspirale, auf der die verschiedenen Gewürzkräuter einen idealen Standort finden.

Dank eines Hochbeetes kann dieser junge Rollstuhlfahrer in seinem Gemüsegarten Tomaten ernten.

An Hochbeete kann der Rollstuhlfahrer seitlich heranfahren. Noch besser sind Pflanztische, die man bei der Arbeit frontal vor sich hat. Das ist bequemer, aber in der Erstellung aufwendiger. Ein solcher Pflanztisch ist im Grunde eine Pflanzkiste auf Füßen oder auf einem Sockel, ähnlich jenen, die im Zierpflanzen- und Gemüsebau für die Anzucht unter Glas verwendet werden. Es kann jedoch auch ein Tisch in der Form einer Futterkrippe sein, der dann mit Erde gefüllt verschiedene Pflanztiefen aufweist. Für Be- und Entwässerung muss in beiden Fällen gesorgt sein.

Mit einem kleinen Gewächshaus lässt sich die Vegetationszeit um einige Wochen verlängern. Vor allem aber kann man unter Glas bei Regenwetter und an kühlen Tagen säen, pikieren und umtopfen. Die Zeit für Gartenarbeit lässt sich ins Winterhalbjahr verlängern.

Im Schatten des Hauses liegt der Kompostplatz, der organische Abfälle aus Garten und Küche aufnimmt. Daneben steht eine Regentonne mit Gießwasser. Wasserhahn und Schlauchanschluss sind griffbereit. Eine Wäschespinne hat in einer sonnigen Ecke zwischen den Pflanztischen und der Garage ihren Platz. Der bevorzugte Aufenthaltsort ist die Terrasse am Haus. Die Überdachung bietet Schatten oder Regenschutz, je nach Witterung. Von hier aus überblickt man den Wohngartenbereich. Ein Beet mit Rosen, Gräsern und Stauden fasst die Terrasse ein. Es ist schmal, damit es vom Rollstuhl aus gepflegt werden kann. Eine niedrige Trockenmauer überbrückt den Höhenunterschied.

Wie schön, wenn man bis ins hohe Alter seinen Garten versorgen kann und den ganzen Sommer lang frische Blumen für Sträuße zur Verfügung hat.

Die Wiese hat sich aus einer Rasenfläche entwickelt und wird bedarfsweise gemäht, meistens zweimal jährlich. Breite Rasenwege umgeben sie und führen zum Gartenteich, zur Sitzecke neben der Voliere oder zum Platz unter dem alten Apfelbaum, der sich an heißen Sommertagen besonderer Beliebtheit erfreut.

Der Eingangsbereich ist an drei Seiten geschlossen und wirkt fast wie ein Hof. Unter den Arkaden vor der Einliegerwohnung lädt eine Bank zum Verweilen ein. Dies ist an heißen Tagen ein bevorzugter Platz. Durch einen plätschernden Brunnen in der Mitte soll er später noch eine Bereicherung erhalten. Im Augenblick lässt sich dies noch nicht verwirklichen. Es ist ein Wunsch für die Zukunft.

So entstand ein Garten, der zunächst für eine Familie mit drei Kindern und den Großvater geplant war, inzwischen aber so umgestaltet werden musste, dass er auch für einen Körperbehinderten zugänglich und erlebnisreich ist. Zum Teil ist dies bereits geschehen, anderes soll noch verwirklicht werden.

Literatur zum Thema
Schaier 1986

Gärtnern hält fit

In China wünscht man sich zum Neuen Jahr oder an persönlichen Festtagen neben Reichtum und Glück vor allem ein langes Leben. Auch hierzulande gehört der Wunsch guter Gesundheit bis ins hohe Alter zu jeder Geburtstagsgratulation. Wenn vitale Senioren an ihrem Ehrentag beglückwünscht werden, taucht regelmäßig die Frage auf, wie denn das „Geburtstagskind" solch gesegnetes Alter in guter Verfassung erlangen konnte. Meist begründet der Jubilar oder die Jubilarin dies mit dem Hinweis auf einen geregelten Tagesablauf, leichte Gymnastik, das abendliche Gläschen Wein oder dergleichen mehr. Ich denke aber, es gibt noch etwas anderes, das wesentlich zur Aufrechterhaltung der körperlichen und geistigen Kräfte beiträgt, nämlich die Beschäftigung in und mit einem Garten. Dies belegt das Beispiel einer rüstigen 87-Jährigen.

Noch in diesem Alter pflegt sie einen etwa 800 Quadratmeter großen Garten, in dem ein Staudenbeet neben dem anderen liegt, nur getrennt durch schmale Rasenwege. Beerenobst und Ziersträucher rahmen den Garten ein, einige Obstbäume gliedern ihn und bieten halbschattige Plätze unter ihrem Laubdach.

Der Garten liegt ein Stück von der Wohnung entfernt. Deshalb steht darin eine Gartenlaube, wohin man sich vor einem Regenschauer flüchten kann und wo sich all das aufbewahren lässt, was ein Gärtner oder eine Gärtnerin an Gartenmöbel, Gerätschaft, Düngemittel, Sämereien, Arbeitskleidung usw. benötigt.

Die rüstige Gärtnerin kann auf ein langes, erfülltes und nicht immer leichtes Leben zurückblicken. In den Hungerjahren nach dem Krieg war der Garten Anbaufläche für Kartoffeln, Gemüse und Obst. Jedes kleine Eck wurde dazu genutzt.

Für Ziergehölze und Blumen war damals kein Platz. Schon das Spargelbeet galt als Luxus. Die Kinder waren von klein auf mit im Garten, spielten dort, hatten ihr eigenes Beet und auch bestimmte Aufgaben wie gießen und Beeren pflücken. Zwischen Sträuchern bauten sie sich ein Lager und im hohen Nussbaum einen Ausguck.

Die große Freude der Gärtnerin waren seit jeher die Blumen. Als die Zeiten besser wurden und der Haushalt kleiner, veränderte sich auch der Garten. Ein Gemüsebeet nach dem anderen wurde von ihr mit Stauden, Gräsern, Zwiebelpflanzen und Einjahresblumen geschmückt. Diese zog sie selbst aus Samen, Stecklingen und Ablegern heran, vermehrte und teilte, was ihr gefiel. Wenn jemand aus der Familie oder aus dem Bekanntenkreis verreiste, erbat sie sich als Mitbringsel Saatgut oder Pflänzchen. So versammelten sich in ihrem Garten im Laufe der Zeit Pflanzen aus den verschiedensten Gegenden und Kontinenten. Alle wurden liebevoll gepflegt. Fast alles gedieh, wenig blieb aus.

Wenn die Großmutter im Garten erntet, hilft der Enkel gerne mit.

Von dem Überfluss an Blüten band sie wunderschöne, große Sträuße, wie man sie nirgends kaufen kann, und verschenkte sie an Freunde, Bekannte und Verwandte. Auch die Kirche wurde oft mit ihren Blumen geschmückt. Gern gab sie von der Fülle, die bei ihr so prächtig heranwuchs.

Zu ihren Pflanzen hat die alte Dame eine ganz innige Beziehung. Sie weiß um deren Bedürfnisse und kennt noch in ihrem hohen Alter alle mit deutschem sowie botanischem Namen und nennt die vielen Sorten. Inzwischen ist ihr die Gartenarbeit beschwerlicher geworden. Sie kann nicht mehr so gründlich jäten. Aber sie besucht ihren Garten so oft es geht, am liebsten täglich. Er hat sie und ihre Angehörigen mit Nahrung versorgt und ihr viel Freude bereitet. Regelmäßige Gartenarbeit hat sie in Bewegung gehalten, ihr allerdings oft körperliche Anstrengung abverlangt. Der Aufenthalt an der frischen Luft stärkt ihre Abwehrkräfte, und das Memorieren bekannter und neuer Pflanzennamen unterstützt ihre geistige Beweglichkeit.

Dass die Beschäftigung mit Pflanzen auch zu körperlicher Gesundung beitragen kann, belegt das Beispiel eines Herrn, der nach schwerer Krankheit und mehrmaligen längeren Aufenthalten in der Klinik vorzeitig in den Ruhestand entlassen wurde. Nach einem sehr ausgefüllten Berufsleben war er über diese Wendung seines Schicksals sehr betrübt. Er fühlte sich überflüssig und hatte keinen Lebensmut mehr. Es dauerte einige Zeit, bis er sein inneres Gleichgewicht wieder fand. Dazu trug ganz wesentlich bei, dass er einen neuen Lebensinhalt fand. Er hatte seine Liebe zu Wildstauden entdeckt.

Das begann mit einem kleinen, besonnten Beet vor der Terrasse, das neu anzulegen war und wofür niemand in der Familie ein befriedigendes Konzept hatte. Während eines Ferienaufenthaltes am Neusiedler See kam die zündende Idee: Wildstauden, wie sie auf der Steppe wachsen, wären auch eine Zierde für das Beet im Garten. Salbei, Iris, Gräser, Küchenschellen und Goldastern machten den Anfang. Literatur wurde zu Hilfe genommen, erfahrene Gartenfreunde befragt, Staudengärtnereien besucht.

Bald musste das Beet vergrößert werden. Eine Steinanlage kam hinzu mit passenden Zwerggehölzen, Polsterstauden und Zwiebelpflanzen. Nach und nach wich die Rasenfläche weiteren Pflanzungen. Eine Sammlung von Farnen breitete sich unter den Gehölzen aus. Zur Gärtnerleidenschaft kam die Freude an Tierbeobachtungen hinzu und die Krankheit, die einst alle Lebensfreude geraubt hatte, war nahezu vergessen.

Der Aufenthalt im Garten ist sogar dann sinnvoll und erstrebenswert, wenn die nachlassenden Kräfte nur noch leichte Arbeiten erlauben. Der tägliche Gartenrundgang bringt ein wenig Bewegung an frischer Luft. Man entdeckt frisch Aufgeblühtes und reifende Früchte, sieht den ziehenden Wolken nach, spürt die Sonne auf der Haut, riecht den Duft frisch gemähten Grases, lauscht dem Lied der Vögel, dem Wind in den Blättern, dem Summen der Insekten. Die Sinne bleiben wach und das Gemüt wird erfrischt. Das ist viel wert, auch wenn man gelegentlich Hilfe in Anspruch nehmen muss, weil die Gartenarbeit zu schwer wurde.

Unter solchen Umständen ist der Garten so umzugestalten, dass sich die Pflege auf ein Mindestmaß reduziert. Auf Gemüseanbau wird dann zumeist als erstes verzichtet, das Beerenobst ernten die Vögel, und Blumenrabatten weichen größtenteils flächendeckender Pflanzung oder Rasen- bzw. Wiesenflächen. Wichtig ist, dass der Garten als ein Quell der Lebensfreude erhalten bleibt.

Wer sich aufmerksam mit Pflanzen und der Natur beschäftigt, sammelt im Laufe eines Lebens reiche Erfahrungen und gibt sie meist sehr gerne weiter. Dieser Wissensschatz wird in Gartenbauvereinen ebenso gesammelt und verbreitet wie in der Gartenliteratur. Am schönsten ist es aber, Gartenwissen bei einem Gespräch über den Zaun hinweg vermittelt zu bekommen. Da erfährt man allerhand über lokale Obstsorten, deren Pflege und Ernte, über die Veredlung von Rosen, die Behandlung von Laubkompost oder die Düngung im Gemüsegarten. Gartenwissen wird ausgetauscht über die Generationen hinweg.

Aber es geht noch weiter: Gartenpflanzen haben oft ihre individuelle Geschichte. So erzählte ein älterer Bauer vom Nussbaum vor seinem Haus. Ein Kriegskamerad hatte aus der Gefangenschaft im Kaukasus drei besonders große Walnüsse mitgebracht und ihm geschenkt. Statt sie zu jener Hungerzeit zu verzehren, hatte der Bauer alle drei Nüsse eingepflanzt. Aus einer davon war der Baum gewachsen, dessen Krone nun Schatten warf. Sein Behang war vielversprechend.

Wer einen Garten pflanzt und pflegt, befasst sich mit etwas sehr Lebendigem, das nie langweilig wird, sehr facettenreich ist, viel Verschiedenes bietet und Überraschungen bereithält. Dies drückt sich aus in den oft zitierten Worten Karl Foersters: „Wenn ich noch einmal auf die Welt komme, werde ich wieder Gärtner und das nächste Mal auch noch. Denn für ein einziges Leben war dieser Beruf zu groß."

Literatur zum Thema
Richberg 1996
Bruns 1993

Die Schnecke auf dem Kaffeetisch

Die vierjährige Lisa ist zu Ostern bei ihrer Großmutter zu Besuch. Dort gibt es einen großen Garten mit Obstbäumen im Rasen, einer Hecke, wo im Frühling der Lerchensporn blüht und die Mönchsgrasmücken ihr Nest bauen. Neben der rosenumrankten Frühstücksterrasse plätschert ein Brunnen. Auf dem Beet davor blühen im Sommer Margeriten und Rittersporn.

Die Großmutter ist eine passionierte Gärtnerin, und weil ihr das Säen, Pflanzen und Pflegen den Sommer über nicht ausreicht, bewirtschaftet sie noch ein Gewächshaus. Hier kultiviert sie viele Pflanzen, die den Winter im Freien nicht überstehen würden. Am liebsten mag sie Fuchsien. Die hängen in Ampeln unter dem Gewächshausdach oder stehen als gut gezogene Bäumchen und Büsche in edlen Terrakotten.

Wenn die Großmutter ihre Pflanzen beschneidet, wirft sie die abgetrennten Triebe nicht auf den Kompost, sondern macht Stecklinge daraus, die sie einpflanzt und heranzieht. Deshalb stehen überall im Gewächshaus zwischen den größeren Gefäßen kleine Töpfe mit Jungpflanzen, sorgfältig mit einer Glasplatte abgedeckt, damit sie gut bewurzeln können.

Die Großmutter nimmt Lisa gerne mit ins Gewächshaus. Gemeinsam bewundern sie dann die winzig kleinen Blüten der Wildfuchsien, die bezaubernden rosa-weißen oder violett-purpurnen Glöckchen dieser hübschen Blumen. Dann bekommt Lisa eine kleine Gießkanne und darf den durstigen Pflanzen Wasser geben.

Eine Zeitlang macht ihr das viel Spaß. Aber dann entdeckt sie in einer Ecke zwischen umgestülpten Tontöpfen ein Schneckenhaus. Das holt sie sich. Es fühlt sich schwer und voll an, aber keine Schnecke kriecht heraus. Lisa sieht nur ein rundum geschlossenes Gehäuse. Stolz zeigt sie es der Großmutter: „Schau, was ich gefunden habe!"

„Das ist eine Weinbergschnecke."

„Aber wo ist denn die Schnecke?"

„Ja, Lisa, die macht ihren Winterschlaf," erklärt die Großmutter. „Sie hat sich in ihr Haus verkrochen, sich eine Tür gebaut und ganz fest zugemacht. So schützt sie sich, damit sie nicht vertrocknet oder erfriert."

„Kommt sie denn jetzt raus?" will Lisa wissen.

„Jetzt ist es ihr noch zu kühl, aber wenn die Sonne warm scheint, wird sie ihre Türe wohl öffnen."

Lisa fängt an, den Deckel des Schneckenhauses mit dem Finger zu bearbeiten.

„Lass das lieber, Lisa," warnt die Großmutter. „Weck sie nicht auf. Sie schläft. Außerdem willst du ihr Haus doch nicht zerstören. Komm, wir wollen ins Haus gehen und Kuchen essen."

Da ist Lisa schnell dabei. Die Schnecke nimmt sie mit. Sie legt sie neben ihrer Kakaotasse auf das Tischtuch. Im Zimmer ist es warm und nach einiger Zeit – Lisa hat gar nicht mehr an die Schnecke gedacht – kriecht diese, eine Schleimspur hinter sich ziehend, auf die Blumenvase in der Tischmitte zu. Großmutter will die Schnecke vom Tisch nehmen. Da ruft Lisa ganz aufgeregt: „Schau nur, sie ist aufgewacht. Jetzt geht sie spazieren!" Die Großmutter zögert. Eine Schnecke auf dem Kaffeetisch! Den eigenen Kindern hätte sie das nicht erlaubt. Aber bei der Enkelin ist sie nachsichtiger. Gemeinsam beobachten sie die Weinbergschnecke auf ihrem Weg.

Da läutet es. Lisas Eltern kommen. Großmutter und Enkelin öffnen die Tür. Man begrüßt sich, plaudert. Die Schnecke ist vergessen. Als alle am Kaffeetisch sitzen, fällt es Lisa wieder ein: „Ich habe eine Schnecke. Sie ist ganz schön und hat eine Tür. Aber die hat sie jetzt aufgemacht. Wo ist sie nur?" Sie ist verschwunden.

Lisa sucht den ganzen Tisch ab: in der Blumenvase, unter dem Tellerrand, in der Serviette, nirgends findet sie die Schnecke. Dann kriecht Lisa unter den Stuhl und sucht auf dem Boden. Großmutter findet die Weinbergschnecke schließlich. Die ist über das Tischtuch gekrochen und hat sich an dessen Unterseite festgehalten.

„Der Kaffeetisch ist kein guter Platz für eine Schnecke," meint nun die Großmutter. „Du bringst sie besser in den Garten. Such ihr doch einen schönen Fleck in der Hecke." Dorthin bringt Lisa sie nun. Sie setzt sie an einen vermoosten Baumstumpf zwischen Schlüsselblumen und Buschwindröschen.

Gärten für Kinder

Soll der Garten neben allen Erfordernissen und Wünschen, die Erwachsene an ihn stellen, ausdrücklich auch Spiel- und Erlebnisraum für Kinder sein, so müssen deren Bedürfnisse berücksichtigt werden. Wollen wir gute Rahmenbedingungen für Kinder schaffen, so müssen wir uns fragen:

Womit beschäftigen sich Kinder gerne?

Wo spielen sie am liebsten?

Was bevorzugen sie?

Sicher kommen dann bei Erwachsenen Erinnerungen an die eigene Kindheit auf, wobei deutlich wird, wie sehr sich die Gärten und das Wohnumfeld seither verändert haben. Heute ist es eben nicht mehr überall möglich, am Bach mit Wasser und Steinen, mit Erde, Lehm und Sand zu bauen und zu matschen, Lager und Baumhäuser zu errichten, sich in der Hecke zu verkriechen, ein kleines Traumschloss aus Moos und Baumrinde zu bauen oder auch nur eine Grille aus ihrem Loch zu kitzeln. Vielen Kindern sind solche Erlebnisse, wenn überhaupt, nur noch aus den Ferien bekannt. Im Umfeld der Wohnung gibt es zwar einen Spielplatz mit Sandkasten, Schaukel, Rutsche und Federwippe. Statt auf Bäume können Kinder dort auf Klettergerüsten herumturnen. Sicherlich macht das Spaß. Kinderspielplätze sind wichtige, notwendige und sehr begrüßenswerte Einrichtungen, gerade in Ballungsräumen und Siedlungsgebieten. Aber das Spiel ist hier weitgehend vorgegeben. Der Raum für eigene Entfaltung, für Fantasie und Kreativität bleibt begrenzt.

So verwundert es nicht, dass man Kinder auf Brachflächen, Bauerwartungsland, Ruinengelände, an Tümpeln, Bachläufen und im Wald findet. Am liebsten spielen sie dort, wo es Vielfalt und Wildnis gibt, wo sie Neues erfahren und erfinden können, wo sie ihren Mut erproben können. Diese Bereiche werden im Zuge zunehmender Bebauung immer seltener, oder sie sind schwerer erreichbar. Dabei könnten mit gutem Willen solche Kinderparadiese erhalten, neu geschaffen oder auch nur zugelassen werden. Dies gilt für öffentliche Spielplätze genauso wie für private Hausgärten.

Kinder verkriechen sich gerne zwischen Sträuchern.

Voraussetzungen für bespielbare Gärten

- Der Garten bietet einen geschützten Raum für Aktivität, Fantasie und Kreativität.
- Ein Platz, an dem sich kindliches Spiel entfalten kann, sollte vielfältig und veränderbar sein.

- Wenn möglich, sollen verschiedene Räume entstehen, größere und kleinere, solche für Bewegungsspiele und ebenso Ruhebereiche. Nischen und Höhlen sind besonders einladend.
- Den Kindern muss durchaus nicht der ganze Garten zur Verfügung stehen. Dann ist es aber ratsam, ihnen einen Gartenraum zuzuweisen, der sich deutlich von den Bereichen der Erwachsenen unterscheidet oder sich abtrennen lässt.
- Als raumbildende Elemente können Hecken, Gebüsche, Bäume und Einzelsträucher dienen, aber auch Mauern, Sichtschutzelemente, Nebengebäude usw. Für Kinder attraktive Varianten sind Kriechgänge oder Iglus aus Weidenruten, geschnittenen Gehölzen oder Kletterpflanzen.
- Besonders interessant ist veränderbares Spielgerät wie Bretter, Balken, Äste, Reisig, Planen, Decken, Ziegel, Steine, Erde, Lehm, Sand usw. Es ist erstaunlich, was Kinder daraus alles machen. Die Beschäftigung mit solchem Material wird nie langweilig.
- Große Faszination hat offenes Feuer. Unter Anleitung können Kinder lernen, damit umzugehen. Ein geschützter Feuerplatz im Garten ist dafür ein guter Ort.
- Ebenso große Anziehungskraft übt Wasser aus. Dass beim Matschen mit Wasser, Lehm und Sand die Kleidung auch etwas abbekommt, sollten Eltern mit Nachsicht und Gelassenheit zur Kenntnis nehmen. (Dies fällt leichter, wenn die Kinder zum Spielen „Arbeitskleidung" anziehen: praktische, pflegeleichte, unverwüstliche und unempfindliche Kleidungsstücke. Wir ziehen uns ja auch entsprechend an, wenn wir ein Fahrrad reparieren oder den Kompost umsetzen.)
- Naturbeobachtung ist draußen fast überall möglich: an Bäumen und Sträuchern, im Laub und an totem Holz, im Reisighaufen wie zwischen Steinen, auf der Wiese und im Rasen, am und im Wasser, im Stauden- und Gemüsebeet. Kinder und Erwachsene können hier gemeinsam auf Entdeckungsreise gehen.

Literatur zum Thema
Briemle 1995 (Gärten – von Kindern – für Kinder)

Die Sinne gebrauchen

Wo haben Sie als Kind gespielt?

Wenn uns diese Frage gestellt wird, fangen wir an, mit leuchtenden Augen zu erzählen: von Hecken, Bäumen, Wiesen, Wäldern, Tümpeln und Bächen; von allem, was wir dort unternahmen und erlebten. Wie wir Grillen aus ihrem Loch kitzelten und Steine mit gekonntem Wurf über den ruhigen Wasserspiegel eines Sees hüpfen ließen. Mit verschmitztem Lächeln berichten wir von Mutproben, bestandenen Gefahren, übertre-

tenen Verboten. Wir erinnern uns an unsere Lager, Höhlen und Baumhäuser und berichten von allerlei Auseinandersetzungen und Blessuren,
die wir dabei empfingen oder austeilten. Die aufsichtspflichtigen Eltern
haben vieles davon nicht bemerkt oder ein Auge zugedrückt und uns gewähren lassen.

Das Matschen mit
Wasser, Sand und Erde
ist besonders faszinie-
rend.

So haben wir in der Kindheit Ur-Erfahrungen mit unserer Umgebung
und im sozialen Umgang miteinander gemacht. Das alles geschah irgendwo auf einem Bauerwartungsland zwischen Stadthäusern, in einem
Hinterhof, im elterlichen Garten, im Umkreis von Bauernhöfen, auf dem
Schulweg oder anderswo. Wir spüren sehr gut, dass diese Erlebnisse für
uns wichtig waren. Unsere Seele schlug Wurzeln, aus welchen die Bilder
der Fantasie und der Träume für ein ganzes Leben erblühen. Der Kontakt
mit der Natur ist für eine gesunde kindliche Entwicklung von entschei-
dender Bedeutung, ganz besonders in den ersten zehn Lebensjahren. Kinder benötigen Naturräume, wo sie Entdeckungen und Eroberungen machen, ihre Abenteuer bestehen und zugleich ihre Grenzen wahrnehmen.
Sie erfahren die Welt mit allen Sinnen und lernen sie dabei kennen.

Um Sinneserfahrungen wieder stärker ins Bewusstsein zu rücken, wurden mancherorts Sinnesparcours und Naturerlebnispfade erstellt. Dort
werden Groß und Klein angeleitet, einzelne Stationen ganz bewusst mit
den Sinnen zu erleben. Das kann ganz neue Eindrücke vermitteln und
nebenbei dazu anregen, dass wir die normale Alltagsumgebung bewus-
ster wahrnehmen. Das scheinen wir verlernt zu haben. Vielleicht ist der

Grund dafür die permanente Reizüberflutung, der wir ausgesetzt sind. Wenn das so wäre, käme es darauf an, sich gelegentlich der Bilderflut und der Dauerbeschallung zu entziehen und sich statt dessen auf bewusste Sinneserfahrungen einzulassen. Ein Garten bietet dafür ein sehr gutes Lern- und Experimentierfeld.

Meistens tragen wir Schuhe an den Füßen. Dann können wir die Strukturen des Bodens, auf dem wir stehen, nur grob fühlen. Wer **barfuß durch den Garten** geht, erlebt gratis einen „Fußfühlpfad". Da gibt es angenehm weichen Rasen. Frühmorgens ist er feucht vom Tau. Wir fühlen den Kies des Gartenweges oder den rauhen Schotter der Garageneinfahrt. Unter der Haselhecke sinken die Füße in eine Schicht von Laub. Dünne Ästchen pieksen. Der lehmig-weiche Boden zwischen den Beeten

Barfuß und mit geschlossenen Augen erspüren wir sehr deutlich die Beschaffenheit des Bodens unter unseren Füßen. Ganz Mutige durchwaten auf diese Weise einen matschigen Wassergraben (oben).

Besonders lecker schmeckt eine Karotte aus dem eigenen Beet.

bleibt auch an einem Sommertag noch kühl, während der glatte Plattenbelag der Terrasse heiß unter den Füßen brennt. Im Sand hinterlassen wir eine Spur. Diese Wahrnehmungen drücken sich auch in unserer Sprache aus mit Worten wie „spüren" und „wohl-er-gehen".

Die verschiedenen Reize, die unsere Fußsohlen beim Barfußgehen erhalten, stimulieren den ganzen Körper. Man kennt das von der Fußreflexzonenmassage. Mit geschlossenen Augen wird das Tasterlebnis noch intensiver. Dazu bedarf es natürlich eines wohlmeinenden Führers.

Zum Lernprozess eines Kleinkindes gehört es, die Dinge mit den Händen buchstäblich zu be-greifen. Nur so erfährt es, dass Feuer heiß ist und Wasser nass, wie angenehm weich sich das Fell einer Katze anfühlt und dass man Brennesseln besser nicht anfasst. Wenn Kinder sich an einem Strauch ritzen oder sich einen Dorn in den Fuß treten, so sind dies zwar unangenehme, aber wichtige Lebenserfahrungen. Wer darauf achtet, wird auch zartere Reize wahrnehmen: Wie angenehm fühlt es sich an, wenn uns Frühlingsonne wärmt, klares Wasser die Haut umspült, feiner Sand durch die Finger rieselt oder eine leichte Sommerbrise über das Haar fährt.

Gleichgewicht zu halten, lernt ein Kind, indem es auf einem liegenden Balken oder Baumstamm balanciert. Wem das zu einfach ist, der kann ihn wie einen Steg über einen Graben legen und sich hinüberwagen oder ihn mit Steigung anbringen und über den Balken einen Hügel erklimmen.

Durch Balancieren auf einem liegenden Rundholz lernen Kinder, Gleichgewicht zu halten.

Für den **Geschmackssinn** ist natürlich alles wichtig, was wir essen können. Dazu hat ein Hausgarten vieles zu bieten: Obst und Beeren, Gemüse und Gewürze. Auch außerhalb des Nutzgartens gibt es Essbares zu finden: auf der Wiese wachsen Spitzwegerich, Löwenzahn, Schafgarbe und Sauerampfer. Unter Büschen finden wir Gundelreben, daneben oft den Giersch, der nicht auszurotten ist, wenn er sich einmal einen Standort erobert hat. All dies kann roh oder gekocht gegessen werden. Als Nachspeise gibt es kleine Walderdbeeren, die im Saum der Hecke reifen. Wer möchte, kann Blattknospen der Rotbuche naschen. Im April, kurz bevor die Blätter ausschlagen, schmecken sie sehr lecker. Wichtig ist nur, dass man Pflanzen, die verzehrt werden, genau und sicher kennt. Verwechslungen mit ungenießbaren und giftigen Pflanzen sind nämlich durchaus möglich.

Zur Hauptblütezeit im Frühjahr und Sommer können wir wie ein Hund eine **Duftfährte** aufnehmen und uns von der eigenen Nase durch den Garten führen lassen. Flieder, Duftschneeball, Pfeifenstrauch und Maiglöckchen strömen ihre Duftwolken aus, gefolgt von Nelken, Rosen und Lavendel. An warmen, trockenen Standorten verbreitet der Diptam seinen Duft, neben Thymian und Steinquendel. Bei den Kübelpflanzen wetteifert der Vanilleduft des blühenden Heliotrop mit den herben und würzigen Gerüchen der Duftpelargonien, die uns in die Nase steigen, sobald wir ihre Blätter zwischen den Fingern reiben.

Nicht nur Blüten verströmen Gerüche. Alles hat seine eigene Duftnote: frisch umgebrochene Erde, roher Kompost, gemähtes Gras, morsches Holz, ein Haufen Heu. All diese Gerüche verbinden sich in uns mit Erinnerungen, mit Bildern aus längst vergangener Zeit, die wie aus einem Dornröschenschlaf erwacht sofort wieder aufsteigen, sobald wir den entsprechenden Duft wahrnehmen.

Klänge bewusst wahrzunehmen ist gar nicht so einfach. Meist bedarf es dazu einer gewissen Konzentration. Technische Geräusche, vor allem der Lärm des Verkehrs, sind heutzutage überall präsent und umgeben uns den ganzen Tag lang, manchmal sogar noch nachts. Es ist bekannt, dass sie im Extremfall unsere Gesundheit schädigen können. Umgekehrt haben gute Klänge heilende Wirkung, wie übrigens Farben und Düfte auch.

Solange wir die Augen offen halten, sind unsere Gedanken sehr mit dem beschäftigt, was wir sehen. Wenn wir sie schließen, intensivieren sich die übrigen Sinneserfahrungen. So macht es der Liebhaber gepflegter Weine oder jemand, der den Duft einer Rose in sich aufnimmt. Mit Klängen verhält es sich genauso. Mit geschlossenen Augen können wir ein Konzert noch mehr genießen. Wer darauf achtet, spürt sogar, dass er Klangschwingungen nicht nur mit den Ohren, sondern sogar mit dem ganzen Körper aufnimmt.

Vielen Klängen können wir im Garten lauschen: Es raschelt im Laub, wenn die Amsel nach Würmern sucht. Im Innenhof plätschert ein Brunnen. Voller Frühlingsgefühle trommelt der Specht auf einen hohlen Ast.

Wir hören auf den schmetternden Gesang des Zaunkönigs und das leise plaudernde Gezwitscher des Rotkehlchens. Sommerabende sind erfüllt von Zirpen der Heuschrecken.

Es kann auch reizvoll sein, einen Garten mit eigenen Klängen zu erfüllen. Wie wäre es mit einem Glockenspiel im Apfelbaum, Klangstäben am Sitzplatz oder einigen Metallplättchen, die in einem Strauch so aufgehängt werden, dass ein sachter Windstoß sie aneinanderschlägt und leise erklingen lässt?

Kindern macht es viel Spaß, einfache Instrumente selbst zu bauen. Nach Hirtenart basteln sie sich eine Panflöte aus Schilfrohr. Eine Zigarrenkiste eignet sich als Resonanzkörper für eine kleine Zither. Ganz leicht ist eine Trommel herzustellen, indem man feuchtes Fensterleder über einen Blumentopf spannt und mit einer Schnur am Rand befestigt. Wer will, kann sogar ein Xylophon aus Holzstangen unterschiedlicher Länge bauen. Auch Steine und Tonplatten, Muscheln und Dosen klingen, wenn sie frei hängend angeschlagen werden. Am einfachsten ist das Pfeifen auf einem Grashalm. Aber wer kann das alles heute noch? Man bräuchte schon jemanden, der es einem zeigt. Vielleicht der Großvater?

Leider ist nicht jeder nachbarliche Zuhörer vom ausdauernden Konzert kleiner Trommler und Flötisten so begeistert, wie die Nachwuchsmusiker selbst es sind. Deshalb sollten derlei Höhepunkte kindlicher Kreativität besser auf besondere Anlässe, wie Sommerfeste und Geburtstagsfeiern beschränkt bleiben.

Wenn wir uns Nase, Mund und Ohren zuhalten, fehlen uns zwar wichtige Sinneswahrnehmungen, aber wir können uns immer noch ganz gut in unserer Umgebung zurechtfinden. Sind uns aber die Augen verbunden, dann haben wir enorme Schwierigkeiten und stolpern tastend umher. Sehen zu können ist für unsere Orientierung die entscheidende Fähigkeit.

Mit den Augen nehmen wir verschiedene **Farben** wahr, in unterschiedlicher Schattierung, Helligkeit, Intensität und Reinheit. Und wir reagieren auf verschiedene Farben ganz unterschiedlich. Man kann das ausprobieren, indem man sich in leere Räume begibt, die jeweils in einer anderen Farbe gestrichen sind. Ein blaues Zimmer umgibt uns mit Kühle, im gelben wird es uns warm. Ein roter Raum lässt uns aktiv werden, vielleicht sogar aggressiv. Dort fühlt man sich nicht sehr lange wohl. In grüner Umgebung verweilen die meisten Menschen gerne.

Die Tonplättchen sind so aufgehängt, daß sie bei leichtem Wind aneinanderschlagen und klingen.

Goldenes Laub be-
schert uns die Natur in
jedem Herbst.

Die Natur umgibt uns, zumindest im Sommerhalbjahr, überwiegend mit Grün in allen erdenklichen Tönungen und Schattierungen. Mit Blütenfarben ist sie weniger verschwenderisch. So färbt sich eine blühende Wiese nur für einige Zeit gelb, weiß oder rötlich mit blauen Tupfen, wobei der Grund immer grün bleibt. Im Garten konzentrieren wir die Farbenpracht der Blüten in gut überlegten Pflanzungen und bemühen uns um ein harmonisches Bild. Leuchtende Blüten ziehen die Aufmerksamkeit des Betrachters auf sich. Das Grün verschwindet dahinter, obwohl es flächenmäßig den größten Anteil hat. Erst im Herbst erstrahlt die Landschaft für wenige Wochen in den warmen Tönen des bunten Laubes, ehe sie sich in gedeckte Farben kleidet. Der Winter breitet schließlich seine weiße Schneedecke darüber.

Literatur zum Thema
Akademie für Lehrerfortbildung Dillingen 1994
BUND 1996

Sandmulde und Spielhügel

Mit Sand und Wasser spielen Kinder stundenlang hingebungsvoll und vergessen dabei alles um sich herum. Am sandigen Badestrand entstehen die schönsten Sandburgen. Sogar Eltern greifen dann gerne zur Schaufel, ziehen einen Wassergraben, konstruieren die Befestigungsanlage und sammeln Muscheln zur Verzierung der Türme.

Im Hausgarten steht leider kein Sandstrand zur Verfügung, aber ein mehr oder weniger großer Sandplatz lässt sich bestimmt einrichten. In ganz kleinen Gärten hilft es schon, eine geschlossene Sandkiste oder auch nur eine Balkeneinfassung auf Rasen oder Terrasse zu stellen und mit Spielsand zu füllen. Eine größere Sandmulde bietet natürlich mehr. Wenn sie eine Tiefe von 40 bis 50 cm aufweist, lässt sich damit viel anfangen. Wichtig ist ein guter Wasserabzug, damit aus dem Sandplatz kein ständiger Sumpf wird. Am besten bringt man deshalb an der tiefsten Stelle eine mit Steinen gefüllte Sickergrube an. Wirkungsvoll ist auch eine Dränageschicht aus grobem Schotter. Besteht der Untergrund aus undurchlässigen Lehm oder Ton, so empfiehlt sich die Verlegung einer Dränage, die das Sickerwasser einem geeigneten Vorfluter zuleitet. Um das Einrieseln von Sand zu vermeiden, erhält die Sickerschicht bzw. Sickergrube eine Vliesabdeckung, die man zusätzlich mit Rasengittersteinen, breitfugig verlegten Betonsteinen oder ähnlichem Belagsmaterial sichern kann. Die Füllung besteht aus Sand der Körnung 0 bis 2 mm, der sich in feuchtem Zustand recht gut formen lässt.

Wenn Kinder ihre Sandburg mit Wurzeln, Stöcken, Zapfen und Blättern verzieren, bleibt manchmal sogar das Spielzeugauto achtlos liegen.

Eine Randeinfassung ist für den Sandplatz aus Sicht der Kinder nicht unbedingt erforderlich. Eine gewisse Grenzziehung erscheint aber ratsam, wenn der Sandspielplatz nicht mit der Zeit den gesamten Gartenraum einnehmen soll. Wie kann eine solche Einfassung aussehen? Bei einer Sandkiste ist die Holzumrandung bereits vorgegeben. Sie bietet zugleich Sitz- und Ablagefläche. Sandmulden werden häufig mit Holzpalisaden eingefasst, die demselben Zweck dienen. Genauso gut lassen sich liegende Stammabschnitte verwenden. Harziges Holz ist jedoch ungeeignet. Wenn der Sandplatz an eine befestigte Fläche anschließt, so bietet es sich an, die ebene Belagsfläche schräg abfallend in die Sandmulde übergehen zu lassen.

Wer vermeiden möchte, dass der Sandplatz von Katzen verunreinigt wird, sollte für eine Abdeckung sorgen, am besten eine, welche die Kinder selbst öffnen und schließen können, wie beispielsweise eine aufrollbare Bambusmatte. Für größere Sandkisten eignet sich ein Vlies, das an zwei gegenüberliegenden Seiten an Rundhölzern befestigt wird, auf die es sich aufwickeln lässt. Man kann auch ein Sonnensegel an vier Pfosten über den Sandplatz spannen, welches als Abdeckung einfach auf den Boden heruntergezogen wird. Das bietet einen doppelten Vorteil.

Ein Sandplatz muss nicht unbedingt rechteckig, kreisrund oder oval sein. Manchmal bietet sich eine längliche Form an, etwa wie ein ausgetrockneter Bachlauf. Neben Sand und Kies gibt es dort Findlinge und

Wurzelstöcke. Ein Steg führt ans andere Ufer. Trittsteine bilden eine Furt. Irgendwo fächert der Trockenbach auf und umfließt mit zwei Armen eine kleine Insel. Wie wäre es, hier ein Steinmännchen zu bauen, eine Pyramide aus aufeinandergetürmten Kieselsteinen?

Ohne Wasser macht Sandspielen viel weniger Spaß. Aber deshalb muss nicht unbedingt die Gartenwasserleitung bis zur Sandmulde verlegt werden. Ein Schlauchanschluss zur Befüllung eines Reservoirs genügt auch. Als Wasserbehälter dient eine Wanne, ein Trog, ein großer Mörteleimer oder was sonst zur Verfügung steht. Wenn allerdings das Regenwasser in einer Zisterne gesammelt wird oder Grundwasser genutzt werden kann und darf, bietet es sich an, das Wasser mit einer Schwengelpumpe zu fördern. Das kann eine ganz einfache Pumpe sein, wie sie zuweilen noch in Kleingartenanlagen in Gebrauch sind. Allein das Pumpen begeistert die Kinder so sehr, dass sie den ganzen Garten unter Wasser setzen, wenn ihnen niemand Einhalt gebietet. Nun lässt sich das Wasser über Rinnen leiten, in Gefäßen und Mulden fassen, und Kinder können voll Vergnügen darin matschen. Eine Holzrinne ist rasch aus Brettern gefertigt. Denselben Zweck erfüllt eine ausgediente Dachrinne.

Das Spielvergnügen wird noch größer, wenn der Sandplatz von einem Erdhügel flankiert oder einem Wall umgeben ist. 5 bis 10 m³ Rohboden, der als Aushubmaterial beim Hausbau anfällt, bilden einen wunderbaren Spielhügel. Eigentlich kann man ihn den Kindern überlassen, gerade so, wie er ist. Sie werden ihn mit Bergstraßen inklusive Brücken und Tunnels erschließen; sie werden Höhlen graben und allerlei Schätze zutage fördern. Allein das Vergraben und Wiederfinden von Steinen, Muscheln, Schneckenhäusern, Knöpfen, Gürtelschnallen, altem Spielzeug, Ton- und Porzellanscherben ist ein Spiel, das immer neue Überraschungen bietet und so schnell nicht langweilig wird.

Wasser, das den Hügel hinabläuft, bildet zunächst ein flaches Gerinne, das sich zusehends eintieft bis es eine kleine Schlucht bildet, die schließlich an irgendeiner Stelle einstürzt. Dann staut sich das Wasser in einem kleinen See, durchbricht den Damm, und der Vorgang beginnt von neuem. Wer würde da nicht gerne eingreifen, das Rinnsal in verschiedene Richtungen lenken, einen Seitenbach abzweigen, Kaskaden, Wasserfälle und Staumauern bauen? Inzwischen hat sich wahrscheinlich am

Fuße des Hügels in der Sandkuhle bereits ein kleiner See gebildet, durchsetzt mit Steinen, Geröll und Erde. Ist das Wasser versiegt, dann dient das Bett des kleinen Wildbaches vielleicht als Kugelbahn.

Allzu starke Abschwemmung und Durchmischung lässt sich mit ein paar Findlingen zwischen Hügel und Sandplatz verhindern. Ein liegender Baumstamm oder einige Poller aus Stammholz sind dazu ebenso geeignet. Ganz nebenbei lässt sich mit solchem Material eine Kletterburg bauen. Die Poller bilden die Wehrmauer, sie können allerdings auch als Treppe auf den Berg führen.

Kindern macht es großes Vergnügen, einen Erdhügel hinunter zu rutschen, rollen, kullern oder mit irgendeinem fahrbaren Untersatz hinab zu sausen, vorausgesetzt es gibt einen Auslauf am besten in Form einer Rasenfläche. An solch einer Stelle ließe sich auch eine Rutschbahn einbauen, aber es ist nicht sicher, ob das mehr Freude bereitet.

Literatur zum Thema
BUND 1996
Wirth 1981

Schaukeln und schwingen

Schaukeln, schwingen und wippen erfreut sich bei Kindern allen Alters großer Beliebtheit. Auch viele Erwachsene empfinden diese sachte, rhythmische Bewegung als angenehm. Deshalb sind Schaukel und Hängematte im Garten nicht unbedingt nur etwas für Kinder.

Vor einigen Jahren sah man in vielen Gärten Hollywoodschaukeln. Inzwischen sind diese schwingenden Gartensofas mit Überdachung weitgehend verschwunden. Ob sie eine optische Bereicherung darstellten, darüber lässt sich streiten, aber ein angenehmer und beliebter Sitzplatz waren sie schon. Das dachte sich auch ein erfindungsreicher Gartenbe-

Wer hätte gedacht, dass man in einer Hängematte so wild schaukeln kann?

Hollywood-Schaukel einmal anders: die rote Gartenbank hängt schwingend in einer Nische an der Terrasse.

sitzer. In einer Nische zwischen Haus und Garage brachte er ein tragfähiges Eisenrohr an und hängte seine Gartenbank an kugelgelagerten Gelenken wie eine Schaukel daran. Bei Gelegenheit ließe sich der Platz mit der schwingenden Hausbank noch mit einem Dach versehen. Aber er ist schon jetzt der bevorzugte Platz der Familie und so, wie sich die rot gestrichene Schaukelbank in die von Efeu umrankte Nische einfügt, stellt sie auch eine optische Bereicherung der Terrasse dar.

Um sich sanft zu wiegen oder mit Schwung den Wolken entgegen zu fliegen, bieten sich im Garten diverse Möglichkeiten an. Die Hängematte ist eher etwas für stille Gemüter, um darin zu lesen, auszuruhen, zu schlafen. Sie benötigt zwei stabile Aufhängepunkte, zwischen die sie gespannt wird: kräftige Bäume etwa oder die Pfosten einer Pergola. Es gibt auch eigene Gestelle, die eine Aufstellung an beliebigen Plätzen ermöglichen.

Vogelnestschaukeln bieten mehreren Kindern Platz für gemeinsame Höhenflüge. Sie können dabei gemütlich in ihrem schwingenden Nest liegen, auf dem Rand sitzen oder sogar stehen, ganz nach Belieben. Diese Schaukeln sind auch mit Ein-Punkt-Aufhängung erhältlich. Dann ist nicht nur schaukeln angesagt, sondern zusätzlich noch sich im Kreise drehen. Leider sind Vogelnestschaukeln nicht ganz billig. Deshalb werden sie eher auf öffentlichen Spielplätzen aufgestellt als in privaten Hausgärten.

Eine Schaukel schwingt um so weiter aus, je höher ihr Aufhängungspunkt liegt. Entsprechend ist der Platzbedarf. Mit 5 × 7 m muss man durchaus rechnen, wenn sie den größeren Kindern noch Spaß machen soll. Damit wird für viele kleinere Gärten die Fläche knapp. Eine Kleinkindschaukel lässt sich eher unterbringen. Nach ein paar Jahren wird das Interesse daran allerdings schwinden.

Am besten steht die Schaukel in einer Nische, auf drei Seiten von Sträuchern umgeben. Das vermindert die Gefahr eines Unfalles, denn die meisten Zusammenstöße geschehen dadurch, dass seitlich durchrennende Kinder von der besetzten Schaukel getroffen und verletzt werden.

Schwingen und sich wie ein Kreisel drehen können Kinder an einem Seil, das mit dicken Knoten versehen ist und an einem auskragenden Balken oder dem starken, gesunden Ast eines Baumes befestigt wurde. Noch besser eignet sich ein Seil mit Sitzteller, ein Schlaufenseil oder auch eine Strickleiter.

Hier wird ein Turm aus Astwerk erstellt.

Bauen mit Astwerk und Fantasie

Wenn im ausgehenden Winter die Sträucher verjüngt und die Obstbäume geschnitten werden, fällt eine Menge Schnittgut in Form größerer und kleinerer Äste an. Für Kinder ist das ein herrliches Baumaterial. Daraus lässt sich ein kuscheliges Nest bauen, ganz so wie die Vögel es machen, nur eben größer.

Die Amsel, die im Birnenspalier ihr Nest baut, ist Nachahmern eine gute Lehrmeisterin. Geduldigen und rücksichtsvollen Beobachtern schenkt sie Einblick in ihre Bauweise. Sie schafft unermüdlich Material herbei, erst gröbere Zweige für ein stabiles Gerüst, dann immer feineres für eine warme und weiche Innenauskleidung. Mit dem Schnabel webt sie ein dichtes, festes Flechtwerk in Nestform. Wir können von ihr einiges lernen und auch ein wenig staunen.

Das Nest der Kinder befindet sich natürlich nicht auf einem Baum. Es wird auf dem Boden gebaut, so wie es die Bodenbrüter machen. Ein kleiner freier Raum zwischen Sträuchern ist der richtige Platz. Einige im Kreis gesteckte Äste markieren den Umriss. Mit weiteren Zweigen und Ästen werden sie verflochten, so wie die Amsel das macht, bis ein hübsches Nest entstanden ist. Eine Polsterung mit Heu und Moos macht es schön warm und weich.

Auch für den Bau eines kaum mehr einsehbaren Lagers können Kinder Schnittgut gebrauchen. Oder es entsteht ein Wall aus aufgehäuften Ästen. Solange er noch verhältnismäßig niedrig ist, dient er als bequemes Sofa. Das lässt es sich gut mit trockenem Laub polstern. Wächst der Laub- und Astwall höher und hat er einen kreisfömigen oder spiraligen Grundriss, so wird aus ihm ein gutes Versteck. Im Winter dient er vielleicht einem Igel als Quartier.

Aus Astwerk lassen sich wunderschöne Türme in Blockbauweise erstellen. Der Grundriss ist ein Quadrat. Die Wände werden aus Stöcken gebildet, die man immer zwei längs, zwei quer übereinander legt. Es ist gut, wenn sich der Turm nach oben verjüngt. Dann hält er gut. So hoch wie sein Erbauer groß ist, kann das Bauwerk schon werden. Fortgeschrittene werden einzelne Stockwerke einziehen und einen Balkon anbauen. Mit Kiefernzapfen oder Bucheckern verziert, sieht der Turm ganz prächtig aus.

Sofern es die Schneelage zulässt, können Kinder sich eine Winterbehausung nach Eskimo-Art bauen.

Baumaterial Schnee

Welches Kind würde nicht gerne einen Schneemann bauen? Wenn draußen ausreichend Schnee liegt, der richtig schön klebt, dann gibt kein Halten mehr. Das ist ein Spaß für Groß und Klein. Kugeln werden durch den Garten gewälzt, aufeinandergetürmt und mit allen Attributen eines Schneemannes ausgestattet. Aber dann geht es doch erst richtig los, oder? Zum Schneemann gehört eine Schneefrau und ein Schneekind, vielleicht auch ein Schneehund. Und wo sollen sie wohnen? In einer Schneeburg, wenn dazu der Schnee noch reicht.

Möglicherweise gestalten kleine und größere Künstler lieber eine eigene Behausung in Form eines Iglus nach Eskimo-Art. Oder es entsteht ein Riesenschneeball. Innen ist der hohl und hat ein rundes Loch als Einstieg. Skulpturen aller Art lassen sich aus Schnee formen: Säulen, Obelisken und Pyramiden, eine gewundene Wand in wechselnder Höhe mit runden Fenstern, allerlei Fabeltiere als Wächter vor dem Haus, vielleicht auch das Schloss der Schneekönigin und davor ein Cabriolet aus weißer, kalter Pracht.

Andy Goldsworthy, ein Landart-Künstler, hat aus Material, das die Natur bietet, darunter auch Schnee und Eis, wunderschöne, bizarre Gebilde geformt, oft rätselhaft und überraschend, symbolhaft und voller Tiefgründigkeit. Ausgehöhlte Kugeln und durchscheinende Blöcke, Wände voller Schlitze und kreisrunde Tore, fragile Gebilde aus Eisplatten, ein Eiszapfenstern wurde von ihm draußen in der Landschaft gestaltet und meisterhaft fotografiert. Nun steckt wohl nicht in jedermann ein großer Landart-Künstler, aber das spielerische Gestalten mit natürlichen Materialien kann nie Gekanntes in uns wecken. Und Kreativität ist keine Frage des Alters.

Literatur zum Thema
Goldsworthy 1995
Goldsworthy 1996

Der Traum vom eigenen Haus

Der Wunsch nach einer Behausung scheint im Menschen tief verwurzelt zu sein. Wer wünschte sich nicht ein Eigenheim, möglichst im Grünen? Vielleicht ist das Häuschen aus Bauklötzen, das ein Kind konstruiert, eine sehr ursprüngliche Vorübung für den Bau eines eigenen Heims in späteren Jahren.

Kinder beschäftigen sich in jeder Altersstufe mit Häusern und Höhlen. Sie malen ihre Traumhäuser in bunten Farben, oft mit einem Baum daneben und all jenen Zutaten, die für sie von Bedeutung sind oder bauen sie aus Steckmaterial und Bausteinen. Ein Schuhkarton wird zur Puppenstube. Zugleich erwächst der Wunsch nach einer Behausung, in der das Kind selbst Platz findet. Große Decken über Tische, Stühle und andere Möbelstücke gespannt, ergeben bereits eine Wohnhöhle. Mit Puppen und Stofftieren lässt sich darin prächtig spielen. In solchen selbst geschaffenen Räumen suchen Kinder Geborgenheit. Sie schaffen sich ihre eigene Schutzhülle gegenüber der Außenwelt. Alles Feindliche bleibt draußen. Drinnen spielen sie Familienglück.

Dieses Spiel bleibt nicht auf das Kinderzimmer beschränkt. Es ist allen Kindern zu wünschen, dass sie im Garten und in der Landschaft reichlich Material und Möglichkeiten finden, ihr Traumhaus, ihre Erdhöhle, ihr Lager zu errichten. Bedauerlicherweise gibt es in dichten Ballungsräumen dazu immer weniger Gelegenheiten. Geradezu magisch angezogen fühlen Kinder sich von dichtem Buschwerk, verwilderten Gärten, alten Schuppen, verlassenen Gebäuden, Scheunen, Baracken, Felshöhlungen und ähnlichen Erlebnisräumen, wo sie unbeobachtet spielen können.

Genau genommen bleibt ein Teil dieser Neigungen auch bei Erwachsenen erhalten. Im Urlaub und auf Ausflügen besuchen wir besonders gerne Schluchten, Höhlen und Burgruinen und fühlen uns vom romantischen Wildwuchs ländlicher Gärten angezogen. Es ist doch merkwürdig, dass wir dann, nach Hause zurückgekehrt, sorgfältig alles inzwischen aufgekommene „Unkraut" entfernen, den Rasen mähen und die Hecke schneiden. Die schönen Urlaubsfotos von den weniger gepflegten Bauerngärten mit ihrer Patina rahmen wir ein und hängen sie an die Wand.

Offensichtlich haben Kinder noch andere Wünsche und Werte als Erwachsene. Ihr Verhältnis zu den Erscheinungen der Natur ist eng und wenig gestört. Tiere, Pflanzen, Wälder, Felsen und Gewässer sind ihnen vertraut, sofern sie dies alles erleben. Sie fühlen sich als Teil ihrer Umgebung und können Natur unmittelbar, intuitiv und ganzheitlich erfassen. Auf dem Weg der Erziehung lernen sie jedoch, Naturerscheinungen zu analysieren, zu benennen, in einzelne Bestandteile zu zerlegen. Mit dem Erwachsen-Werden und ebenso im Zuge der Zivilisation gehen wir den nächsten Schritt, den der Manipulation. Der Antrieb dazu ist der Wunsch nach Macht, Einfluss und materiellem Vorteil. Wir machen uns die Natur zunutze. Die fortschreitende Zerstörung der Umwelt nehmen wir billigend in Kauf. Zugleich spüren wir, dass uns die wahre Grundlage unseres Lebens verlorengeht.

Wenn Kinder ihre Traumhäuser bauen, so verwirklichen sie damit auch ihren Wunsch nach Kontakt mit der heilen Natur. Unbewusst nehmen sie Fühlung auf mit der Schutz und Nahrung spendenden Mutter Erde. Dies geschieht beispielsweise beim Bau einer Sandburg während des Badeurlaubs am Meeresstrand oder wenn eine Felshöhlung Jugendlichen als sommerlicher Übernachtungsplatz dient, mit einem wärmenden Lagerfeuer davor. Beides hat nicht nur für Heranwachsende seinen Reiz.

Je älter Kinder werden, umso mehr suchen sie die Bauplätze für ihre

Lager und Baumhäuser in Wald und Flur. Kleinere Kinder sollten Raum für ihre persönlichen Zufluchtsorte im eigenen Garten finden können. Dazu im folgenden einige Beispiele.

Ein Haus aus Pappe

Aus einem großen, stabilen Pappkarton, wie er bei der Lieferung eines größeren Haushaltsgerätes übrig bleibt, lässt sich eine wunderschöne Sommervilla gestalten. Den Boden bilden einige Bretter oder eine ausgediente Transportpalette. Darauf steht das Häuschen gerade und trocken. Mit einem Cutter schneidet man Türen und Fenster aus. (Dabei sollten aber besser Erwachsene helfen. Die Verletzungsgefahr ist nicht unerheblich.) An einer Seite werden die Öffnungen nur angeritzt, damit sich die Tür oder das Fenster auch wieder schließen lassen. Das Dach muss man extra basteln, entweder ebenfalls aus dicker Wellpappe oder aus dünnem Sperrholz. Zu schwer darf es allerdings nicht werden, damit die Wände aus Pappe darunter nicht zusammenbrechen. Es kann ein schräges Pultdach werden oder ein Satteldach, das ganz nach Vorliebe und Stilrichtung steiler oder flacher sein darf. Gegebenenfalls müssen die Giebelseiten aus demselben Material wie das Dach ausgeschnitten werden, wenn man sie nicht einfach offen lässt. Mit Hilfe von Leisten wird das Dach zusammengeklebt oder genagelt und auf die Wände gesetzt.

Dann kommt die Bemalung. Mit Farbe wird aus der großen Pappschachtel ganz schnell ein Dornröschenschloss, umrankt mit Efeu, Wein und Rosen. Es kann auch ein Fachwerkhaus werden oder ein Bauernhof mit Tauben am Giebel und dem Hofhund neben der Tür, wenn es beliebt, sogar ein Spukschloss mit Gespenstern.

Aus einem großen Karton lässt sich mit etwas Geschick und Fantasie ein hübsches Haus für Teddybären und Kinder basteln.

Zelte und Tipis

Mit wenig Aufwand und ganz schnell ist ein Spielzelt errichtet. Dazu benötigen Kinder nichts weiter als eine Wäscheleine, die sie zwischen Bäumen, Pfosten oder anderen Haltepunkten spannen und darüber gehängte Decken oder Tücher. Fixiert werden die Laken mit Stöcken, Zeltheringen oder Steinen, und fertig ist das Zelt. Mit einer Isomatte und einigen Kissen wird der Innenraum so richtig gemütlich. Eine Lage Heu oder Stroh ist die natürliche Variante hierzu. Das duftet so richtig nach Sommer, und wer eine dicke Wolldecke auf die Strohpolsterung legt, wird auch nicht gepiekst. Dann dürfen sogar Erwachsene zu Besuch kommen und das Nomadenzelt gebührend bewundern. Bei Erwachsenen lässt der Duft nach Heu nicht selten frohe Erinnerungen an die eigene Kindheit aufkommen.

Noch einfacher geht das Zeltbauen mit einem großen, aufgespannten Sonnenschirm, der schräg auf den Boden gelegt und mit einem Tuch überdeckt wird. Am Abend ist alles schnell wieder aufgeräumt, und am nächsten Tag wird eine andere Zeltarchitektur erprobt.

Das Campingzelt vom Urlaub verwandelt sich zur Spielhöhle, wenn Kinder es im Garten aufstellen dürfen. Für die Kleinen eigens angefertigte bunte Spielzelte gibt es auch zu kaufen, sogar solche mit angesetztem Kriechtunnel. Darin kann man sich für einige Zeit hübsch einrichten und gelegentlich, wenn es nicht zu kalt ist, sogar mit Freunden draußen übernachten. Dann sind alle Nachtgeräusche ganz nah und deutlich, manchmal sogar etwas unheimlich. Vielleicht schleicht ein Igel um das Zelt, beschnüffelt es grunzend und sucht nach Fressbarem. Oder war das ein Steinmarder? Das Schönste an der Übernachtung im Freien ist aber doch das Lagerfeuer am Abend. Das ist etwas für Groß und Klein und gehört einfach dazu. Wenn das Feuer rot verglimmt und alles dunkel ist, dann leuchten die Sterne, wie man sie sonst vor lauter elektrischer Beleuchtung kaum mehr wahrnimmt. Geschichten werden erzählt und Lieder gesungen. Danach verkriechen sich alle in die Schlafsäcke.

Indianer bauen sich ein Tipi. Bohnenstangen, etwa 2,50 m lang, werden im Kreis aufgestellt und oben zusammengebunden. Wolldecken bilden die Wände. An einer Seite bleibt eine Öffnung als Tür. Wäscheklammern und Gummischnüre sind bei der Befestigung hilfreich. Schon ist das Wigwam fertig! Die Indianer, die gerade von der Jagd heimkehren, können es beziehen. Oder waren sie etwa auf dem Kriegspfad und bringen Gefangene mit für den Marterpfahl?

Eine Wohnung aus Heu

In ausreichend großen Gärten besteht die Möglichkeit, eine Wiese wachsen zu lassen. Je nach Wüchsigkeit der Gräser und Kräuter wird ein- bis dreimal jährlich gemäht. Dann fällt langhalmiges Heu an. Das ist gutes Baumaterial für ein duftendes Heuzelt nach dem Muster der „Heumandl", die in Bergregionen und im Voralpenland aufgestellt werden, damit das geschnittene Gras darauf regengeschützt tocknen kann.

Zum Bau des Heuzeltes benötigen wir drei Stangen, jede mit 2 bis 3 m Länge. Sie dürfen aber nicht glatt sein wie beispielsweise Bambusstäbe, sondern müssen Seitenäste aufweisen, die wir bis auf etwa 10 cm einkürzen. Ausgediente Christbäume vom letzten Weihnachtsfest eignen sich sehr gut für diesen Zweck. Außerdem benötigen wir als Querstan-

Auch so lässt sich ein sommerliches Lager bauen: ein Wall aus duftendem Heu und darüber ein Sonnenschirm mit Decken.

gen neun Stöcke mit 50 bis 100 cm Länge. Die langen Stangen stellen wir zu einem Dreibein auf und binden sie oben zusammen. Dann werden die Stöcke quer auf die Astgabeln gelegt und mit Bast fixiert. Um Verletzungsgefahren zu reduzieren, schneiden wir nach innen weisende Aststummel weg. Nun wird das Heu mit einer Gabel locker über das Gestell geworfen und zwar unten beginnend, so dass die Halme dachartig übereinander zu liegen kommen. Dies ist eine duftende Behausung, deren Grasdach nach Gebrauch als Kaninchenfutter verwendet werden kann.

Pflanzenlauben

Von ganz anderem Reiz ist eine Laube aus lebenden Pflanzen. Feuerbohnen oder Schwarze Susanne wachsen für einen Sommer heran und bilden dichtes, Schatten spendendes Laub und leuchtende Blüten. Von den Bohnen kann man zusätzlich etwas für den Suppentopf ernten.

Das Gerüst für die Pflanzenlaube darf nicht zu schwach sein und muss zumindest einen Sommer lang halten. Es kann wie ein Tipi gebaut werden oder wie das Gestell des Heuzeltes. In beiden Fällen muss jedoch die Verstrebung dichter sein. Soll das Feuerbohnentipi einen Durchmesser von 1,50 m haben, so benötigen wir 15 bis 20 Stangen von der Dicke eines Besenstieles. Je nach gewünschter Höhe sollten sie 2,5 m bis 3 m lang sein. Wird das Heuzelt-Gestell verwendet, dann müssen wir zwischen die waagerechten Stangen noch alle 20 bis 30 cm senkrechte Ruten einflechten.

Wer sich die Mühe mit der dichteren Verstrebung nicht machen will und ein vorhandenes Gerüst vom Wolldecken-Tipi oder vom Heuzelt für eine Pflanzenlaube verwenden möchte, der kann die offenen Flächen mit einem Netz aus verknüpften Schnüren bespannen, wie man es für eine Hängematte verwendet. Schlingpflanzen ranken gut darüber. Es hängt nur etwas durch.

Eine weitere Variante stellt ein kuppelartiges Gerüst dar. Das wird aus den biegsamen Ruten von Weiden oder Haselsträuchern erstellt. Weidenruten haben hohes Ausschlagvermögen und können ihrerseits Pflanzenlauben bilden. Davon soll im nächsten Abschnitt die Rede sein. Haselruten fallen an, wenn ein großer Haselstrauch zurückgeschnitten oder ausgelichtet wird. Dabei erhält man nicht nur dickere Aststücke, sondern auch dünne Ruten. Solange sie frisch sind, lassen sie sich recht gut biegen und zum Flechten, sowie für Bögen verwenden.

Damit die einjährigen Kletterpflanzen gut gedeihen, müssen wir sie in gute, lockere Gartenerde pflanzen. Dazu wird in der Grundrissform der späteren Laube ein 40 cm tiefer und spatenbreiter Graben ausgehoben und mit Gartenerde gefüllt. Für die Tipi-Form stecken wir die Stangen in den Graben, verbinden sie oben miteinander und legen um jede Stange etwa fünf Samen in die Erde. Bei der Kuppelform stecken wir Ruten im Abstand von 15 cm möglichst tief in die lockere Erde und verflechten sie oben bogenförmig miteinander. Gesät wird dann entlang der Grabenmitte, alle 7 cm ein Samenkorn. Die günstigste Saatzeit ist Mitte Mai. Damit das Saatgut bald keimt, gießen wir es gut an. Auch im Laufe des Sommers müssen die Pflanzen bei Trockenheit mit Wasser versorgt werden. Fleißige Baumeister und Gärtner werden für ihre Mühe mit einer wunderschön blühenden Laube belohnt.

Ein Gerüst aus Ästen, Zweigen und Ruten hält natürlich nicht allzu lange. Solch ein Material wird bald morsch und brüchig. Dann kann es keine Kletterpflanzen mehr tragen, und es ist Zeit, etwas Neues zu konstruieren. Wer sich eine dauerhafte Pflanzenlaube wünscht, sollte eine stabile und haltbare Pergola aus Holz oder Metall bauen. Dafür bieten sich zur Berankung neben den einjährigen Kletterpflanzen rankende Gehölze wie Waldreben, Echter und Wilder Wein, Kiwi oder Kletterrosen an. Auch der alljährlich neu aus dem Boden austreibende Hopfen eignet sich dazu. Diese Kletterpflanzen lassen die Laube von Jahr zu Jahr dichter und undurchsichtiger werden. So ergibt sich aber weniger ein Spielplatz für Kinder als vielmehr ein geschützter Sitzplatz für die ganze Familie.

Manche Baumarten bilden Hängeformen. Wenn sie heranwachsen, ergibt sich unter ihrem überhängenden Dach aus belaubten Zweigen ein schattiges Versteck voller Geborgenheit. Groß und Klein fühlt sich wohl in ihrem Schutz. Die Tabelle nennt Arten und Sorten mit Trauerwuchs, wie sie in den Baumschulen angeboten werden.

Gehölze mit hängendem Wuchs	
Hängebirke	*Betula pendula* 'Tristis'
Hänge-Rotbuche	*Fagus sylvatica* 'Pendula'
Hänge-Blutbuche	*Fagus sylvatica* 'Purpurea Pendula'
Hänge-Esche	*Fraxinus excelsior* 'Pendula'
Hänge-Zierkirsche	*Prunus subhirtella* 'Pendula'
Hänge-Ulme	*Ulmus glabra* 'Pendula'

Einer alten Tradition folgend pflanzt man zur Geburt eines Kindes einen Baum. Zumeist ist dies ein Obstbaum. Genauso gut könnte es ein Baum mit Hängeform sein, der zusammen mit dem Kind heranwächst und ihm nach ein paar Jahren Geborgenheit unter seinem dichter werdenden Laubdach schenkt.

Mit Weidenruten gestalten

Ein ganz besonderes und zudem kostengünstiges Baumaterial sind ausschlagfähige und biegsame Weidenruten. Mit ihnen lassen sich lebende Laubhütten, Kriechgänge, Pflanzeniglus, Flechtzäune und noch viel mehr gestalten. Sind die Weiden einmal angewachsen, so treiben sie alljährlich neue Zweige, die regelmäßig eingeflochten oder abgeschnitten werden müssen. Andernfalls entwickelt sich aus dem Flechtwerk ein Weidengebüsch, was im übrigen auch seinen Reiz haben kann.

Es macht großen Spaß, auf allen Vieren durch ein Weidentunnel zu kriechen.

Eigentlich ist es bedauerlich, dass Weiden in der Gartengestaltung so selten verwendet werden, denn sie sind von großer ökologischer Bedeutung. Sie blühen sehr zeitig im Frühjahr und bieten den Bienen und Schmetterlingen die erste eiweißreiche Pollennahrung nach der Winterruhe. Weidenlaub ist Nahrungsgrundlage für mehr als 150 Groß- und Kleinschmetterlinge. Auch Blattwespen wissen es zu schätzen. Die Larven von Bock- und Rüsselkäfern bewohnen das Holz der Weiden, wenn es alt und morsch wird.

In ihrem Erscheinungsbild sind die Weidenarten recht unterschiedlich. Das reicht von ganz flach kriechenden Arten bis zu mächtigen Bäumen wie Silber- oder Trauerweiden. Für Gärten eignen sich am ehesten Strauchweiden oder kleinere Baumweiden mit einer maximalen Höhe von

8 bis 10 m. Korbweide, Reifweide, Purpurweide und Mandelweide lassen sich am besten flechten. Salweide, Korkenzieherweide oder Öhrchenweide können in der Hecke wachsen, Rosmarinweiden passen an den Gartenteich. Alle Weidenarten bevorzugen einen hellen und mehr oder weniger feuchten Standort. Bei der Pflanzung muss auf jeden Fall ein ausreichender Abstand von Abwasserleitungen (Dränage, Kanal) eingehalten werden, weil Weiden ein dicht verzweigtes und oft weitreichendes Wurzelsystem ausbilden, mit dem sie nicht selten solche Leitungen verstopfen. Ehe wir uns an den Bau einer Dschungelhütte aus Weiden machen, sollten wir dies alles bedenken, um Fehlentscheidungen zu vermeiden.

Eigenschaften und Standort einiger Weidenarten, die sich zum Flechten eignen

Art	Höhe, Breite	Boden, Standort
Aschweide, *Salix cinerea*	4–5 m, 3–4 m	anspruchslos
Reifweide, *Salix daphnoides*	6–8 m, 4–5 m	anspruchslos
Purpurweide 'Nana', *Salix purpurea* 'Nana'	2 m, 4 m	anspruchslos
Mandelweide, *Salix triandra*	2–3 m, 3–4 m	anpassungsfähig
Korbweide, *Salix viminalis*	3–8 m, 3–6 m	kalkliebend feucht bis nass

Für lebende Flechtbauwerke ist die Korbweide am besten geeignet. Auf trockenen und nährstoffarmen Böden gedeiht sie aber nicht ohne zusätzliche Bewässerung. Dann kann man auf Reifweide oder Purpurweide ausweichen. Als „Baumaterial" benötigen wir für Pfosten dickere Äste oder Stämme. Seitenäste schneiden wir weg, notfalls können die Pfosten angespitzt werden. Wenn wir die Rinde am unteren Ende etwa 10 cm breit entfernen, verbessern wir die Wasseraufnahmefähigkeit. Zum Einflechten eignen sich unverzweigte, einjährige Ruten. Sie werden so geschnitten, dass der Steckling unten mit einer Knospe beginnt, aus der sich die Wurzel bildet, und oben mit einer Knospe endet, woraus junges Blattwerk treibt. Die beste Zeit für das Setzen der Stecklinge ist der März. Dann bilden sie zügig Wurzeln und Triebe. Es ist immer wieder faszinierend, wie eine kahle, abgeschnittene Weidenrute sich zu einer neuen Pflanze entwickelt. Manche Baumschulen bieten Weidenruten an. Es lohnt sich aber auch, beim Straßenbauamt, Wasserwirtschaftsamt oder anderen Stellen, die mit Pflegemaßnahmen von Weidengebüsch zu tun haben, nachzufragen.

Aus lebendem Weidengeflecht lässt sich vieles gestalten: ein Flechtzaun zur Raumgliederung oder zur Einfriedung, ein Tunnel oder ein Laubengang, Weidengewölbe in der Form eines Iglus oder ein Weidenhaus nach dem Vorbild des Indianerzeltes. Es lässt sich auch eines aus dem anderen entwickeln: So wird aus einem spiralig geführten Zaun ein Gewölbe oder aus zwei parallelen Weidenflechtwänden ein Tunnel. Bei alledem – von der Anlage bis zur weiteren Entwicklung – können und sollen Kinder mitwirken.

Das Vorgehen ist nicht schwierig: Die unbewurzelten Ruten oder Äste bringen wir etwa 40 cm tief in die Erde. Ist der Boden locker, genügt es, die Setzlöcher mit einer Eisenstange zu bohren, sonst muss ein Graben gezogen und nach der Pflanzarbeit wieder eingefüllt werden. Im Anschluss daran treten wir die Erde fest und gießen die Stecklinge an.

Zäune aus Weidenruten lassen sich auf verschiedene Weise bauen

1. Wir setzen daumendicke Pfosten im Abstand von 30 cm senkrecht in den Boden und verflechten sie waagerecht mit Ruten, die nicht in den Boden gesteckt werden und somit auch nicht anwachsen. Das können dann auch Haselruten oder andere biegsame Hölzer sein. So erhalten wir einen Flechtzaun mit lebenden Pfosten.

2. Wir verwenden nur einjährige, unverzweigte Ruten, die wir mit 30 cm Abstand schräg im 45°-Winkel in den Boden stecken. In die Zwischenräume setzen wir Ruten, die schräg in die Gegenrichtung weisen. Dann verflechten wir die Ruten diagonal miteinander. Die Kreuzungen fixieren wir mit Bast. Manche verwachsen an der Berührungsstelle sogar miteinander.

Weidenflechtzaun mit Pfosten und Diagonalruten (Variante 3).

3. Am stabilsten ist die Kombination von Pfosten und Diagonalruten. Dazu werden die Pfosten im Abstand von 50 cm gesetzt und dazwischen etwa alle 15 cm Ruten wechselweise nach rechts und links schräg zwischen die Pfosten gesetzt und verflochten.

4. Die Ruten zwischen den Pfosten können auch senkrecht in die Erde gesteckt werden. In diesem Fall verbinden wir die Pfosten, die ungefähr im Abstand von einem Meter stehen, mit drei Spanndrähten. Die Ruten werden dazwischen eingeflochten und erhalten später einen Heckenschnitt.

Im Inneren dieser dichten, kuppelförmigen Weidenhütte fühlt man sich so recht geborgen.

Die Zaunhöhe ergibt sich aus der Länge der Pfosten und Ruten. Der Austrieb ist im oberen Drittel am stärksten. Man kann also mit einem niedrigen Zaun beginnen und ihn nach oben weiter verflechten. Andernfalls wird schon im zweiten Jahr nach der Anlage mit dem Rückschnitt begonnen. Das Schnittgut kann in den Zaun eingeflochten oder für weitere Weidenbauwerke verwendet bzw. an andere Interessenten weitergegeben werden.

Aus einem Zaun können wir sehr gut ein Tunnel entwickeln, indem wir die biegsamen Jungtriebe bogenartig zusammenbinden. Am besten nehmen wir dazu Weidentriebe, die einander diagonal gegenüber stehen und setzen die gitterartige Verflechtung der Wand in der Wölbung des Tunneldaches fort. Der alljährliche Austrieb erfolgt vor allem am Scheitelpunkt. Bis das Flechtwerk die erwünschte Dichte und Stabilität erreicht hat, werden die neuen Triebe mit den alten verflochten. Danach erfolgt ein regelmäßiger Rückschnitt.

Ein querliegendes Hindernis, etwa ein Baumstamm, bereichert solch ein Tunnel. Dies ist eine Hürde, die es zu überwinden gilt, oder sie wird zum Treffpunkt, zum Begegnungsort, zum Sitzplatz. Falls genügend Raum zur Verfügung steht, kann das Tunnel sich verzweigen. Wer möchte, darf Gucklöcher für Ausblicke freihalten.

Bei einer Weidenhütte mit kuppelförmigem Dach verfahren wir prinzipiell wie beim Bau des Weidentunnels, nur mit dem Unterschied, dass

Das Weidentipi und sein Kriechtunnel können durch regelmäßiges Einflechten der Jungtriebe noch dichter werden.

der Grundriss nicht linear, sondern kreisförmig oder spiralig angelegt wird. Wenn die Zweige gut miteinander verflochten sind, wird die Weidenkuppel nach vier bis fünf Jahren so stabil, dass Kinder sie beklettern können. Denkbar wäre dann sogar der Bau eines zweiten Stockwerkes. Dazu sollte allerdings die Weidenvilla frei stehen, weil Kinder sich an Hindernissen im Umfeld, wie etwa einem Staketenzaun, ernsthaft verletzen können, falls sie abrutschen.

Das Weidentipi hat ein Gerüst aus stärkeren Ästen, die kreisförmig angeordnet sind und oben zusammengebunden werden. Mit schräg in den Boden gesteckten einjährigen Ruten werden die Zwischenräume verflochten. Auch hier erfolgt der intensivste Austrieb am höchsten Punkt. Bei alljährlichem Rückschnitt wird sich aus einem Weidenzelt eine Kopfweide mit vielen Füßen entwickeln, andernfalls wird daraus einfach eine mehrstämmige Weide.

Das Thema lebende Bauwerke aus Weidengeflecht lässt sich noch variieren. Manchmal ergeben sich beim Bau aus der Situation heraus ganz unerwartete, aber interessante Lösungen. Wenn Wilder Wein oder eine Waldrebe das Geflecht der Weidenruten überzieht, bildet sich noch schneller ein dichtes Blätterdach.

Weiden wachsen rasch. Das hat für Kinder den Vorteil, dass sie schon bald den Erfolg ihrer Bemühungen erleben. Nachteilig kann sich das weitere Wachstum vor allem dann auswirken, wenn Steckhölzer von Baumweiden verwendet wurden, die in ausgewachsenem Zustand die Dimensionen eines Hausgartens sprengen. Es ist zu erwarten, dass das kindliche Interesse am Weidentipi nach einiger Zeit nachlässt. Dann sollten sich die Weiden – frei wachsend oder geschnitten – gut in den Garten integrieren lassen.

Wenn Weiden nicht in den Garten passen, können Pflanzenlauben und kuschelige Ecken ebenso aus geschnittenen Hecken entstehen. Dazu eignen sich Hainbuchen, Rotbuchen, Feldahorn und Kornelkirschen. Allerdings dauert es einige Jahre, bis eine Pflanzenlaube aus Schnittgehölzen heranwächst.

Auf konkrete Gartensituationen angewendet, ergeben sich gute Möglichkeiten freiwachsende und geschnittenen Gehölzen mit Weidenflechtwerk zu kombinieren. Die folgenden Beispiele geben dazu einige Anregungen.

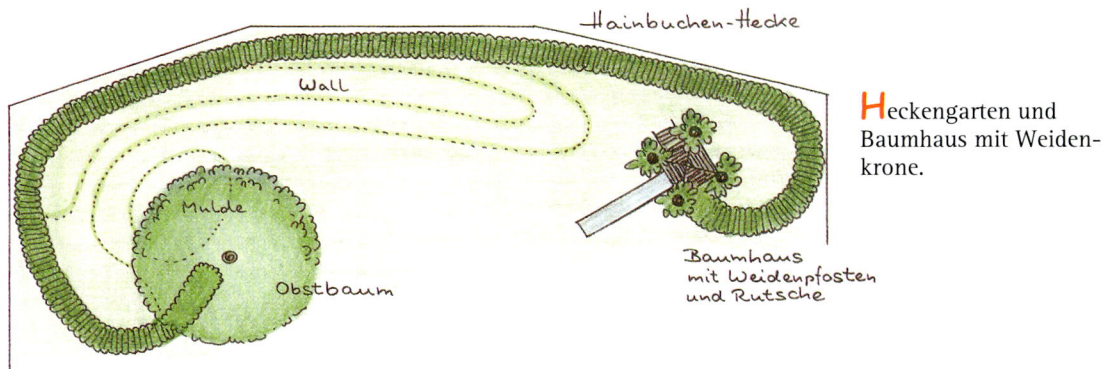

Heckengarten und Baumhaus mit Weidenkrone.

Heckengarten und Baumhaus mit Weidenkrone

Eine geschnittene Hecke aus Hainbuchen bildet in vielen Gärten Sichtschutz und Abgrenzung zum Nachbargarten. Das ist auch in unserem Fall so, nur dass sich diese Hecke an den Grundstücksecken nach innen rundet und auf diese Weise zwei umschlossene Heckenräume unterschiedlicher Größe formt. Der größere von beiden ist etwa 60 cm tief ausgemuldet. Die anfallende Erde formt einen leichten Wall parallel zur Hecke, was die Raumwirkung unterstreicht und den Höhenunterschied vergrößert. Ein Obstbaum bildet das Laubdach dieser Rasenmulde.

Am anderen Ende der Hainbuchenhecke wurde ein Baumhaus errichtet. Es wird von dicken Weidenpfosten getragen, die Wurzeln schlagen und austreiben, so dass es schon bald in der Krone von vier Weiden verborgen sein wird. Eine Leiter führt hinauf und eine Rutsche hinunter.

Linke Seite:
Aus geschnittenen Hainbuchen läßt sich eine Pflanzenlaube formen, die Schutz gibt und Schatten spendet.

Flechtzaun, Weidendach und Hausbaum

Den Kompostplatz rückt man gerne in eine wenig eingesehene Gartenecke. Wo dies nicht möglich ist, wird er in geeigneter Weise kaschiert. Außerdem tut den verrottenden Gartenabfällen eine leichte Beschattung gut. In unserem Beispiel ergibt sich eine Kombination aus Sichtschutz mit Schattenbaum und Spielecke. Ein Weidenflechtzaun wird so angelegt, dass vor den Kompostbehältern ausreichend Bewegungsfläche zum

Kompost

Salweide

Holunder

Weiden-Häuschen

Flechtzaun, Weiden-dach und Hausbaum.

Häckseln, Umsetzen und Sieben des Kompostgutes bleibt. Zugleich ergeben sich innerhalb des grünenden Zaunes zwei belaubte „Zimmer", wovon das innere ein geflochtenes Dach aus den nachwachsenden Weidenruten erhält. Gucklöcher in der Wand können nach Belieben frei bleiben. Eine Salweide am Eck ist der „Hausbaum". Er wirft Schatten auf den Kompost.

Durch den Geheimgang zur Festung

Weidenzelt, Geheimgang und Festung.

Entlang der Grundstücksgrenze, dort wo man üblicherweise eine Hecke aus Ziersträuchern pflanzt, liegt der Geheimgang. Es ist ein dicht geflochtenes Weidentunnel. An einem Ende weitet es sich zu einer Kuppel, deren Eingang nur Eingeweihte finden. Dieses Weidenzelt liegt hinter Sträuchern versteckt in einer Mulde. Wer durch das Weideniglu in den Tunnel gelangt und weiter aufwärts kriecht, kommt am höchsten Punkt eines kleinen Hügels wieder ans Licht. An diesem strategisch günstigen Platz steht die Burg aus Rasenziegel.

Der grüne Drache

Schon manche Drachen wurden aus Weiden geflochten mit begehbarem Körper und munter wucherndem Weidenpelz. Unser Drache wird jedoch aus Erde geformt. Nur sein Rückenkamm ist aus Purpurweiden geflochten. Große, rundgeschliffene Findlingssteine bilden seinen Kopf und seine Beine. So liegt er da und fasst den Sandplatz ein. Er hat nichts dagegen, dass Kinder auf ihm herumklettern, ihm über den Rücken rutschen und sich in seinem aufgeringelten Schwanz ein Lager bauen.

Literatur zum Thema
Akademie für Lehrerfortbildung Dillingen 1994
BUND 1996
Naturschutzzentrum Nordrhein-Westfalen 1993

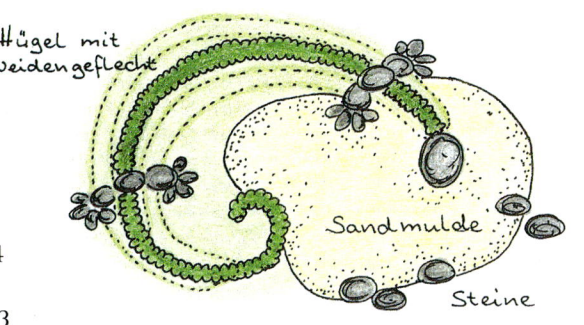

Grüner Drache.

Der Apfelbaum am Weidenpfahl

Herr S. hatte nicht sehr viel Gartenerfahrung. In seiner Stadtwohnung mit Balkon war das auch nicht erforderlich gewesen. Inzwischen besaß er aber einen kleinen Garten am Stadtrand und gab sich redlich Mühe mit der Gestaltung und Bepflanzung. Obstbäume wünschte er sich, vor allem einen schönen großen Apfelbaum. In der Baumschule kaufte er einen Hochstamm und erkundigte sich, wie der Baum zu pflanzen sei. Zur Sicherheit nahm er noch einen Sack Komposterde mit.

Zu Hause angekommen griff er zum Spaten, schaufelte an der vorgesehenen Stelle die Pflanzgrube und setzte seinen Apfelbaum ganz nach Vorschrift. Nachdem er die Erde mit Kompost angereichert und rund um den Stamm festgetreten hatte, holte er den Gartenschlauch und begoss den jungen Baum. Doch irgend etwas fehlte noch. Richtig! Der Baumpfahl! Den hatte Herr S. ganz vergessen. Nun war es aber Samstag Nachmittag. Der Baumarkt hatte schon geschlossen. Da fiel Herrn S. ein, dass die Leute vom Bauhof am Vortag Pflegemaßnahmen an der Hecke entlang des Straßengrabens vorgenommen hatten. Dort lag noch reichlich Schnittgut. Sicherlich durfte er sich einen passenden Ast holen. Gesagt – getan. Ein einigermaßen gerader, ausreichend dicker und langer Ast wurde von seinen Seitenästen befreit, unten angespitzt und neben dem Apfelbaum in die Erde gerammt. Mit einem Kokosstrick befestigte Herr S. den Apfelbaum daran und betrachtete zufrieden sein Werk.

Es regnete viel in diesem Frühjahr. Wo Herr S. die Pflanzgrube für seinen Apfelbaum ausgeschaufelt hatte, hatte er die Erde zwar gelockert, aber darunter war der Boden von Baumaschinen verdichtet. Die Nässe staute sich. Wahrscheinlich war dies der Grund, weshalb der junge Apfelbaum nicht anwuchs. Aus dem Baumpfahl jedoch trieben oben etliche grüne Sprosse, die sich schon bald zu ansehnlichen Ästen entwickelten. Der Apfelbaum war eingegangen, dafür war der Pfahl angewachsen. Es war eine Reifweide. Äpfel trägt sie natürlich nicht, dafür hüllt sie sich seither jedes Frühjahr in einen Schleier aus silbrigen Kätzchen, der sich mit dem Aufblühen golden färbt.

Herr S. ist um eine Erfahrung reicher. Zunächst war er enttäuscht, dass sein Apfelbaum nicht gedieh, aber nun findet er, dass ihn die Weide ein wenig entschädigt.

Selbst gebaute Spielhäuser und Lager

Wenn die Kinder anfangen, sich aus allerhand zusammengesuchtem Material ein Lager zu bauen, was nicht in jedem Falle dem Garten zur Zierde gereicht, kann es vorkommen, dass bei gleichermaßen besorgten, wohlmeinenden und interessierten Eltern das Kind im Erwachsenen erwacht. Er bzw. sie besorgt Baumaterial und stellt eine schöne Villa Kunterbunt in den Garten. Die wirkt für Erwachsene bestimmt sehr attraktiv, für Kinder ist sie meist jedoch nur von vorübergehendem Interesse. Wenn es gut geht, nutzt man sie später als Gartenpavillon, sonst als Abstellhütte. Ähnlich geht es mit vorgefertigten Spielhäusern aus dem Handel. Auch sie sehen hübsch aus, aber erfahrungsgemäß verlieren die Kinder nach anfänglicher Begeisterung die Freude daran. Eventuell dient solch ein Häuschen dann zur Aufbewahrung von Spielzeug, was ja auch ein sinnvoller Zweck sein kann.

Von nachhaltigem Reiz für die Kinder ist eher das Baumaterial. Wenn sich dieses Haus wieder zerlegen und zu etwas Neuem zusammenfügen lässt, dann wird es nicht langweilig und gibt der kindlichen Kreativität Spielraum. Oft geht es wie beim Kleinkind im Krabbelalter, das aus Klötzen einen Turm baut, so hoch bis er wackelt und umstürzt – um sogleich wieder von vorn zu beginnen. In ähnlicher Weise erproben auch die größeren Kinder das Bauen in immer neuen Variationen, die sie voller Begeisterung aus sich selbst heraus entwickeln. Wer ihnen dazu Baupläne entwirft, Vorschriften macht und Anweisungen erteilt, ist genau genommen ein Verderber ihres Spiels. Ein Erwachsener kann sich glücklich schätzen und es als Kompliment auffassen, wenn er als Spielpartner akzeptiert wird und mitbauen darf. Der Idealfall bestünde in einer produktiven Dauerbaustelle, wo Groß und Klein zusammenwirken, und zwar zur gegenseitigen Befruchtung.

Wir Erwachsenen haben nämlich das zweckfreie Spiel fast verlernt und können von der kindlichen Spontaneität und Kreativität durchaus profitieren. Andererseits sind Kinder meist nicht in der Lage, Unfallgefahren richtig einzuschätzen. Einen guten Weg auf der Gratwanderung zwischen Risiko und Gefahr beschreiten wir auch, wenn wir die kleinen Baumeister auf die wesentlichsten Dinge aufmerksam machen, die zur Vermeidung von Unfällen und Verletzungen zu beachten sind und uns sonst nicht allzuviel einmischen und nur sozusagen aus der Ferne ein Auge darauf haben.

Zunächst ist ein Bauplatz erforderlich, vielleicht eingeschmiegt zwischen Sträuchern. Genauso gut könnte es die nicht mehr regelmäßig benutzte Sandkiste sein, oder ein Platz hinter der Garage, neben dem Schuppen, unter dem Walnussbaum oder Ähnliches. Einen ganz idealen Bau- und Spielplatz bietet eine Mulde mit einem bewachsenen Hügel daneben, also eine Erdmodellierung wie sie sich zum Beispiel beim Teichbau ergibt.

Aus Ästen und Fichtenreisig haben Kinder sich ein Lager gebaut.

Nur dass die Teichmulde nicht abgedichtet und mit Wasser gefüllt wird, sondern mit Sand. Niederschlagswasser sollte jedenfalls gut versickern können.

Kinder benötigen also flexibles und mehrfach einsetzbares Baumaterial, ganz wie das Kleinkind bei seinem Turmbau. Sie können dazu alles Mögliche gebrauchen: Bretter, Stangen, Stöcke, Sperrholzplatten, Obstkisten, Steine, Ziegel, Lehm, Sand, Dachpappe und anderes mehr. Die Kleineren bauen ihr Lager wie ein Kartenhaus und verbinden Stöcke und Bretter mit Stricken oder Ähnlichem. Die Größeren, die schon mit Säge, Hammer und Nagel umgehen können, zimmern sich ihr Bauwerk zurecht, sägen Bretter und Stangen auf die passende Länge zu und nageln oder schrauben sie zusammen.

Von Kindern gebaute Häuser und Lager zeichnen sich durch buntes Materialmix und windschiefe Konstruktionen, aber auch durch Ideenreichtum aus. Mit viel Fantasie wird hier improvisiert. Das Werk ergibt sich während des Bauens aus dem vorhandenen Material. Es ist keineswegs vorher genau geplant, bestenfalls in seinen Grundzügen. Auch wird es nie richtig fertig. Die Kinder bauen ständig daran weiter. So entsteht ein Anbau, eine Teilunterkellerung, ein Windfang, ein Balkon usw. Zwischendurch wird das Haus bewohnt und mit Einrichtungsgegenständen ausgestattet.

Es liegt nahe, dass die kindliche Architektur nicht den Normen herkömmlicher Baukunst entspricht. Deshalb sollten Erwachsene ein Auge auf Stabilität und Sicherheit haben und somit die Gefahr von Unfällen vermeiden helfen, am besten in der bereits erwähnten partnerschaftlichen Zusammenarbeit. Wenn sich dies nicht ergibt, ist zumindest eine gelegentliche, diskrete Aufsicht ohne zu große Einmischung seitens der Erwachsenen ratsam, damit es nicht zu gravierenden Verletzungen kommt.

Baumhäuser sind Traumhäuser. Ihre Architektur wird aus der Fantasie geboren und ergibt sich während des Bauens.

Es ist darauf zu achten, dass herausstehende Nägel, Drähte oder Splitter beseitigt werden. Verschraubungen sind natürlich besser als Nägel, für Kinder aber schwieriger zu handhaben. Scharfe Kanten in Kopf- und Augenhöhe bedeuten eine Verletzungsgefahr und sollten entschärft werden. Zudem muss das Gebäude so stabil sein, dass es nicht einstürzt. Kinder klettern gerne auf ihren Häuschen herum. Auch das sollte ohne Gefahr möglich sein.

Baumhäuser

Der Traum aller Kinder im Alter von etwa sieben bis 14 Jahren ist das Baumhaus. Das Lager am Boden hat für sie nicht mehr soviel Reiz. Sie wollen höher hinaus. Solche Veränderungen kündigen sich oft damit an, dass die Kinder mit Vorliebe in Bäumen herumklettern, sich im Laub der Krone verbergen und sich irgendwann einen Hochsitz bauen, vielleicht aus ein paar Brettern, die sie quer über zwei geeignete Äste legen und daran befestigen. Später bekommt der luftige Sitzplatz eine Überdachung und eventuell auch Seitenwände, womit das Baumhaus in seinen Grundzügen bereits fertiggestellt wäre.

Voraussetzung für den Bau eines ansehnlichen Baumhauses ist natürlich ein geeigneter, großer Baum. Tragfähig und gesund muss er sein. Es kann ein großer Obstbaum sein, wie beispielsweise ein Apfel-, Birn-, Kirsch- oder Walnussbaum, ebenso gut Eiche, Kastanie, Linde, Esche, Ahorn oder Baumweidenarten. Doch in welchem Garten gibt es solch große Bäume? Oftmals sind die Gärten dafür zu klein, oder sie wurden erst angelegt und die Gehölze brauchen noch Jahre, um heranzuwachsen. Dann müssen sich die Baumeister eine freitragende Konstruktion einfallen lassen. Oder es gibt zwar Bäume im Grundstück, sie sind aber in ihrem Wuchs für ein Baumhaus nicht geeignet. Aber auch für dieses Problem findet sich eine Lösung.

Wird ein Haus in eine Baumkrone eingepasst, dann muss das so geschehen, dass der Baum darunter keinen Schaden leidet. Die Äste, auf denen die Konstruktion lagert, müssen stark genug sein, um die Last zu tragen, ohne zu brechen. Der Baum darf mit Nägel und Schrauben nicht verletzt werden. Auch Abschürfungen der Rinde, sowie einschnürende Drahtbefestigungen sind zu vermeiden. Das bedeutet allerdings, dass das Baumhaus in sich tragend konstruiert und gut gepolstert auf den Tragästen aufgesetzt wird. Mit Kunststoffseilen, besser noch mit geflochtenem Kokosstrick, kann es an Stamm und Ästen verzurrt werden. Diese müssen jedoch regelmäßig, mindestens aber in jedem Frühjahr kontrolliert und nötigenfalls erneuert werden. Die Architektur ergibt sich aus der Form des Baumes, seinen Astgabelungen und Verzweigungen. Ein Baumhaus kann um einen Stamm herumgebaut werden und sogar eine zweite Etage auf einem höher gelegenen Astquirl erhalten.

Die meisten Baumhäuser werden ohne zusätzliche Abstützung nicht auskommen, sei es, dass der in Frage kommende Wirtsbaum noch zu jung ist, dass er schief steht oder ein dicker Seitenast als tragender Balken dient. Dann hat die Baumkrone hauptsächlich die Aufgabe, das Baumhaus mit ihrem Laubdach zu umkleiden.

Eine weitere Konstruktionsvariante sieht ein Baumhaus auf vier Stützen vor, nach dem Vorbild eines freitragenden Jägerstandes. In diesem Fall können für die Pfosten frische, entsprechend dicke Weidenstämme verwendet werden, die Wurzeln schlagen, austreiben und zu Baumweiden heranwachsen. Vorausgesetzt es ist ausreichend Platz vorhanden. Nicht jeder Garten verträgt so große Bäume. Dann wird man auf das wachsende Baumhaus verzichten, für die Pfosten nicht austriebsfähiges Rund- oder Kantholz verwenden und eventuell Kletterpflanzen, zum Beispiel Hopfen, daran hochwachsen lassen. Lange haltbar und somit für die tragenden Teile empfehlenswert ist das Holz von Eiche, Robinie oder Douglasie. Es muss nicht geschält sein. Steht das freitragende Baumhaus in der Hecke, so wird es unten von Sträuchern umschlossen und bietet oben gute Aussicht.

Wer sich an die Konstruktion eines Baumhauses wagt, hat sicherlich bereits Erfahrungen mit erdgebundener Bauweise gesammelt. Trotzdem ist auch dann eine gute Zusammenarbeit von Erwachsenen mit Kindern sehr zu empfehlen. Erfahrungsgemäß macht das allen Beteiligten großen Spaß. Jugendliche lassen sich allerdings nicht mehr gerne helfen. Erwachsene sollten sich in ihre Bauvorhaben besser nicht allzu sehr einmischen. Sonst kann es gehen wie bei jenem wohlmeinenden Vater, der das Baumhaus seiner beiden Söhne so verbesserte, dass es allen Sicherheitsvorschriften genügte. Er war dann sehr zufrieden und ganz beruhigt. Die beiden Buben aber fanden das solchermaßen veränderte Baumhaus so langweilig, dass sie im selben Baum – aber erheblich höher – ein zweites Lager nach ihren eigenen Vorstellungen errichteten. Sie freuten sich sehr, dass ihr Vater es nicht mehr wagte, in diese schwindelnde Höhe vorzudringen. Sicherheitstechnisch war die Sache allerdings sehr bedenklich. Manchmal ist es also besser, die Jugend gewähren zu lassen und sich eventuell auf den einen oder anderen Hinweis, was die Absturzsicherungen betrifft, zu beschränken.

Wegen der Fülle möglicher Varianten können wir hier keine genauen Bauanweisungen geben. Das wäre auch nicht sinnvoll. Baumhausarchitektur wird immer aus der Fantasie geboren. Außerdem gibt der Baum selbst die Form vor. Nur auf einige Details sei hingewiesen: Eine Transportpalette bietet eine gute Plattform für ein Baumhaus. Sie bildet sozusagen den Fußboden. Wird sie auf den Ästen des Baumes aufgelegt, so ist eine Polsterung (z. B. mit Gummi oder Filz) ratsam. Ruht das Baumhaus ganz oder teilweise auf Pfosten, so müssen diese standfest etwa 60 cm tief eingesenkt werden. Eine Verfüllung mit Splitt oder Magerbeton ist ratsam. Auf Querbalken, welche die Pfosten verbinden, liegt der

Wenn es im Garten keine tragfähige Baumkrone gibt, stellt man den luftigen Ausguck auf vier miteinander verstrebte Stützen.

Fußboden des Baumhauses auf. Dies alles muss miteinander verschraubt werden, und zwar so, dass keine Metallteile überstehen, welche für Kinder eine Verletzungsgefahr darstellen könnten. Sind die Pfosten lang genug, so können sie das Dach tragen. Das Baumhaus erhält entweder Seitenwände oder ein Geländer mit senkrechten Sprossen. Bei alledem ist das Gewicht des Baumhauses zu berücksichtigen. Am besten verwendet man für Dach und Wände Sperrholz. Diagonalverstrebungen sorgen für Stabilität. An allen Stellen, wo das Baumhaus Kontakt mit Stamm und aufragenden Ästen hat, muss etwas Luft bleiben. Es ist nämlich zu berücksichtigen, dass sich der Baum im Wind bewegt.

Auf den luftigen Ausguck gelangen Kinder entweder, indem sie den Baumstamm hinaufklettern oder eine Leiter benutzen. Das kann selbstverständlich eine Strickleiter sein, welche die Baumhausbewohner ein-

ziehen können, so dass ihr Haus von „Feinden" nicht gestürmt werden kann. Den gleichen Zweck erfüllt ein Knotenseil. Es ist allerdings schwieriger zu erklimmen. Wer es bequem haben möchte, baut eine schmale Treppe. Erhält der Sommersitz in luftiger Höhe eine Tür, so muss diese aus Sicherheitsgründen nach innen zu öffnen sein.

Im Allgemeinen kann man davon ausgehen, dass Kinder, die auf einen Baum klettern, auch wohlbehalten wieder heruntergelangen. Daher sind normalerweise keine besonderen Fallschutzmaßnahmen unter Bäumen erforderlich. Sie wachsen ohnehin in Rasen-, Wiesen- oder Pflanzflächen, so dass eine gewisse Dämpfung im Fall eines Sturzes gegeben ist. Auf ein Baumhaus im Garten können aber auch kleinere Kinder gelangen, sofern eine Leiter oder eine Treppe hinaufführt. In diesem Falle sind Absturzsicherungen vorzusehen.

Der Aufstieg auf eine Leiter gelingt leichter als der Abstieg. Für größere Kinder stellt beides kaum eine Herausforderung dar. Bei den Kleinen kann es allerdings vorkommen, dass sie eine Baumhausleiter neugierig hinaufklettern, aber oben angelangt verlässt sie der Mut und sie wissen nicht mehr, wie sie aus dieser schwindelnden Höhe wieder auf sicheren Boden gelangen. Dann tut Hilfe not. Das kleine Kind muss das Hinabsteigen erst erlernen. Es gibt zweierlei Auswege aus dieser Lage: Beim ersten wird der Aufstieg so schwierig gestaltet, dass alle, die hinaufgelangen, ausreichend klettergewandt sind, um auch wieder herunter zu kommen. Der zweite besteht darin, einen risikoarmen Fluchtweg beispielsweise in Form einer Rutsche vorzusehen.

Erweiterungsbauten sind bei einem Baumhaus genauso interessant wie beim Spielhaus auf dem Boden. Hier bietet es sich an, weitere Baumkronen als Bewegungsraum zu erschließen. Menschen können zwar nicht so gut in den Bäumen herumturnen wie Affen oder Eichkätzchen, aber sie können Brücken und Balancierbalken bauen, die von Baum zu Baum führen. Dies ist natürlich nur etwas für die Großen und Wagemutigen. Für die Kleineren ist ein Kletternetz, waagerecht zwischen die Pfosten des Baumhauses gespannt, ein schöner Spielplatz, wo sie nicht nur herumklettern, sondern sich außerdem ein kuscheliges Nest bauen können.

Sicher sind dies nur einzelne Anregungen. Alle Spieleinrichtungen müssen den jeweiligen Gegebenheiten angepasst werden. So gibt es auch Baumhäuser für Erwachsene. Bunny Guiness beschreibt in seinem Buch „Der Familiengarten" ein sehr attraktives Baumhaus mit 4 m² Grundfläche und umlaufendem Balkon, das seinem Besitzer als Büro dient und sogar Einrichtungen wie Fax und Computer zu bieten hat. Warum nicht? Es muss zauberhaft sein, im Sommer mitten im Laubdach eines Baumes, umgeben von zwitschernden Vögeln, seiner Büroarbeit nachzugehen.

Andere Autoren (R. Doernach, K. Kirsch) gehen noch einen Schritt weiter und stellen sich ein lebendes Baumhaus vor, dessen Dach und Wände aus miteinander verwachsenen Bäumen besteht. Die „Bauweise" ist in etwa so wie bei einer Weidenflechthütte. Ausser Weidenstecklingen werden Jungpflanzen von Hainbuche, Rotbuche, Esche, Linde, Eiche, Ahorn und Wildapfel empfohlen. Überkreuzte Äste eines Flechtwerkes sollen dabei fest verbunden, ja sogar verschraubt werden, so dass sie miteinander verwachsen. Durch weiteres Dickenwachstum soll sich dann eine geschlossene Wand bzw. ein Kuppeldach ergeben. Leider gibt es solche Lebendbauwerke noch nirgends zu bewundern. Einige sind jedoch im Entstehen, und vielleicht ist die Sache einen Versuch wert.

Mancherorts gibt es heute noch eine alte traditionsreiche Form von Baumhäusern. Das sind die Tanzlinden, jene alten Bäume mit ihren waagerecht gezogenen unteren Ästen, über denen sich die Baumkrone wölbt. Sie stehen in der Dorfmitte, vor Kirche und Wirtshaus, und früher wurde hier am Kirchweihfest getanzt. Der „Tanzsaal" war die Baumkrone. Sein Fußboden wurde auf den ausladenden unteren Ästen der Linde ausgelegt und zusätzlich von Pfeilern gestützt. Hier war der Platz für die Kapelle, und die Paare wirbelten im Tanz.

Von einigen solch ehrwürdiger Linden sagt man, dass im Mittelalter unter ihrem Kronendach Gericht gehalten wurde. Das ist durchaus möglich. Sicherlich traf man sich dort am Feierabend zu einem Plausch, und vielleicht stellte der Wirt an warmen Tagen im Schatten des Baumes Tische und Stühle auf, um seine Gäste mit Speise und Trank zu versorgen. Linden haben etwas Gütiges, Mütterliches. Für Hausgärten heutigen Zuschnittes sind sie aber fast immer zu groß. Die Ortsmitte bietet eher Platz für diesen Baum, der ein Alter von etlichen 100 Jahren erreichen kann.

Literatur zum Thema
Doernach 1981
Guiness 1997
Kirsch 1997

Gefahr erkannt – Gefahr gebannt

Das Leben ist immer mit Gefahren verbunden. Wir müssen lernen, sie zu erkennen und mit ihnen umzugehen. Dies gilt ganz besonders für Kinder. Sie tasten sich in ihre Umwelt hinein und lernen sie dadurch kennen. Dabei sind sie vielen Gefährdungen ausgesetzt, vom heißen Ofen in der Stube bis zum Straßenverkehr. Eltern und begleitende Erwachsene haben die schwierige Aufgabe, die Kleinen einerseits vor Unfall und Verletzung zu bewahren, sie andererseits aber nicht zu sehr zu behüten, damit die Kinder ihre eigenen Erfahrungen sammeln können und lernen, wie man mit Schwierigkeiten umgeht. Was eine Brennessel auf der Haut bewirkt, weiß ein Kind erst, wenn es eine angefasst hat. Ein Rosenstachel im Finger gehört zu kindlichen Erfahrungen genauso wie ein aufgeschürftes Knie nach einem Sturz. Für die Gestaltung von Spielbereichen bedeutet dies eine Gratwanderung zwischen Langeweile und Wagemut. Kinder brauchen ein ihnen gemäßes Risiko. Werden sie aus Überängstlichkeit von jedem Abenteuer ferngehalten, so begeben sie sich in unbeobachteten Augenblicken in Situationen, denen sie dann oft nicht gewachsen sind.

Spielbereiche sollen den Kindern ermöglichen, Gefahren zu erkennen und ihr Verhalten den Gegebenheiten anzupassen. Nur versteckten Gefahren dürfen sie nicht ausgesetzt sein. Dies geht auch aus dem Normtext der DIN 18 034 hervor, die für die Planung von öffentlichen Spielplätzen erarbeitet wurde:

„Freude am Abenteuer und Bestehen eines Risikos als Bestandteil des Spielwertes sind im Rahmen kalkulierter spielerisch-sportlicher Betätigung erwünscht. Für Kinder nicht erkennbare Gefahren sind zu vermeiden."

Spielangebote im Garten müssen der kindlichen Entwicklung angepasst sein. Kleinkinder im Krabbelalter wagen sich noch nicht allzu weit von ihrer Bezugsperson fort. Bald werden sie aber immer selbstständiger und wagemutiger. Im Alter bis zu sechs Jahren haben Kinder ein geringes Gefahrenbewusstsein, sind aber schon sehr aktiv und somit allerlei Unfallgefahren ausgesetzt. In dieser Zeit sollte der Spielbereich für die Kleinen deshalb vom Haus aus gut einsehbar sein. Eltern müssen stets ein Auge darauf haben können. Es wird sich dabei vor allem um den Sandspielplatz handeln, außerdem vielleicht um Schaukel und Rutsche sowie eine Spielfläche auf dem Rasen. Kleinkinder sollten nicht unbeaufsichtigt auf die Straße gelangen. Eine Umzäunung mit verschließbarem Tor kann dies verhindern.

Gartengeräte, an denen die Kleinen sich ernstlich verletzen können, wie Baum-, Ast- oder Heckenscheren, Sägen usw., aber auch Pflanzenschutzmittel müssen sicher und für Kinder unzugänglich aufbewahrt werden. Stäbe zum Aufbinden von Pflanzen erhalten eine Schutzabdeckung. Das bewahrt nicht nur Kinder vor Verletzungen, sondern jeden, der im Garten tätig ist. Eingewachsen zwischen Stauden sind Stäbe kaum mehr sichtbar. Beim Bücken kann das buchstäblich ins Auge gehen.

Nicht nur wegen der Kinder, sondern ganz allgemein sollten Belagsflächen gut begehbar und rutschfest sein. Dies ist gewährleistet, wenn ein griffiges Material ausgewählt und so eingebaut wird, dass Niederschlagswasser gut abfließen kann. Von Belägen aus Holz ist im Außenbereich abzuraten. Es ist zwar ein natürliches, ansprechendes und warmes Material, unter dem Einfluss der Witterung breiten sich aber im Laufe der Zeit Algen und Pilze darauf aus. Dadurch wird der Holzbelag bei feuchtem Wetter glitschig wie Schmierseife.

Rampen dürfen nicht zu steil sein, sonst stellen sie ein Problem bei Eis- und Schneeglätte dar. Treppenstufen müssen ein bequem begehbares Verhältnis von Stufenhöhe und Auftrittsfläche aufweisen. Ein Steigungsverhältnis von 16 cm Höhe und 32 cm Tiefe ist ein gutes Maß. Treppen im Garten dürfen auch flacher sein, etwa 14 cm zu 36 cm. Einzelne Stufen in einem Weg stellen eine Stolpergefahr dar, weil sie leicht übersehen werden. Es ist besser, ganz darauf zu verzichten und ein stärkeres Gefälle in Kauf zu nehmen oder zwei Stufen bei flacherem Wegeverlauf zu bauen. Ein Geländer an Treppenwangen oder auf Mauerkronen wird erforderlich, wenn die Absturzhöhe 50 cm übersteigt.

Vorsicht Wasser!

Wasser in seinen vielfältigen Erscheinungsformen zu erleben gehört zu den elementaren Erfahrungen des Menschen. Auf Groß und Klein übt es geradezu magische Anziehungskraft aus. Wasser belebt und bereichert jeden Garten und sei es nur in Form einer Vogeltränke.

Für Kleinkinder unter drei Jahren können Wasseranlagen im Garten bereits eine Gefahr darstellen, wenn sie tiefer sind als 15 cm sind. Ungefährlich sind aber Rinnsale und Pfützen. In solch flachem Gewässer lässt sich bereits herrlich matschen. Außerdem können Kinder in der kühleren Jahreszeit mit Gummistiefeln ausgerüstet darin herumstapfen.

Becken zum Planschen und Matschen mit einer Tiefe bis zu 40 cm gelten dann als unbedenklich, wenn Erwachsene ein Auge darauf haben. Es ist aber Sorge zu tragen, dass Kinder darin nicht ausgleiten können. Das Becken sollte also nur geringes Bodengefälle und keine steilen Böschungen haben. Damit sich keine Keime bilden, muss das Wasser regelmäßig, am besten täglich, erneuert werden.

Die Schutzkappe auf dem Bambusstab bewahrt vor Verletzungen.

Der Gartenteich kann für Kleinkinder eine Gefahr darstellen. Ein flacher Wassergraben ist dagegen ungefährlich.

Tiefere Gartenteiche stellen für Kleinkinder eine Gefahr dar, die zu vermeiden ist. Am besten verzichten Eltern für ein paar Jahre auf den Gartenteich und stellen dem Nachwuchs die Teichmulde als Sandspielplatz zur Verfügung. Lässt sich das nicht machen, so ist für eine sichere Umzäunung zu sorgen, was allerdings häufig zu gestalterisch unbefriedigenden Lösungen führt. Dann bleibt als dritte Möglichkeit das Anbringen einer stabilen Gitterabdeckung. Diese muss der Form des Teiches angepasst sein und an verschiedenen Punkten gut auflagern, so dass sie nicht durchhängt. Sie darf keine zu große Maschenweite aufweisen, sonst könnten kleine Kinderfüßchen durch das Gitter rutschen und darin hängenbleiben. Man kann das Gitter so anbringen, dass es etwa 5 cm unter dem Wasserspiegel zu liegen kommt. Dann fällt es kaum auf und ist doch ein wirksamer Schutz.

Große Gefahr geht von einem offenen Regenfass aus. Ein Kind möchte einen hineingefallenen Gegenstand herausholen oder aus dem halbvollen Fass Wasser schöpfen, beugt sich über den Rand, verliert das Gleichgewicht, stürzt kopfüber in das Fass und kann sich nicht mehr daraus befreien. Schöpfbecken und Regentonnen müssen also eine wirksame Abdeckung erhalten.

Trotz dieser Einschränkungen gibt es eine Fülle von Möglichkeiten, Wasser im Garten zu erleben und damit zu spielen.

Sicherheitsabstände und Fallschutz

Schaukel, Rutsche und Kletterturm gehören zur Ausstattung von Spielplätzen und Kindergärten. Im Garten lassen sich andere Schwerpunkte setzen. Wer aber trotzdem das eine oder andere Spielgerät aufstellen möchte, sollte dies so tun, dass Unfälle vermieden werden.

Die Normen, welche für die Herstellung von Spielgeräten und die Anlage von Spielplätzen gelten, sind für Hausgärten nicht verbindlich, weil man davon ausgeht, dass Kinder hier in stärkerem Maße betreut und beaufsichtigt sind. Sie geben jedoch gute Hinweise, wie sich Gefahren auch im privaten Bereich vermeiden lassen, und sollen daher kurz erwähnt werden.

Vorgeschriebene Sicherheitsabstände auf öffentlichen Spielplätzen und in Kindergärten in Abhängigkeit von der Fallhöhe.	
Fallhöhe	Sicherheitsfreiraum
bis 60 cm	nicht erforderlich
bis 150 cm	150 cm
200 cm	185 cm
225 cm	200 cm
250 cm	215 cm
300 cm	250 cm

Damit soll verhindert werden, dass Kinder sich beim Springen oder Fallen an Geräteteilen stoßen. In diesem Sicherheitsbereich muss der Untergrund einen gewissen Fallschutz bieten. Bei einer Fallhöhe von 50 cm bis 100 cm genügt Rasen, bei größeren Fallhöhen ist Sand, Feinkies (Korngröße von 4 bis 8 mm), Holzspäne oder Fallschutzplatten vorzusehen. Rindenmulch ist auch möglich, aber es verschmutzt in feuchtem Zustand die Kleidung.

Bei einer Podesthöhe von 1 bis 2 m muss ein Handlauf in 60 cm Höhe als Absturzsicherung angebracht werden, bei höheren Podesten, beispielsweise bei einem Baumhaus, sollte es ein 70 cm hohes Geländer mit Sprossen sein. Für diese gelten wiederum Öffnungsmaße: bei senkrechten Konstruktionen höchstens 12 cm und bei waagerechten mindestens 20 cm. Bei einem Sprossenabstand zwischen 12 und 20 cm besteht nämlich die Gefahr, dass Kinder den Kopf hindurchzwängen, ihn aber nicht mehr zurückziehen können.

Schaukeln erfreuen sich großer Beliebtheit. Damit diese Freude ungetrübt bleibt, sollte man schon einige Sicherheitsaspekte berücksichtigen. Die größte Gefahr besteht darin, dass ein Kind unbedacht in die schwin-

Kinder klettern mit großem Vergnügen auf Bäume.

gende Schaukel läuft. Dies wird vermieden, wenn sich eine Laufrichtung nicht mit dem Schwingbereich der Schaukel überschneidet. Der Schwingbereich ist umso größer, je höher die Schaukel hängt. Die Sicherheitsabstände werden danach berechnet: Schaukellänge zuzüglich 2 m in beiden Richtungen. Daraus ergibt sich für eine 2 m breite Kinderschaukel, deren Aufhängung sich 3 m über dem Boden befindet, ein Platzbedarf von 5 × 7 m. Der Schaukelsitz muss mindestens 40 cm Bodenfreiheit haben und sollte aus Gummi oder vergleichsweise weichem Material angefertigt sein. Dann bestehen gute Chancen, dass Zusammenstöße glimpflich abgehen. Schaukelseile sind besser als Ketten. Das Schaukelgelenk muss außerhalb des Zugriffs liegen oder verkapselt sein.

Wer beim Kauf auf das GS-Prüfzeichen achtet, kann davon ausgehen, dass er ein auf Sicherheit geprüftes Spielgerät erwirbt. Auch eigene Konstruktionen sollten so erstellt werden, dass die Verletzungsgefahr gering ist. Nach Möglichkeit sind Schraubenköpfe, Bolzengewinde und Muttern zu versenken oder wenigstens zu entgraten. Nägel und Drähte dürfen nicht überstehen. Scharfe Ecken und Kanten sind abzurunden. Die Oberflächen sollten splitterarm sein.

In der Praxis sieht es mit der Sicherheit von Spielgeräten in Hausgärten etwas anders aus. Nicht jeder Hausgarten hat ausreichend Fläche für die Berücksichtigung aller Sicherheitsabstände. Da rückt manches doch enger zusammen. Schwierig wird es auch, wenn Kinder verschiedener Altersstufen miteinander in einem Garten spielen. Wenn die Größeren ihre Lager und Baumhäuser erstellen, achten sie kaum darauf, welche Verletzungsgefahren sich daraus für die Jüngeren ergeben können. Eltern sollten dies im Auge behalten.

Literatur zum Thema:
Agde 1996
Bundesverband der Unfallversicherungsträger 1991
DIN 18 034
DIN 7926 Teil 1 bis 3

Bratwurst am Oleanderspieß

Beim sommerlichen Grillfest gab es lauter leckere Speisen. Pikant gewürzte Schweinenackensteaks und Koteletts brieten auf dem Rost. Die Sonne war schon untergegangen, es wurde kühl. Im offenen Kamin an der Terrasse zündete man ein Feuer an und wärmte sich daran. Die Stimmung war gut, die Gäste ließen es sich schmecken, plauderten und amüsierten sich.

Ein junger Mann in der Runde hatte Appetit auf Bratwurst. Er wollte aber nicht warten, bis eine auf dem Grill gegart wäre, sondern zog es vor, sie selbst am Kamin zu braten. Weil sonst kein passender

Bratspieß zur Hand war, schnitt er kurzerhand von der Kübelpflanze, die neben ihm stand, einen Ast ab, entfernte die Blätter, spitzte das Holz auf einer Seite an und spießte eine schöne, dicke Bratwurst darauf. Die hielt er über die Glut und drehte sie eifrig, damit sie gleichmäßig briet. Dann verzehrte er sie und niemand fand etwas dabei. Erst als er bald danach kein Gefühl mehr auf der Zunge hatte und ihm schließlich übel wurde, kamen der Gastgeberin Zweifel. Sie besah sich den Spieß und ihr war sofort klar, was passiert war. Der junge Mann hatte einen Oleanderzweig als Bratwurstspieß benutzt und ihn sogar nach unten gehalten, so dass der Pflanzensaft in die Wurst getropft war. Alles weitere ging sehr schnell. Als der Notarzt eintraf, litt der Patient bereits an Herzrhythmusstörungen. Man brachte ihn in die Klinik. Zum Glück wurde er bald wieder gesund.

Die Tollkirsche (*Atropa bella-donna*) mit ihren glänzenden Beeren ist sehr giftig.

Blaue Beeren am Waldesrand

An einem sonnigen Nachmittag im September machte eine junge Mutter mit ihrem dreijährigen Söhnchen einen Spaziergang über die Felder zum Waldrand. Die ersten Holunderbeeren reiften bereits. An einer mannshohen Staude zwischen Himbeersträuchern hingen glänzend dunkelblaue, etwa kirschgroße Beeren. Die junge Mutter hielt sie für reife Schlehen. Sie erinnerte sich, dass sie zu Hause ein Rezept zur Zubereitung von Schlehenlikör besaß. So etwas hatte sie zwar noch nie ausprobiert, aber angesichts der verlockenden Beeren erschien es ihr reizvoll und einen Versuch wert. Zufällig fand sie in ihrer Jackentasche einen Kunststoffbeutel. Dahinein pflückte sie die Beeren. Ihrem Söhnchen gab sie auch ein paar davon. Der steckte sie in den Mund und weil sie ihm schmeckten, wollte er mehr davon essen.

Als das Kind plötzlich rot im Gesicht wurde und einen heißen Kopf bekam, wurde die Mutter skeptisch. Sie war sich ihrer Sache gar nicht mehr sicher und zweifelte, ob es sich bei den Früchten wirklich um Schlehen handelte. Müssten die nicht Dornen haben? Die Pflanze sah auch gar nicht nach einem Gehölz aus.

Sie nahm ihr Kind auf den Arm und eilte dem Dorf zu. Das Kind war unruhig und zappelte. Seine Pupillen wurden groß und schwarz, fast wie die Beeren, die es verspeist hatte. Im Ort begab sie sich unverzüglich zum Arzt. Der wusste sofort Bescheid. Tollkirschen hatte die junge Frau geerntet und ihrem Kind zu essen gegeben. Fatalerweise schmecken die Beeren der Tollkirsche süß, sind aber sehr giftig. Der Arzt konnte dem kleinen Kind ein Gegenmittel verabreichen. Das war seine Rettung.

Giftküche der Natur

Jedermann weiß, dass Waschmittel nicht zum Verzehr geeignet ist, dass man mit Zigaretten nicht den Hunger stillt und Kölnisch Wasser keinesfalls dazu gedacht ist, den Durst zu löschen. Mit diesen Dingen können wir umgehen. Die beiden Geschichten von Oleander und Tollkirsche, die sich leider tatsächlich zugetragen haben und der Tagespresse zu entnehmen waren, zeigen aber, dass in Bezug auf die Giftigkeit von Pflanzen ziemliche Unsicherheit herrscht, und zwar nicht nur bei Kindern. Das ist bedenklich, denn mit Gefahren kann nur umgehen, wer sie kennt.

Manche behandeln giftige Pflanzen mit großer Unbekümmertheit, andere wiederum würden am liebsten alles, was nur entfernt giftverdächtig ist, aus Gärten und Parks verbannen. Angemessenes Verhalten liegt zwischen diesen beiden Extremen. Dies setzt sachliche Informationen voraus. Erwachsene sollten wenigstens in groben Zügen über Gefahren, welche auch die Natur in sich birgt, Bescheid wissen. Kinder müssen es lernen. Das ist wichtiger, sinnvoller und erfolgreicher, als Giftpflanzen aus allen Grünanlagen fern zu halten.

Kinder im Krabbelalter erkunden ihre Umwelt mit allen Sinnen, auch mit dem Geschmack. Alles was ihnen in die Finger kommt, stecken sie in den Mund. In dieser Zeit ist Aufsicht ohnehin erforderlich. Scharfe und spitze Gegenstände, kleine Fremdkörper, die das Kind verschlucken kann, sind in gleicher Weise gefährlich wie giftige Pflanzenteile. Befinden sich solche Dinge in Reichweite des Kindes, so müssen sie entfernt werden.

Es erscheint ratsam, in dieser Zeit stark giftige Pflanzen aus dem unmittelbaren Spielbereich zu verbannen oder man pflückt Fruchtansätze bald nach der Blüte, ehe sie zu verlockend roten oder blauen Beeren heranreifen. Die größeren Kinder müssen dazu angehalten werden, nur von Sträuchern zu naschen, die sie wirklich kennen.

Zu den stark giftigen Pflanzen zählen bei den Topf- und Kübelpflanzen Dieffenbachie, Weihnachtsstern und Korallenstrauch, sowie Oleander und Engelstrompete. Giftige Einjahresblumen sind Wunderbaum, Tabak und Prunkwinde. Tollkirsche, Bilsenkraut und Stechapfel gehören zu den giftigen Wildpflanzen, die man kennen sollte. Auch Wasserschierling und Gefleckter Schierling sind gefährlich. Gelegentlich schleichen sie sich als „Unkräuter" in den Garten ein. Äußerste Vorsicht ist bei Stauden wie Eisenhut, Aronstab, Maiglöckchen, Fingerhutarten, Christrose und Herbstzeitlose geboten. Letztere wurde manchmal schon mit dem essbaren Bärlauch verwechselt. Auch auf Winterlinge, Wolfsmilchgewächse und Lupinen wird man im Umkreis des Spielbereichs verzichten, obwohl sie weniger bedenklich sind.

Der gefährlichste Vertreter der Gehölze hinsichtlich seiner Giftigkeit dürfte der Seidelbast sein. Seine roten Beeren reifen in geringer Höhe, wo kleine Kinder sie leicht erreichen. Ebenso giftig, aber ohne verlockende Beeren, sind Sadebaum, Rotzeder und die als Hecke so beliebte *Thu-*

Der Blaue Eisenhut (*Aconitum*) bildet keine verlockenden Früchte aus. Dennoch sollte er wegen seiner hohen Giftigkeit nicht in der Reichweite kleiner Kinder wachsen.

ja. Echte Vorsicht ist auch bei Goldregen und Eibe anzuraten. Zu den unverträglichen und leicht giftigen Arten zählen nach Auskunft der Toxikologischen Abteilung der 2. Medizinischen Klinik der TU München Heckenkirsche, Liguster, Pfaffenhütchen, Efeu, Stechpalme, Buchsbaum, Ginsterarten und Schneeballarten. Andere Autoren zählen hierzu noch Waldrebenarten, Kirschlorbeer und Schneebeeren. Isst ein Kind davon mehr als fünf bis zehn Beeren, so treten womöglich Magen- und Darmprobleme auf. Zu starkem Erbrechen und Durchfall kann es kommen, wenn eine reichliche Menge rohen Holunders verzehrt wurde.

Sogar der Nutzgarten kann Gefahren bergen. Wer denkt schon daran, dass grüne Bohnen nur in gekochter Form genießbar sind, oder dass die grünen Pflanzenteile von Tomaten und Kartoffeln wie alle Nachtschattengewächse das Gift Solanin enthalten? Die grünen Beerenfrüchte der Kartoffel sind sogar sehr giftig.

Für Pflanzen gilt wie für Medikamente der Satz des Paracelsus, wonach die verabreichte Dosis über Heilwirkung oder Schädlichkeit eines Stoffes entscheidet. Nur bei wenigen Giftpflanzen führt bereits die Aufnahme geringer Mengen zu schweren Symptomen. Als minder gefährlich sind Pflanzen einzustufen, bei denen die toxische Substanz in geringer Konzentration vorliegt, sowie giftige Pflanzen, die keine verlockenden Früchte ausbilden. Erfahrungsgemäß geht nämlich eine Vergiftungsgefahr vor allem von Früchten aus, die für genießbares Beerenobst gehalten werden. Einige Pflanzenarten können sehr unangeneh-

Alles an der Eibe (*Taxus baccata*) ist giftig, auch der Same, nicht jedoch der rote Samenmantel (links).

Goldregen (*Laburnum anagyriodes*) zählt zu den giftigen Ziersträuchern. Seine Schoten können mit denen der Bohne verwechselt werden (rechts).

me Hautreizungen hervorrufen. Dazu gehört beispielsweise der Riesenbärenklau, ein übermannshohes Doldengewächs mit einem dekorativen Blütenstand, das sich in Landschaft und Gärten zunehmend ausbreitet. Der Saft dieser Pflanze reizt die Haut. Scheint zusätzlich die Sonne darauf, so verstärkt sich die stark juckende Hautentzündung, es bilden sich Blasen, ähnlich wie bei Verbrennungen. Ärztliche Hilfe ist erforderlich. Manchmal bleiben Narben zurück.

Um sich vor dem Gefressenwerden zu schützen, bilden einige Pflanzen Stacheln und Dornen aus. Das stellt im Allgemeinen kein Unfallrisiko dar. Wenn Kinder sich einmal gestochen haben, kennen sie die Gefahr und meiden solch bewehrte Sträucher. Anders sieht es bei Agaven und vergleichbaren Arten aus. Sie tragen an ihren derben Blattenden lange, spitze Dornen, an denen spielende Kinder sich gefährlich verletzen können. Wenn man die Dornen abzwickt oder einen Korken daraufsteckt, ist die Gefahr beseitigt.

Toxikologen der Giftnotrufzentralen berichten, dass Pflanzenvergiftungen vergleichsweise selten vorkommen. Eine wesentlich größere Rolle spielen Vergiftungsunfälle mit Farben, Reinigungsmitteln, Insektiziden, Alkohol, Tabakwaren, Kosmetika und Medikamenten. So berichtet die Giftnotrufzentrale München davon, dass sich nur 10 bis 15 Prozent der Anrufe auf Giftpflanzen inklusive der Giftpilze beziehen. Bei 80 Prozent der Fälle, bei denen giftige Pflanzen aufgenommen wurden, führte dies zu keinerlei Symptomen. Nur bei 3 Prozent traten ernstere Vergiftungen auf. Dabei handelte es sich nicht selten um Drogenmissbrauch atropinhaltiger Arten (Engelstrompete, Stechapfel, Tollkirsche) durch Jugendliche. Leichte Vergiftungen wurden bei Kindern durch rohe Holunderbeeren, Eibenbeeren bzw. deren zerkaute Samen, Bohnen, Maiglöckchenbeeren und *Thuja* verursacht.

Was ist aber zu tun, wenn es doch zu einem Vergiftungsunfall kommt? Als erste Hilfe kann Medizinalkohle mit Wasser verabreicht werden. In den meisten Fällen ist es außerdem sinnvoll, durch Reizen des Rachenraumes Erbrechen herbeizuführen, nachdem ausreichend Wasser oder Saft getrunken wurde. Keinesfalls dürfen Milch oder alkoholische Getränke gegeben werden. Das würde die Aufnahme fettlöslicher Substanzen begünstigen. Wurde die Haut durch Pflanzenkontakt gereizt, so sollte die verletzte Stelle mit warmem Wasser, eventuell auch mit Seife gereinigt werde. So rasch wie möglich ist im Vergiftungsfall ein Arzt zu konsultieren. In Städten gibt es Giftnotrufzentralen.

In der nachfolgenden Tabelle werden einige der gefährlichsten Stauden und Gehölze aufgeführt, die in Gärten anzutreffen sind.

Literatur zum Thema
Bärtels 1981
Mathes 1983
Rücker 1989

Giftige Gehölze und Kübelpflanzen (verkürzt nach Bärtels 1981, bzw. Rücker 1986)

Name	Gefähr-lichkeit	Giftige Pflanzenteile	Symptome
Buchsbaum *Buxus sempervirens*	+	Blätter	Brechdurchfälle; zentral: Erregung, Krämpfe, Tod durch Atemlähmung
Seidelbast *Daphne mezereum*	+++	ganze Pflanze	schwere Verätzungen in Mund, Rachen und Speiseröhre; Übelkeit, Erbrechen, Durchfälle, Herz-, Kreislauf- und Atemstörung
Engelstrompete *Datura suaveolens*	+++	ganze Pflanze	weite Pupillen, schneller Puls, trockener Mund, Verwirrtheit, tobendes Delir, Krämpfe, Bewusstlosigkeit
Pfaffenhütchen *Euonymus europaeus*	++	ganze Pflanze vor allem Früchte	Erbrechen, Koliken, Durchfall, Kreislaufstörungen; zentral: Benommenheit bis Ohnmacht, Koma
Efeu *Hedera helix*	+	Beeren, Blätter	in großen Mengen: erhöhte Temperatur, scharlachartiger Hautausschlag, Benommenheit, Krämpfe
Stechpalme *Ilex aquifolium*	+	Beeren	schwere Durchfälle
Sadebaum *Juniperus sabina*	+++	ganze Pflanze v. a. Triebspitzen	starke Reizwirkung auf Magen-Darm-Kanal und Niere; zentral: Krämpfe, Lähmung, Tod im Koma
Rotzeder *Juniperus virginiana* u. a. Arten	+++	ganze Pflanze	Vergiftungsbild wie Sadebaum
Goldregen *Laburnum anagyroides*	++	ganze Pflanze	Leibschmerzen, Übelkeit, Erbrechen, Herz- und Kreislaufstörungen; zentral: Benommenheit bis Bewusstlosigkeit, Krämpfe, Tod durch Atemlähmung
Liguster *Ligustrum vulgare*	+	Beeren, Blätter, Rinde	Übelkeit, Erbrechen, Durchfall, Krämpfe, Kreislaufstörungen, starke Hautreizungen
Heckenkirsche *Lonicera xylosteum*	+	Beeren	Übelkeit, Erbrechen, Leibschmerzen, Durchfall, Koliken, Herz- und Kreislaufstörungen; zentral: Benommenheit bis Bewusstlosigkeit, Krämpfe, evtl. Atemlähmung
Bocksdorn *Lycium barbarum* u. a. Arten	++	ganze Pflanze	Pupillenerweiterung und -starre, Herzrhythmusstörungen und Blasenlähmung, Delirien mit Unruhe, Später Erschöpfung, Tod im Koma

Giftige Gehölze und Kübelpflanzen (Fortsetzung)

Name	Gefähr-lichkeit	Giftige Pflanzenteile	Symptome
Oleander *Nerium oleander*	++	ganze Pflanze	Übelkeit, Erbrechen, Koliken, Durch-fälle, starke Herzrhythmusstörungen, Herzschwäche bis Herzstillstand
Robinie *Robinia pseudoacacia*	+	Rinde, Samen	Erbrechen, Schlafsucht, krampfhafte Zuckungen, Kollaps
Eibe *Taxus baccata*	++	ganze Pflanze außer dem roten Samenmantel	Übelkeit, Erbrechen, Durchfälle, Herz- und Kreislaufstörungen, Leber- und Nierenschäden, Tod durch Atem-lähmung
Lebensbaum, Thuja *Thuja occidentalis*, *Thuja orientalis*	+++	Zweigspitzen, Triebe, Zapfen	äußerlich: Hautentzündung, innerlich: starke Reizwirkung auf Magen und Darm; Bewusstlosigkeit, Krämpfe, Leber- und Nierenschäden
Schneeballarten *Viburnum* spec.	+	Beeren, Rinde, Blatt	Magen- und Darmreizung, Erbrechen, blutiger Harn
Blauregen *Wisteria sinensis*	+	Früchte, Zweige, Wurzel	Brechdurchfall, Kollaps

Giftige Garten und Wildstauden (verkürzt nach Bärtels 1981, bzw. Rücker 1986)

Name	Gefähr-lichkeit	Giftige Pflanzenteile	Symptome
Blauer Eisenhut *Aconitum napellus* u. a. Arten	+++	ganze Pflanze, besonders Wur-zeln und Samen	Übelkeit, Erbrechen, Durchfall, Atemlähmung, Herzstillstand
Aronstab *Arum maculatum*	+++	ganze Pflanze	Brennen im Mund, Entzündungen, Herzrhythmusstörungen, Lähmung
Tollkirsche *Atropa bella-donna*	+++	ganze Pflanze	Durst, Erregung, Haluzination, Sehstörungen, Krämpfe, Koma, Atemlähmung
Gefleckter Schierling *Conium maculatum*	+++	ganze Pflanze, besonders Früchte	Brennen im Mund, zunehmende Lähmungen bis zum Tod durch Atemlähmung
Wasserschierling *Cicuta virosa*	+++	ganze Pflanze, besonders Wurzelstock	Brennen im Mund, Krämpfe, Erbrechen, Bewusstlosigkeit, Atemlähmung

Name	Gefähr-lichkeit	Giftige Pflanzenteile	Symptome
Herbstzeitlose *Colchicum autumnale*	+++	ganze Pflanze, besonders Blüten, Samen und Wurzeln	Übelkeit, Krämpfe, Lähmung, Herzrhythmusstörungen, Tod durch Atemlähmung
Maiglöckchen *Convallaria majalis*	+++	ganze Pflanze, besonders Blüte und Frucht	Haut- und Augenreizungen, Übelkeit, Schwindel, Herzstillstand
Rittersporarten *Delphinium* spec.	?	ganze Pflanze	Magen- Darm-Entzündungen, Lähmung, Atemnot, (v. a. *D. staphisagria*)
Roter Fingerhut *Digitalis purpurea* u. a. Arten	+++	ganze Pflanze	Übelkeit, Erbrechen, Herzstörungen, Tod
Winterling *Eranthis hyemalis*	++	ganze Pflanze, besonders Knolle	Übelkeit, Erbrechen, Sehstörungen, Herzschwäche, Atemnot, Tod
Zypressenwolfsmilch *Euphorbia cyparissias* u. a. Arten	++	Milchsaft enthaltende Pflanzenteile	Haut- und Augenentzündungen, Magenreizung, Schwindel, Herzrhythmusstörungen, Nierenentzündung, Tod
Christrose *Helleborus niger* u. a. Arten	+++	ganze Pflanze	Schleimhautreizung, Übelkeit, Durchfall, Krämpfe, Herzrhythmus-störungen, Atemlähmung
Schwarzes Bilsenkraut *Hyoscyamus niger*	+++	ganze Pflanze, besonders Wurzeln und Samen	Erregung, Verwirrung, Tobsucht, Sprechstörungen, Hautrötung, Bewusstlosigkeit, Atemlähmung
Lupine *Lupinus polyphyllus* u. a. Arten	++	Samen	Unruhe, Erbrechen, Krämpfe, Atemlähmung
Bittersüßer Nachtschatten *Solanum dulcamare*	++	ganze Pflanze, besonders Beeren	Erbrechen, Durchfall, Fieber, Sprachstörung, Krämpfe, Atemlähmung
Weißer Germer *Veratrum album*	++	ganze Pflanze	Durchfall, Herzrhythmusstörungen, erhöhte Temperatur, Kreislauf- und Atemlähmung

+++   sehr stark giftig, bereits geringe Mengen können zu erheblichen Vergiftungen führen und unter
        Umständen lebensgefährlich sein
++   stark giftig, können zu schweren Symptomen führen
+   giftig

Unter Aufsicht und mit Anleitung Erwachsener können Kinder im Garten ein Lagerfeuer anzünden.

Faszination des Feuers

Feuer ist Energie und als solche in unserer Welt allgegenwärtig: in Antriebsmotoren, Heizanlagen, Kraftwerken usw. Allerdings erleben wir es selten unmittelbar. Früher zündete man bei Dunkelheit eine Kerze an, heute betätigen wir den Lichtschalter. Einst schürte man im Ofen ein Feuer, um Suppe zu kochen und die Stube zu erwärmen. Jetzt haben wir dafür die Zentralheizung und den Elektroherd. Das alles ist sehr viel bequemer und sauberer. Trotzdem fehlt uns etwas. Obwohl es nicht erforderlich ist, zünden wir im Advent oder zu Geburtstagen Kerzen an, nur wegen der Stimmung. Die Wahrnehmung des gebändigten Feuers gehört zu menschlichen Urerfahrungen. Es berührt uns tief und wärmt bis in die Seele.

Gefahr und Nutzen liegen beim Feuer jedoch nahe beieinander. „Messer, Gabel, Schere, Licht, ist für kleine Kinder nicht." So lautet der bekannte Kinderreim. Sicherlich wurde er aus schlimmer Erfahrung geboren. Wie oft haben zündelnde Kinder großen Schaden angerichtet! Deshalb ist es so wichtig, dass sie lernen, damit umzugehen und vorsichtig zu sein. Unter Anleitung und Aufsicht Erwachsener können sie im Garten ein Feuerchen schüren.

Dazu sucht man sich eine windgeschützte Ecke, nicht zu nahe an Bäumen, Sträuchern und Gebäuden. Auch zu den Nachbarn sollte ausrei-

chend Abstand eingehalten werden, um sie nicht zu belästigen. Große, qualmende Feuer sind im Siedlungsbereich, wenn überhaupt, nur zu festgesetzten Zeiten im Frühjahr und Herbst erlaubt. Für eine kleines Lagerfeuer genügt eine Sandmulde, die wir mit einem Kranz von Quadersteinen oder Findlingen umgeben. Hier kann nach Art der Pfadfinder ein Feuerchen geschürt werden. Dazu benötigt man als Brennmaterial trockenes Holz (feuchtes würde qualmen). Feines Material dient zum Anschüren. Daraus wird ein kleiner Scheiterhaufen errichtet. Papier braucht man zum Anzünden. Mit groben Scheiten wird das Feuer in Gang gehalten. Sie bringen Glut und Wärme. Allein das Holzsammeln für ein Lagerfeuer kann schon ein Erlebnis bedeuten.

Dann sitzen alle im Kreis und sehen dem Spiel des Feuers zu, wie es hell auflodert und die Flammen am Holz entlanglecken. Man spürt die Wärme auf der Haut, lauscht auf das Knistern und Knacken. Sobald das Feuer etwas abgebrannt ist, kann man in Alufolie gewickelte Kartoffeln in die Glut legen. Wenn sie nicht zu groß sind, dürften sie nach 20 Minuten gar sein. Vorsicht beim Herausnehmen! Man verbrennt sich leicht die Finger. Das Braten von Stockbrot verkürzt die Wartezeit. Dazu benötigt man etwa 1 Meter lange Stöcke (aus ungiftigem Holz!, am besten nimmt man eine Haselrute), um deren Ende man gut gewürzten Pizza-Teig wickelt. Mit getrockneten Provence-Kräutern, frischer Petersilie, etwas Oregano, Thymian, Rosmarin und Basilikum schmeckt er besonders lecker. Vom fertigen Teig nimmt man kleine Stücke, formt sie zu einer langen Rolle und wickelt diese wie eine Schnecke um das Stockende. Dann wird das Stockbrot über die Glut gehalten und ständig gedreht, bis es goldbraun gebacken ist.

Zu einem abendlichen Sommerfest gehört der Gartengrill, auf dessen Rost leckere Steaks und Würstchen über Holzkohlenfeuer gebraten werden. Sehr praktisch für diesen Zweck ist ein transportabler Grill, den man immer dorthin stellen kann, wo er gerade nötig ist und den man danach wieder wegräumen kann. Ein fest eingebauter Grill muss so gestaltet sein, dass man ihn das ganze Jahr über gerne sieht. Vielleicht ist es am günstigsten, ihn mit einem offenen Kamin zu kombinieren. Dieser könnte dann in Anlehnung an das Haus errichtet werden als Bestandteil eines Sitzplatzes. Sicherlich wird dies ein beliebter abendlicher Treffpunkt der ganzen Familie.

Es gibt auch kleinere Varianten des Lagerfeuers. Bei einer davon wird nach dem Vorbild altrömischer Kohlebecken das Feuer in einer mit Luft-

An einem lauen Sommerabend bereitet es besonderes Vergnügen, die Mahlzeit am Gartengrill zu bereiten.

Schwimmkerzen auf dem blumengeschmückten Wasserspiegel des Gartenteiches geben dem abendlichen Sommerfest eine romantische Note.

In einer dekorativen, mit Luftlöchern versehenen Keramikschale kann man ein kleines, angenehm wärmendes Feuer schüren.

löchern versehenen Keramikschale geschürt. Das Gefäß strahlt noch Wärme ab, nachdem das Feuer bereits verloschen ist.

Für den Wok auf einer Art offenem Kanonenöfchen stand vermutlich die chinesische Garküche Pate. Die Konstruktion hat den Vorteil, dass beim Würstchenbraten kein Fett ins Feuer tropft und somit keine ungesunden Dämpfe entstehen. In der gewölbten Pfanne lassen sich ganz nach Geschmack Fleischgerichte braten oder Gemüse dünsten.

Von Windlichtern oder Fackeln erleuchtet wird ein lauer Sommerabend zu einem besonderen Erlebnis. Auch Schwimmkerzen in einer großen Schale mit Wasser oder sogar auf dem Gartenteich zaubern besondere Effekte, die nicht so schnell vergessen sind.

So erleben wir Feuer in seiner ursprünglichen Form. Es erhellt die Dunkelheit, wärmt und gart unsere Nahrung. Sind wir in Gesellschaft, so wird das Feuer zum Mittelpunkt. Merkwürdigerweise wird es nicht langweilig, nur dazusitzen, ins Feuer zu schauen, die Gedanken laufen zu lassen. Jemand erzählt eine Geschichte, ein Erlebnis, liest etwas vor. Solche Abende bleiben in guter Erinnerung.

Wurfspiele im Garten

Kinder wollen sich austoben. Wenn sie den ganzen Tag in der Schule gesessen sind, bersten sie geradezu vor Bewegungsdrang. Dann müssen sie nach draußen, um irgendwo herumzutollen. Es ist jedem Kind nur zu wünschen, dass es dazu im Garten oder in der näheren Umgebung Gelegenheit findet. Fang-, Versteck- und Ballspiele gehören zu diesen bewegungsintensiven, aber zugleich auch raumgreifenden Spielen, die noch

dazu nicht still vonstatten gehen. Nicht jeder Garten ist dazu groß genug. Außerdem kann das ausgelassene Toben der Kinder durchaus zu Konflikten mit ruhebedürftigen Mitbewohnern und mit der Nachbarschaft führen. Auch stößt es nicht immer auf Gegenliebe bei den Eltern, wenn die Jugend die Rasenfläche zwischen Hecke und Terrasse zum Fußballfeld macht, vielleicht sogar die Pergola als Tor benutzt. In ihrer Begeisterung bemerken die jungen Sportler meist gar nicht, was durch ihr Spiel alles zu Schaden kommt. Dann gilt es, einen tragbaren Kompromiss zu finden. Dieser kann darin bestehen, die jugendlichen Aktivitäten zeitlich und räumlich zu begrenzen.

Nur wenn ein Garten sehr groß ist, bietet er Raum für Fußball, Handball, Volleyball, Völkerball usw. In den allermeisten Fällen finden solche Spiele besser auf öffentlich zugänglichen Sport- und Bolzplätzen statt. Für Badminton, Indiaka oder Softballtennis kann im Garten dagegen schon Platz sein. Dafür wird ein Spielfeld in der Größe von 13,40 × 6,10 m benötigt. (Allerdings müssen für das Ballspiel im Hausgarten nicht unbedingt Turniermaße eingehalten werden.) Für diese Spiele wird ein Netz zwischen den Spielfeldern gespannt. Am besten betoniert man dazu Bodenhülsen für herausnehmbare Metallstangen ein. Dann kann das Netz ganz nach Bedarf aufgestellt oder weggeräumt werden. In windexponierter Lage verlaufen Spiele mit den leichten, federbestückten Flugkörpern von Badminton und Indiaka nicht befriedigend. Spiele mit Frisby-Scheibe und Wurfring gelingen dann besser.

Für Boule wird kein festes Spielfeld benötigt. Es ist eine Variante von „Boccia". Man rollt seine Kugeln auf dem Rasen und versucht, einer ausgeworfenen Zielkugel möglichst nahe zu kommen.

Mit größerer Geräuschentwicklung ist zu rechnen, wenn Kinder Bälle gegen eine Wand spielen. Die glatte Wand einer Garage oder eines anderen Nebengebäudes mag dafür geeignet sein. Ein Garagentor ist es weniger. Das Tor könnte dabei Schaden erleiden. Außerdem dröhnt jeder Treffer wie ein Paukenschlag durch die Gegend.

Basketball erfreut sich in letzter Zeit zunehmender Beliebtheit, vor allem in Form von Streetball. Weil dafür nur ein Ballkorb erforderlich ist und somit keine allzu große Fläche benötigt wird, erlauben schon Gärten durchschnittlicher Größe dieses Spiel. Allerdings sollte man dafür eine belastbare Fläche wählen. Garagenvorplätze haben sich in vielen Fällen bewährt.

Das verhält sich beim Tischtennis ähnlich. Denn im Umkreis einer dauerhaft platzierten Tischtennisplatte wächst schon nach kurzer Zeit kein Gras mehr. Wer also auf dem Rasen spielen möchte, sollte öfter den Standort wechseln. Andernfalls ist auch für Tischtennis eine befestigte

Ballspiele gegen die Wand waren früher sehr beliebt, sind aber inzwischen etwas aus der Mode gekommen.

Fläche zu empfehlen. Zudem muss der Platz windgeschützt liegen. Die Tischtennisplatte hat eine Größe von 2,74 × 1,52 m. Ausreichend Bewegungsfreiheit für die Spieler bietet ein Platz von 7,00 × 4,50 m. Zumindest sehen öffentliche Spielplätze diese Fläche für das Tischtennisspiel vor. Der Handel bietet zusammenklappbare Tischtennisplatten an, die nach dem Ende eines Matches rasch weggeräumt sind, so dass wieder Platz auf der Terrasse oder in der Garageneinfahrt ist.

Weniger bekannt ist, dass man im Garten auch kegeln kann. Dazu braucht man gar keine lange Bahn, denn beim Gartenkegel hängt die Kugel an einem Seil, das mit Hilfe eines Hakens an einem auskragenden Balken befestigt wird. Ebenso gut eignet sich der dicke Ast, an dem in den Jahren zuvor vielleicht eine Kleinkindschaukel hing. Die Kugel hat etwa 10 cm Bodenfreiheit. Etwa 15 cm neben dem Aufhängungspunkt stehen die Kegel auf einer glatten Betonplatte. Diese ist quadratisch, hat eine Seitenlänge von 70 cm und wird waagerecht in Sand verlegt. Beim Spiel nimmt jeder Kegler die Kugel, tritt ein paar Schritte zurück bis zu einer markierten Stelle und lässt dann die Kugel mit einem leichten Bogen um die Kegel schwingen, so dass sie auf ihrem Rückweg möglichst viele, bzw. die gewünschten Kegel trifft, vorausgesetzt, man „hat den Bogen raus". Gartenkegeln ist ein unterhaltsames Spiel für Großeltern, Eltern und Kinder, und es bietet den Vorteil, dass es wenig Platz benötigt.

Der Dauerbelastung spielender Kinder hält eine Rasenfläche nur dann stand, wenn sie äußerst strapazierfähig ist und gut gepflegt wird. Dazu bedarf es eines ausreichend dränierten Untergrundes, damit Niederschlagswasser abziehen kann. Andererseits muss in Trockenzeiten bewässert werden. Gezielte Düngung ermöglicht zügiges Nachwachsen der Gräser, regelmäßiger Schnitt hält den Rasen kurz und lässt ihn dicht werden. Trotzdem werden sich an stark belasteten Flächen Fehlstellen im Rasengrün bilden. Dann muss man lockern, düngen (falls erforderlich) und schließlich nachsäen. Als Alternative wäre für derlei Fälle Fertigrasen in Erwägung zu ziehen. Im Vergleich zur Rasenansaat kann man ihn wesentlich schneller wieder betreten. Stark belastete Plätze vor einem Tor, einer Ballwand, unter dem Basketballkorb oder im Umkreis der Tischtennisplatte stellen immer ein Problem dar. Es wäre gut, wenn sich die Belastung verteilen ließe, indem man die entsprechenden Gerätschaften von Zeit zu Zeit versetzt.

Auf beschatteten Flächen unter Gehölzen gedeiht Rasen ohnehin nicht gut. Er bleibt schütter und verwandelt sich eher zur Moosfläche. Wenn dann noch Kinder darauf herumtollen, erweist sich jegliche Mühe mit der Anlage und Pflege einer Rasenfläche als vergeblich. Vielleicht ist es dann besser, auf Rasen ganz zu verzichten und Holzhäcksel aufzubringen. Das gilt übrigens auch für Rasenflächen, die auf Grund ihrer geringen Fläche zu stark abgenutzt werden.

Beim Gartenkegel wird die Kugel an einem auskragenden Balken so aufgehängt, dass sie in Ruhestellung etwa 15 cm neben der Betonplatte schwebt, auf welcher die Kegel stehen.

Wie man Zartes vor wilden Kerlen schützt

Wenn Kinder wie die wilde Jagd durch den Garten toben, womöglich mit Bällen und fahrbaren Untersätzen, dann sind Fensterscheiben und Blumentöpfe, Gemüsebeete und Staudenrabatten in Gefahr. Kinder sollten ihren Bewegungsdrang ausleben dürfen – soweit möglich auch im Garten. Dieser muss deshalb für die Zeit, in der das wichtig ist, so gestaltet sein, dass er ihre Aktivitäten ohne allzu großen Schaden übersteht.

Konkret bedeutet dies, die Fläche, auf der die Kinder herumtollen, mit robusten Sträuchern zu umgeben. Ein paar geknickte Äste dürfen sie nicht allzu übel nehmen. Sie sollten ausreichend biegsam sein und zügig nachwachsen. Denn mit Wurfgeschossen aller Art ist zu rechnen. Außerdem steigen die Kinder auf der Suche nach Bällen und anderem zwischen den Sträuchern herum und benutzen zudem Strauchdickicht als Versteck. Empfindliche, zerbrechliche Zierpflanzen mit großen Blüten, wie beispielsweise Hortensien, machen unter solchen Umständen buchstäblich einen geknickten Eindruck. Heimische Heckensträucher (Hasel, Weiden, Holunder, Hartriegel, Liguster, Heckenkirsche, Hundsrose ...) und robuste Ziersträucher wie Kornelkirsche, Scheinquitte, Forsythie, Weigelie, Kolkwitzie, Zierjohannisbeeren, Felsenbirne, Flieder, Duftjasmin usw. vertragen gelegentliche Treffer aber ganz gut. Rosen wissen sich bekanntlich mit ihrer Bestachelung zu wehren. Unvorsichtige Kinder tragen Kratzer davon, Bällen geht die Luft aus. Es bleibt die Frage, wer hier der Klügere ist. Denn der gibt bekanntlich nach.

Anders ist es mit jeglichen Topf- und Kübelpflanzen, Stauden, Einjahresblumen und Gemüse. Im Umkreis wild herumtollender Kinder sind sie auf jeden Fall die Leidtragenden. Kluge Eltern werden darauf entweder für einige Zeit verzichten oder entsprechende Vorkehrungen treffen. Diese bestehen zunächst darin, Topf- und Kübelpflanzen in eine geschützte Ecke zu rücken.

Vielleicht lässt die Gartensituation eine deutliche Trennung zwischen Kinderspielbereich und den übrigen Räumen zu. Liegt der Nutzgarten beispielsweise in der Südwestecke des Grundstücks, der Wohngarten mit seinem Staudenbeet südlich des Hauses und der Spielbereich auf der Ostseite, so ist allein dadurch bereits eine Entflechtung gegeben und die Konflikte sind entschärft. Ein lang gestreckter Reihenhausgarten kann in zwei hintereinander liegende Gartenräume gegliedert werden, wobei der hausnahe Bereich als Wohn- und Ziergarten dient und der dahinter liegende der Jugend zur Verfügung steht. Später kann dieser sich zum Nutzgarten wandeln. Wo eine derartige räumliche Trennung aber nicht möglich ist, brauchen gefährdete Beete Schutz. Eine dezente Einfriedung mit einem halbhohen Holzlattenzaun bewahrt Gemüsebeete vor Beschädigung. Mit allerlei Kletterpflanzen umschlungen kann dies durchaus dem Garten zur Zierde gereichen.

Denselben Zweck erfüllen niedrige Hecken. Dazu eignen sich klein bleibende, schnittverträgliche Gehölze wie niedrige Berberitzenarten, Liguster der Sorte 'Lodense', Fingerstrauch, niedrige Spiersträucher und vor allem Buchs. Als Beeteinfassung hat er Tradition. Wer Freude am Gestalten hat, kann die Hecke an Eck- und Endpunkten zu Kugeln, Zapfen, Kegeln oder Pyramiden formen. Genauso gut könnte sich eine Buchsbaumschlange mit dünnem Schwanz und dickem Kopf um die Beete ringeln.

Einen gewissen Schutz bieten Hochbeete. Dazu wird für die gefährdete Pflanzung in der gewünschten Größe ein 40 bis 50 cm hoher Kasten aus Holzbohlen, Palisaden oder Trockenmauersteinen gebaut. Anschließend befüllt man ihn mit Erde und bepflanzt die entstandene Beetfläche. Wer das Hochbeet statt dessen mit einer lagenweisen Packung aus Reisig, Grassoden, Laub, Kompost und Gartenerde versieht – und zwar in dieser Reihenfolge übereinander – nutzt obendrein die Vorteile der Hügelbeetkultur.

Mäuerchen in den unterschiedlichsten Ausführungen bilden eine gute Trennung zwischen Spielbereich und gefährdeten Pflanzungen. So bietet ein Mauerbeet mit Polsterstauden eine wirkungsvolle Abgrenzung einerseits und zum anderen den attraktiven Hintergrund einer Staudenpflanzung. Es entsteht, indem man zwei parallele Trockenmauern in geringem Abstand voreinander so baut, dass sie eine Art Trog bilden. Damit das Bauwerk nicht einstürzt, müssen die beiden Mauern eine leichte Neigung zueinander aufweisen. Die Befüllung besteht im unteren Teil überwiegend aus Schotter oder Kies mit geringem Feinanteil, im oberen Drittel überwiegt guter Oberboden die mineralischen Bestandteile. Be-

Mit fantasievoll gestalteten Klinkermäuerchen lassen sich empfindliche Pflanzungen vom Spielbereich abtrennen.

pflanzt wird das Mauerbeet mit allerlei Polsterstauden. Thymian, Seifenkraut, Polsterphlox, Gänsekresse, Blaukissen, Silberwurz und Stachelnüsschen wachsen in den Fugen und breiten sich über die Mauersteine aus. Gelegentliche Treffer von Bällen überleben sie ganz gut.

Unbepflanzte, niedrige Mauern schützen eine Pflanzung und bieten zugleich den Zuschauern eines spannenden Spieles Sitzgelegenheit. Diesen Zweck würde eine einfache Gartenbank genauso erfüllen. Vielseitiger ist jedoch ein Mäuerchen aus Klinker, verziert mit den Kunstwerken aus dem Töpferkurs und Fundstücken vom vergangenen Urlaub am Meer. Auch das Baumaterial selbst muss keineswegs neu oder einheitlich sein. Gebrauchte Steine eignen sich genauso wie Reste aus verschiedenen Bauvorhaben. Es kommt nur auf die Art und Weise der Verwendung und die Gestaltung an. Damit eine in Mörtel versetzte Mauer dauerhaft hält und keine Risse bekommt, benötigt sie allerdings ein frostfrei gegründetes Betonfundament. Wer diesen Aufwand scheut, sollte sein Sitzmäuerchen lieber aus quaderförmigen Natursteinen trocken aufsetzten, das heißt ohne Mörtel bauen. Dann ist nur ein 40 cm tiefes Schotterfundament erforderlich. Für eine solche Mauer eigenen sich recht gut geschnittene Quader aus Sandstein oder Vulkantuff. Es muss gewährleistet sein, dass die Steine satt aufeinander liegen und nicht verrutschen oder gar herunterfallen.

Fliegende Bälle kann das alles nicht aufhalten, aber einen gewissen Schutz bietet es doch. Niedrige Zäune, Hecken, Mäuerchen und Einfassungen bilden eine Grenze. Sie verweisen die Kinder sozusagen in ihre Schranken.

Wenn der Garten zu klein wird

Im Laufe ihrer Entwicklung erschließen Kinder sich nach und nach ihre Umgebung: zunächst die Wohnung, dann das unmittelbare Umfeld, wozu der Garten zählt, schließlich das Dorf bzw. das Stadtviertel oder die Siedlung. Sie weiten ihren Bewegungsradius immer mehr aus und erkunden so ihre Welt. Deshalb genügt ihnen der elterliche Privatgarten als einziger Spielraum irgendwann nicht mehr.

So interessant ein Garten für Kinder auch gestaltet sein mag, alles kann er ihnen nicht bieten. Selbst wenn es darin Hügel und Mulden gibt, werden diese als Rodelhang kaum ausreichen. Platzgreifende Ballspiele finden besser auf dem nächstgelegenen Bolzplatz statt. Auch Sportvereine halten für Kinder und Jugendliche gute Angebote bereit.

Nicht jeder Garten muss Schaukel, Wippe, Rutsche, Klettergerüst und ähnliche Ausstattungen bieten. Diese finden Kinder auf öffentlichen Spielplätzen. Vielleicht gibt es dort auch einen Rundlauf, ein Karussell oder sogar eine Seilbahn auf der man im Schwung von einem Hügel zum anderen sausen kann. Es ist nur zu wünschen, dass die Kinder solch einen Spielplatz zu Fuß oder mit dem Fahrrad von zu Hause aus gefahrlos erreichen können.

Während Vierjährige noch mit Kinderfahrzeugen auf Terrassen, Gartenwegen und Einfahrten herumkurven, benötigen jugendliche Skateboardfahrer größere Asphaltflächen für ihr Vergnügen. Da ist es gut,

Auf einem Parcours aus Balken, den die Jugendlichen selbst angebracht haben, balancieren sie von Baum zu Baum. Ihnen ist bewusst, dass hier Konzentration und Vorsicht erforderlich ist.

wenn eine Spielstraße vor dem Haus den privaten Bewegungsraum erweitert. In den vergangenen Jahren wurden an vielen Stellen verkehrsberuhigte Zonen geschaffen, wo Kraftfahrzeuge nur im Schritttempo fahren dürfen, gleichberechtigt mit Radfahrern und Fußgängern.

Mancherorts gibt es Hartplätze mit allerlei Ausstattung für Ballspiele und auch Skaterparcours mit verschiedenen Ramps, Fun-Boxes, Quarter- und Halfpipes für Inlineskater, Skateboard- und Snakeboardfahrer. Viele Jugendliche erproben hier ihre Geschicklichkeit. Andere ziehen es jedoch vor, mit ihrem Fahrrad in einer stillgelegten Kiesgrube über Böschungen und Hügel zu sausen. All das hat sicher seine Berechtigung.

Neben diesen öffentlichen Einrichtungen für Spiel und Sport ist aber noch etwas anderes für Kinder und Jugendliche von großer Bedeutung. Ich denke dabei an ungenutzte Freiräume, solche, die in Vergessenheit gerieten: Baulücken, Ruinengrundstücke, Wäldchen, aufgelassene Sandgruben, nicht mehr verwendete Naturkeller usw. Welche Anziehungskraft sie auf Kinder ausüben, mag folgendes Beispiel beleuchten:

In einem Stadtviertel mit dichter Bebauung aus der Zeit der Jahrhundertwende gab es ein etwa 4000 m² großes Gewerbegrundstück, dessen Gebäude im Krieg in Schutt und Asche gefallen waren. Die Firma suchte sich später einen neuen Standort. Das Grundstück blieb sich selbst überlassen. Aus Haftungsgründen und um Unfälle zu vermeiden, wurde es eingezäunt. Mit der Zeit wuchsen Pappeln, Weiden, Birken und Kiefern auf den Schutthügeln.

Selbstverständlich war das Betreten des Geländes verboten. Trotzdem gab es irgendwann ein Loch im Zaun. Heimlich schlichen Kinder auf das Ruinengrundstück und spielten dort. Für sie war das ein geradezu paradiesisches Terrain. In ganzen Viertel gab es nur triste Hinterhöfe mit Teppichstangen, Mülltonnen und parkenden Autos. Dort durften sie zwar spielen, dabei aber keinen Lärm machen und nichts beschädigen.

Hier jedoch konnten sie Lager bauen, Räuber und Gendarm spielen. Sie hatten ihre Geheimnisse. Im Gebüsch verborgen rauchten sie heimlich ihre erste Zigarette. Den Verantwortlichen blieb ihr Treiben nicht verborgen. Man beschloss, das Gelände einer geordneten Nutzung zuzuführen.

Damit hätten die Kinder ihren einzigen wirklichen Spielplatz verloren. Es bildete sich eine Initiative. Einige Eltern setzten sich für den Erhalt des Geländes als Abenteuerspielplatz ein und hatten tatsächlich Erfolg. Die Kommune erwarb das Grundstück und beließ den Zustand im Wesentlichen wie er war. Seither gibt es dort einen betreuten Spielplatz. Nachmittags ist er geöffnet. Mindestens zwei geschulte Kräfte stehen dann als Ansprechpartner für die Kinder zur Verfügung.

Der Spielplatz wurde zu einem beliebten Treffpunkt. Nicht selten kommen 60 bis 100 Kinder dorthin. Doch wer das Gelände betritt, sieht sie kaum. Ganz schnell sind sie zwischen den zahlreichen Erdhaufen und Gebüschen verschwunden. Die einen graben Steine aus einem Schutthügel, um damit eine Treppe zu konstruieren. Andere verbessern den Balkon ihrer selbstgebauten Villa. Nicht weit davon stochern Buben mit langen Stöcken in einer großen Pfütze herum, die sie ihren „Weiher" nennen. Auf einer Lichtung spielt eine Gruppe Jugendlicher Fußball. Nicht weit davon steht ein Backofen aus Klinkersteinen, den die Kinder selbst gebaut haben. Beim Sommerfest wird hier Pizza zubereitet. Klettergerüste führen von einer Baumkrone zur nächsten. Auch ein Turm wurde errichtet. Daneben ließ die Stadtverwaltung einen großen Haufen Sand abkippen. Da er nicht nur zum Sandkuchenbacken und Sandburgbauen verwendet wird, sondern auch bei allerhand Baumaßnahmen im gesamten Gelände, hat er sich bereits erheblich abgeflacht. Inzwischen gibt es einen ausgedienten Bauwagen auf dem Spielplatz. Er beherbergt allerhand Gerätschaften und Werkzeuge, wie sie zum Bau von Hütten, Lagern, Klettergerüsten usw. vonnöten sind. Seine Außenwand stellt eine ideale Malfläche dar. Schon sehr bald wurde sie mit Blumen und Tieren, Bäumen und vielen leuchtenden Sonnen verziert.

Kleinkinder besuchen den Abenteuerspielplatz in Begleitung Erwachsener. Das hat ganz nebenbei dazu geführt, dass sich hier ein Mütter-Treffpunkt entwickelte. Und weil man nicht immer nur dasitzen und plaudern wollte, legten einige Eltern zusammen mit Kindern ein Gemüsegärtchen an. Diese Initiative hielt sich jedoch nicht über lange Zeit.

Dieser Spielplatz hebt sich deutlich von anderen ab. Er entspricht keineswegs den Vorstellungen, die man von gestalteten und gut eingerichteten Spielplätzen hat, sehr wohl aber dem „experimentellen Charakter kindlichen Spielverhaltens", wie es Arne Burchartz ausdrückt. Hier ist sichtlich nichts geplant. Die Kinder erhalten neben Baumaterial und Werkzeugen lediglich Hinweise, wie damit umzugehen ist und worauf sie achten sollen. Sie haben Bewegungsfreiheit und können täglich etwas verändern und neu gestalten. Es gibt wenig Konflikte, kaum Beschädigungen. Erstaunlicherweise geht es auch nicht sehr laut zu. Ganz nebenbei erleben die Kinder Natur, lernen sie kennen, eignen sie sich an.

Mutig sind die Verantwortlichen, die solch einen Spielplatz ermöglichen, entstehen lassen und verteidigen, trotz aller Begehrlichkeiten seitens der Bauwirtschaft und entgegen dem Wunsch nach Ordnung, Sicherheit und Überschaubarkeit. Denn mit zunehmender Bebauungsdichte werden unreglementierte Spielräume zur Seltenheit. Und gerade sie sind für die kindliche Entwicklung so wichtig.

Literatur zum Thema
Burchartz 1983
Klug, Roth 1991

Ein Garten verändert sich

Wenn Kinder heranwachsen, wandeln sich ihre Bedürfnisse. Das geht meist schneller, als man es bei der Planung eines Gartens vermutet. Deshalb muss er so gestaltet sein, dass Veränderungen jederzeit möglich sind. Ich möchte dazu ein Beispiel vorstellen, bei dem ein eingewachsener Garten von einer jungen Familie übernommen wurde. Den Eltern war es wichtig, dass ihre Kinder im eigenen Garten soviel Erlebnisraum wie möglich finden sollen. Zugleich sollte auf vorhandenen Bestand Rücksicht genommen werden. Die Planung gibt hierbei nur einen groben Rahmen vor, den vor allem die Kinder sehr schnell nach ihren eigenen Vorstellungen füllen.

Petra, Christian, Felix und Tina wohnen mit ihren Eltern in einer kleinen Stadtrandgemeinde. Sie alle sind froh, dass sie ein eigenes Haus mit einem kleinen Garten bewohnen können. Die Mutter würde sich zwar so manches Mal mehr Platz für Blumen und einen vorsichtigeren Umgang ihrer Kinder damit wünschen, aber wenn sie die ausgelassene Schar durch den Garten toben sieht, weiß sie, was derzeit Vorrang hat. Wichtig ist, dass die Kinder sich wohl fühlen, dass sie klettern und bauen können, dass es Raum gibt zum Verstecken und Entdecken, zum Graben und Pflanzen und dass sie immer Materialien zum Spielen finden.

Petra ist mit ihren 16 Jahren die Älteste der vier Geschwister, Christian ist 13 und Felix 11 Jahre alt. Die beiden Brüder sind unzertrennlich. Täglich spielen sie miteinander und bringen oft Freunde mit nach Hause. Tina ist die Kleinste. Sie geht noch in den Kindergarten.

Vor knapp zehn Jahren zog die Familie in ihrem Anwesen ein. Tina war damals noch nicht geboren. Im Garten standen ein paar alte Obstbäume, entlang der Straße gab es eine geschnittene Hainbuchenhecke, an den Nachbarzäunen wuchsen Blütensträucher. Vor der Wand des Holzschuppens rankte ein alter Weinstock in die Höhe. Alles war ein wenig verwildert, aber gerade das machte den Reiz des Anwesens aus, zu-

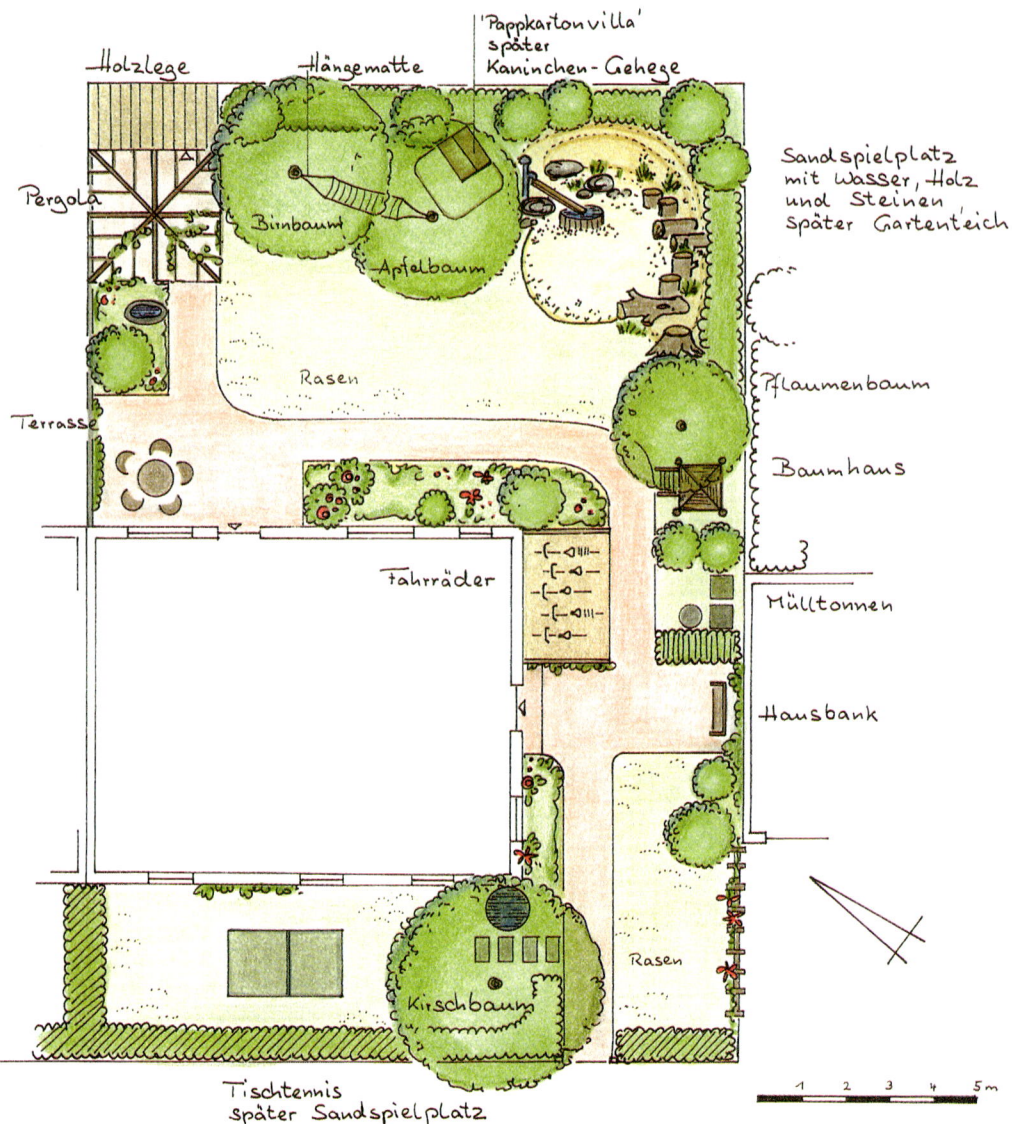

Holzlege   Hängematte   'Pappkartonvilla' später Kaninchen-Gehege

Pergola

Birnbaum

Apfelbaum

Sandspielplatz mit Wasser, Holz und Steinen später Gartenteich

Pflaumenbaum

Baumhaus

Rasen

Terrasse

Fahrräder

Mülltonnen

Hausbank

Rasen

Kirschbaum

Tischtennis später Sandspielplatz

1 2 3 4 5m

Ein kleiner Garten für eine Familie mit vier Kindern.

mindest für die Kinder. Sie fanden es eigentlich gar nicht mehr so schön, als die Wiese gemäht wurde und hohe Gräser und Kräuter nur noch entlang der Hecke wachsen durften. Die Obstgehölze erhielten einen Auslichtungsschnitt. Nur ein alter Apfelbaum wurde gerodet. Er hatte viele dürre Äste und trug kaum mehr Früchte.

An seiner Stelle konnte nun ein Sandspielplatz entstehen. Eine Mulde wurde ausgehoben, in welche man den Sand füllte. Weil der Untergrund durchlässig war, bedurfte es keiner weiteren Maßnahmen. Das Aushubmaterial bildete einen kleinen Wall dahinter. Mit dem Stammholz des Apfelbaumes wurde der Sandplatz eingefasst. Tatsächlich diente es diesem Zweck solange, wie die Sandmulde verwendet wurde.

Der gerodete Wurzelstock flankierte den Wall. Er war ein Lieblingsplatz von Petra. Sie machte daraus eine Feenburg oder den Eingang zur Zwergenhöhle, sie umgab ihn mit einem Zaun aus Fichtenzapfen und baute aus Stöcken und Binsengeflecht einen Turm daneben. Später verzierte sie ihr Werk mit Gräsern und Farnen und ließ Walderdbeeren über den inzwischen bemoosten Wurzelstock ranken.

Weil man zum Sandspielen Wasser benötigt, verlegte der Vater eine Wasserleitung zum Sandplatz und installierte eine Druckarmatur, die sich nach Betätigung automatisch schließt. Trotzdem haben die Kinder so manches Mal für große Durchfeuchtung des Gartens gesorgt.

Von ihrem Urlaub in den Bergen brachte die Familie einige schöne Steine mit. Die Kinder wollten damit einen Wildbach bauen. Er sollte über den Wall in die Sandgrube fließen. Beinahe täglich veränderten sie seinen Lauf, sie bauten Staustufen und weil dabei das Material knapp wurde, suchten sie sich in der Umgebung weitere Steine. Auch alte Bretter konnten sie gut gebrauchen. Später, als der Bau von Wildbach, Staustufen, und Brücken nicht mehr so interessant war, diente das Baumaterial für weitere Vorhaben. So blieb der Sandplatz etliche Jahre lang eine Spielecke, die sich ständig wandelte. Seine letzte Veränderung erhielt er ein paar Jahre später, als Felix gerade in die Schule gekommen war. Die Kinder spielten nur noch selten im Sand, wünschten sich aber sehr einen Gartenteich. So hob man die Mulde tiefer aus, formte sie entsprechend und verlegte eine Folie zur Teichabdichtung. Die vorhandenen Steine ließen sich gut zur Randgestaltung verwenden. Eigentlich hätten sich die Kinder einen Schwimmteich erträumt, aber dazu war der Garten viel zu klein.

Nun hatte sich der Sandspielplatz zu einem Ort für Naturerkundung gewandelt. Da gab es Wasserläufer, Rückenschwimmer und Taumelkäfer zu beobachten. Mit einem Kescher holten sie Libellenlarven vom Teichgrund, betrachteten ihren Fang mit der Lupe, um ihn schließlich wieder ins Wasser zu entlassen. Im Frühjahr fanden sie Molchlarven im Wasser. Die Freude war groß, als sie den ersten Wasserfrosch entdeckten. Hannibal wurde er genannt, weil die Kinder vermuteten, dass er eine weite Strecke gewandert sei.

Schon kurze Zeit nach dem Einzug baute man neben dem Eingang einen überdachten Stellplatz für Fahrräder. Auf eine Garage wurde verzichtet. Das Auto sollte nach wie vor auf der Straße parken. Man war der Meinung, dass es Regen und Schnee vertrug, während Fahrräder in der Feuchtigkeit verrosten. Am Hauseingang weitet sich der Weg zu einem kleinen Platz mit einer Hausbank. Die Mülltonnen stehen gleich daneben, gut erreichbar, aber von einer geschnittenen Hecke verdeckt.

Die Terrasse vor dem Wohnzimmer liegt an der Südostseite des Hauses. Eine alte, fast zwei Meter hohe Mauer an der Grenze zum Nachbarn bietet Sichtschutz. Zum Frühstücken und an warmen Sommertagen ist

Schon im Rohzustand ist die "Pappkarton-Villa" bewohnbar. Lustig bemalt und mit einem Dach darauf wird sie jedoch erst richtig schön.

dies ein sehr schöner Sitzplatz. Er liegt allerdings schon zur Mittagszeit im vollen Schatten des Hauses. Deshalb entstand schon bald ein zweiter Sitzplatz vor der Holzlege. Weil es hier in der prallen Nachmittagssonne oft zu heiß wurde, überdeckte man ihn mit einer Pergola, über die sich neben dem Wein eine Clematis mit sommerlicher Blüte rankt.

An einem Querbalken der Pergola wurde eine kleine Kinderschaukel aufgehängt. Um dieses Spielgerät gab es ständig Rangelei. Deshalb befestigte der Vater außerdem eine Strickleiter im hohen Birnbaum. Ein alter Fahrradreifen diente zur schonenden Verankerung. Seither können die Kinder allein oder zu mehreren klettern und schaukeln.

Genauso schön ist es in der Hängematte, die man bei trockenem Wetter zwischen Apfel- und Birnbaum aufspannt. Hier kann man lesen und träumen, sich um den besten Platz streiten oder große Seefahrt spielen, das Schiff kapern und Matrosen über Bord stoßen oder sich einfach nur sanft wiegen lassen.

Zwischen den Sträuchern oder im Schatten der Obstbäume bauten die Kinder oft ihr Lager. Manchmal zogen sie eine Leine von einem Baumstamm zum anderen, befestigten daran große Tücher, die sie zu einem Zelt verspannten. Ein anderes Mal wurde aus Bohnenstangen und Wolldecken ein Indianerzelt gebaut. Ein großer Pappkarton, die Verpackung einer Haushaltsmaschine, diente einen ganzen Sommer lang als Behausung. Türen und Fenster schnitten die Kinder hinein, bauten mit Sperrholz ein regendichtes Dach darauf und malten ihr Haus fröhlich an. Als Christian zum Geburtstag ein Zwergkaninchen bekam, wurde die kunterbunte Pappkartonvilla mit einem niedrigen Zaun umgeben und kurzfristig zum Kaninchenstall umfunktioniert.

Das Häuserbauen wurde vor allem für die Buben eine Passion. Mit Vorliebe kletterten sie in den Obstbäumen herum und träumten von einem schönen großen Baumhaus. Ein Brett, quer über zwei waagerechte Äste gelegt, machte den Anfang. Das war sehr wackelig und gefährlich. Deshalb beschloss der Vater, gemeinsam mit seinen Söhnen, ein Baumhaus zu errichten. Er wollte aber keinen der Obstbäume damit belasten und deshalb wurde die Konstruktion eine Art Jägerstand. Vier stabile Pfosten und Querbalken in etwa 3 m Höhe bildeten das Gerüst. Eine ausrangierte Holzpalette vom Baustoffhändler wurde der Fußboden. Aus Brettern zimmerten Vater und Söhne die Wände und das Dach, das mit Dachpappe abgedichtet wurde. Die Fenster und der Eingang blieben ausgespart. Eine Leiter führte nach oben.

So ein Baumhaus ist wirklich traumhaft. Die Pflaumen hängen hier zum Greifen nahe. Man gewinnt eine wunderbare Aussicht über alle Hecken hinweg zu den Nachbargärten und auf die Straße. Die Kinder haben hier oben mit ihren Freunden viele schöne Stunden verbracht. Am interessantesten waren jedoch die Aus- und Umbauten. Als erstes musste die Leiter entfernt und durch ein Knotenseil ersetzt werden, damit nicht jedermann die hochgelegene Festung stürmen konnte. Dann wurden als Inneneinrichtung Tisch und Bank gezimmert. Tür und Fenster bekamen Vorhänge. Jetzt fehlen nur noch Badewanne und Fernsehapparat, meinte Felix schließlich.

Inzwischen hat die Familie sich vergrößert. Tina ist geboren. Als sie zu krabbeln begann, bedeutete der Gartenteich eine Gefahr für sie. Man baute deshalb ein Lattengerüst, bespannte es mit grün ummanteltem Maschendraht und befestigte es so im Teich, dass das Geflecht etwa 5 cm unter dem Wasserspiegel lag. Nun können die Wasserpflanzen hindurchwachsen, und die Sicherung stört optisch kaum.

Natürlich wollte auch Tina eine Sandkiste haben. Die entstand nun auf dem schmalen Streifen zwischen Haus und Hainbuchenhecke. Die großen Geschwister hatten dort eine Tischtennisplatte aufgestellt, die inzwischen im Sand steht. Man arrangiert sich eben mit der kleinen Schwester. Das Regenfass an der Hausecke liefert die nötige Bewässerung, und plötzlich ziehen auch die großen Buben wieder mit Begeisterung Gräben durch den Sand, setzen sie unter Wasser, bauen Straßen und Brücken, welche Tina mit Sandkuchen verziert.

Am liebsten spielt Tina mit Niko. Seine Eltern haben keinen eigenen Garten, nur den Balkon der Etagenwohnung. Deshalb ist Niko sehr oft bei Tina zu Besuch. Kurz nach Ostern brachte Niko einen Strauß Palmkätzchen mit, die in der Vase Wurzeln geschlagen hatten. Man konnte sie doch nicht einfach wegwerfen! Weil Tina und Niko sich so gerne in Sträuchern verkriechen, beschloss man, ein Zelt aus Weiden zu pflanzen. Neben dem Gartenteich, dort, wo der alte Wurzelstock langsam vermoderte, war Platz dafür. Diesmal half die große Schwester. Petra zog einen kreisrunden Graben, füllte ihn einen Spaten tief mit lockerer Gartenerde und pflanzte die Weiden hinein. Tina und Niko durften sie angießen. Inzwischen wachsen sie recht üppig. Oben sind sie zusammengebunden. Die Seitentriebe werden immer wieder miteinander verflochten oder zurückgeschnitten, damit das Weidenzelt dicht wird. Tina und Niko sind mit ihrer Behausung recht zufrieden.

Für Ballspiele reicht der freie Raum im Garten nicht aus. Da ist es gut, dass es in der Nähe einen Bolzplatz gibt. Einen Streetballkorb hatten die Buben im Apfelbaum befestigt. Bald darauf wuchs unter dem Baum kein Grashalm mehr und die Baumkrone verlor immer mehr Fruchtholz. Deshalb wurde diese Aktivität auf den Platz mit der Hausbank verlegt. Aber auch hier ist dafür zuwenig Raum. Die Kinder müssen einsehen, dass in einem kleinen Garten nicht alles möglich ist.

In ein paar Jahren werden die Kinder kein Interesse mehr an ihren Spielplätzen im Garten haben. Vielleicht verwandelt er sich dann zu einem Wohn-, Zier- oder Nutzgarten, um schließlich vielleicht wieder Erlebnisraum für Enkelkinder zu bieten.

Verwandlungen

Dass ein Familiengarten mit dem Heranwachsen der Kinder immer wieder neue Funktionen zu erfüllen hat, sollte man bereits bei der Planung berücksichtigen. Da ist es ratsam, einen Gartenteil für die Kinder und ihre Aktivitäten zu reservieren. Im Laufe der Jahre wird er sich mit all den Elementen füllen, die ihren altersgemäßen Bedürfnissen entsprechen. Später, wenn an der Spielecke kein Interesse mehr besteht, wird sie sich zu einem weiteren Gartensitzplatz wandeln, zu einem Kräutergärtchen oder eine zusätzliche Rasenfläche bieten.

Wenn es sich einrichten lässt, sollte man auf einen Teich verzichten, solange Kleinkinder im Garten spielen. Zu groß ist die Gefahr, dass sie in einem unbeobachteten Augenblick ins Wasser fallen und dabei zu Schaden kommen. Der Verzicht muss aber nicht für alle Zeit gelten. Es ist häufig der Fall, dass eine junge Familie ihren Garten neu anlegt, sich darin auch einen Teich wünscht, den sie aber erst gestalten möchte, wenn die Kinder etwas größer sind. Dann ist es ratsam, bei der Modellierung des Geländes bereits die Teichmulde zu formen und an dieser Stelle zunächst eine Spielecke vorzusehen. Es liegt nahe, die Mulde einfach mit Sand zu füllen. Stehen dann noch Wasser, Steine und Bretter zur Verfügung, so ist damit bereits eine ideale Spiellandschaft gegeben. Sobald sie von den Kindern unbeachtet bleibt, ist der Zeitpunkt zur Anlage eines Feuchtbiotops an dieser Stelle gekommen.

So manche Schaukel steht nach ein paar Jahren eifriger Benutzung unbeachtet in einer Ecke des Gartens. Man kann sie abbauen und den Platz anderweitig nutzen. Oder man lässt sie einfach stehen, bis sich Enkelkinder daran erfreuen. Von Kletterpflanzen umschlungen wirkt sie in der Zwischenzeit wie eine Laube und bietet Platz für eine kleine Gartenbank.

Es macht großen Spaß, den Ball in den Korb hoch oben im Apfelbaum zu werfen. Allerdings leidet der Baum darunter.

An Spielhäuschen haben Kinder erfahrungsgemäß nur solange Interesse, wie sie daran herumbasteln. Sich darin aufzuhalten, finden sie bald langweilig. Dann gibt es zwei Möglichkeiten: Entweder die Hütte wird zerlegt und die Einzelteile als Baumaterial für neue Vorhaben verwendet, oder sie bekommt eine andere Funktion. So kann sie zum Beispiel als Aufbewahrungsort für Spielsachen dienen oder zum Kleintierstall mutieren. Ebensogut lässt sich darin Kaminholz lagern oder Blumentöpfe und Düngemittel.

Bunte Beete für kleine Gärtner

Für Tiere sind Kinder erfahrungsgemäß sofort zu begeistern. Ihre Beziehung zu Pflanzen ist wohl auch ausgeprägt, jedoch haben nicht alle Kinder an gärtnerischer Tätigkeit ihre Freude. Deshalb ist es sinnvoll, nur denjenigen ein eigenes Gartenbeet anzubieten, die es sich wünschen. Solange die Beschäftigung mit Pflanzen für sie spielerisch geschieht und voller Entdeckungen ist, wird ihr Interesse daran wach bleiben.

Sie können es kaum erwarten, bis ein Pflänzchen aus dem Samenkorn sprießt, das sie in die Erde gelegt haben. Für Kinder ist es noch fast ein Wunder, dass der kleine Steckling, den sie in den Blumentopf gesetzt und mit einem Glassturz abgedeckt haben, tatsächlich Wurzeln schlägt, treibt, wächst und blüht. Sie verfolgen sehr genau, wie ihre Pflanze heranwächst, Blüten bildet, Frucht ansetzt und können die Ernte kaum erwarten. Dabei macht ihnen die Vorbereitung des eigenen Beetes, das Säen und Pflanzen und natürlich auch das Ernten viel Spaß. Die Erdbeeren vom eigenen Beet schmecken aus vielerlei Gründen sehr viel besser als jene aus dem Supermarkt.

Schwieriger ist es mit der kontinuierlichen Pflege, die ein Garten erfordert. So etwas finden Kinder eher langweilig. Verständnisvolle Eltern oder Großeltern versorgen daher das Kinderbeet mit, wenn sie die übrige Fläche jäten, hacken, düngen und gießen oder von Schnecken befreien. So bleibt insbesondere kleinen Kindern die Freude an der Gartenarbeit erhalten und wird nicht zur lästigen Pflicht. Den Fortgeschrittenen unter den Nachwuchsgärtnern kann man dann schon mehr Pflegearbeit zumuten.

Auf interessante Veränderungen sollten die Kinder in jedem Falle aufmerksam gemacht werden. Sei es, dass die Radieschen schon rote Wurzelverdickungen zeigen, die Stängelknollen der Kohlrabipflanzen täglich an Umfang zunehmen, die Erbsen blühen und Schoten bilden, die Sonnenblume so sehr gewachsen ist, dass sie eine Stütze benötigt oder der Kürbis bereits eine Frucht angesetzt hat, die täglich dicker wird.

Ganz nebenbei erleben Kinder bei ihrer Gartenarbeit den Einfluss der Jahreszeiten, der Witterung mit all ihren Unbilden, des Kleinklimas und der Bodenfruchtbarkeit. Was muss man tun, damit Pflanzen gesund und zügig heranwachsen? Wo gedeihen sie gut, welchen Boden bevorzugen sie? Wann ist der beste Zeitpunkt für Aussaat und Pflanzung? Unter welchen Umständen wachsen sie am besten? Wie schützt man sie vor Nachtfrösten, langen Regenperioden, großer Trockenheit und Hitze? Was tun, wenn Schnecken, Raupen oder Läuse uns die Ernte streitig machen? Wann kommt die Zeit der Reife? Diese und viele andere Fragen stellen sich dem kleinen Gärtner. Man muss ihm helfen, mit alledem zurechtzukommen. Genau genommen birgt die Natur auch für erfahrene Gärtner viele Geheimnisse, und vielleicht reicht ein ganzes Leben nicht aus, sie zu lüften.

Mit Sorgfalt und großem Ernst begießt die kleine Gärtnerin ihre Erdbeeren. Da ist es kein Wunder, dass die Früchte viel besser schmecken als alle, die man kaufen kann.

Die Freude an gärtnerischer Tätigkeit hält nur an, wenn sie auch Erfolg bringt. Deshalb muss das Kinderbeet optimale Voraussetzungen aufweisen. Geschützte Lage, ausreichende Besonnung und guter Boden sollten auf jeden Fall gegeben sein. Gießwasser in erreichbarer Nähe ist vorteilhaft. Die Größe des Beetes richtet sich nach dem Alter des Kindes und seiner gärtnerischen Aktivität. Dabei ist es besser, klein anzufangen und die Pflanzungen nach und nach auszuweiten, als mit einem großen Beet zu beginnen, das sich als nicht beherrschbar erweist und die Lust auf Gartenarbeit vergällt.

Ein Beet darf höchstens doppelt so breit sein, wie der Arm reicht, das heißt je nach Alter des Kindes 70 bis 100 cm, während die Beetbreite für erwachsene Gärtner 120 cm beträgt. Die Wege dazwischen sind in jedem Fall 30 cm breit. Rechtwinklige Formate haben sich als praktisch erwiesen, wenn die Kulturen in Reihen gesät oder gepflanzt werden. Andere Beetformen, etwa Spirale, Kreis oder Achteck sind aber auch erlaubt. Kinder fassen ihr eigenes Beet gerne ein, sei es mit runden Kieselsteinen, Lesesteinen vom Feldrand, Pflastersteinen, gebrauchten Klinkern oder mit einem kleinen Flechtzaun aus Haselruten.

Manche kultivieren ihre Pflanzen gerne in einem Hochbeet. Für Kinder sind 40 cm Höhe und 80 cm Breite durchaus passend. Die Länge ist beliebig. Wenn dieses Hochbeet im Herbst mit einer 20 cm dicken Packung aus Pferdemist und darüber einer 30 cm hohen Erdschicht befüllt wird, erwärmt es sich im Frühjahr rasch. Eine zusätzliche Abdeckung mit einem Folientunnel oder mit Vlies schützt die Pflanzen auch vor äußeren Witterungseinflüssen und lässt sie zügig heranwachsen. Wird das Hochbeet mit Schichten aus Reisig, Grassoden, Laub, Kompost und Gartenerde befüllt, wie wir es vom Hügelbeet kennen, so erwärmt es sich zwar langsamer als mit einer Packung Pferdemist, stellt aber den Pflanzen über längere Zeit gute Nährstoffreserven zur Verfügung. Auf

Sumpfpflanzen lassen sich gut in wasserdichten Gefäßen kultivieren.

Linke Seite:
Wenn das Wasser mit eigener Muskelkraft hochgepumpt wird, macht Gießen richtig Spaß.

einer Terrasse können Kinder ihre Pflanzen auch in Trögen, Kübeln und großen Töpfen heranziehen. Viele Blumenarten sowie Tomaten eignen sich gut für die Kultur in Gefäßen.

Ein kleiner Gärtner sollte auch seine eigenen Geräte besitzen. Pflanzschäufelchen, Handgrubber und eine Gießkanne mit ungefähr 3 Liter Fassungsvermögen sind eine gute Erstausstattung. Ein Kinderrechen wäre auch nicht schlecht. Später kann ein leichter Spaten dazukommen, ebenso eine Unkrauthacke und ein größerer Rechen. Die schwere Arbeit mit Spaten, Grabgabel und Sauzahn werden sicher die Erwachsenen übernehmen. Saatrillen zieht man mit dem Gerätestiel. Damit sie schön gerade verlaufen, wird eine Schnur zwischen zwei Pflöcken gespannt.

Einen Meterstab braucht man, damit der richtige Pflanzabstand markiert und eingehalten werden kann. Für längere Trockenperioden sollten Gartenschlauch und Gießgeräte zur Hand sein. Zum Aufbinden von Tomaten benötigt man lange Pflöcke oder Metallspiralen. Auch Sonnenblumen müssen wir eine Stütze geben, und Bohnen ranken an langen Stangen. Erbsen brauchen eine Rankhilfe in Form eines Drahtgitters. Abgenadeltes Fichtenreisig erfüllt diesen Zweck genauso.

Was kann nun auf dem Kinderbeet wachsen? – Alles, was gut gedeiht, Kindern Freude macht und einen Ernteerfolg verspricht. Dazu zählt schmackhaftes Gemüse, das man roh verspeisen kann, am besten direkt vom Beet. Man denke an Radieschen, Karotten, Erbsen, Kohlrabi, Tomaten und natürlich Erdbeeren. Zu den pflegeleichten Kulturen, die obendrein einen Massenertrag versprechen, gehören Kartoffeln, Zucchini und Kürbis. Gartenkräuter erfreuen die Kinder mit den verschiedensten Düften und ihrem intensiven Geschmack. Außerdem tragen sie hübsche Blüten, die gerne von Insekten besucht werden. Im Kinderbeet muss aber nicht ausschließlich Essbares wachsen. Bunte Einjahresblumen bereiten auch viel Freude, vor allem, wenn man der Freundin zum Geburtstag einen Strauß selbst gezogener Blumen schenken kann.

Übrigens blühen auch Gemüsepflanzen, wenn sie nicht vorher geerntet werden. So kann es recht interessant sein, einen Salat, der zu „schießen" beginnt, oder Radieschen, die auswachsen, weiter zu beobachten, statt sie auf den Kompost zu werfen. Dann wird man entdecken, dass der Salat verwandt ist mit dem Löwenzahn, der Chicoree mit der Wegwarte und Radieschen so ähnlich blühen wie der Brokkoli im Herbst oder dessen Vetter Raps auf dem Feld. Bei blauen Kohlrabisorten (auch Verwandte des Raps) heben sich die gelben Blüten recht hübsch vom grünvioletten Blattwerk ab. Aber wenn wir die leckeren Knollen vorher verzehren, erleben wir das natürlich nicht.

Es fällt Kindern nicht allzu schwer, große Samenkörner wie Erbsen oder Bohnen so in den Boden zu bringen, dass sie einige Zentimeter Abstand voneinander haben. Feines Saatgut dagegen, wie das von Karotten oder Salat, säen wir üblicherweise eng und dünnen die Reihen später aus. Kindern ist es allerdings schwer zu vermitteln, dass sie die mei-

Wenn das kein Ernteerfolg ist! Auf dem Erntedankfest wurde dieser große Zucchini sehr bewundert.

sten ihrer ausgesäten Pflänzchen, die nun so schön wachsen, aus der Erde ziehen und auf den Kompost werfen sollen. Daher ist es besser, in solchen Fällen auf Saatbänder zurückzugreifen. Dann ist bereits der richtige Pflanzenabstand vorgegeben.

Feuerbohnen eignen sich zur Berankung einer Pflanzenlaube. Kürbis oder Zucchini gedeihen gut am Fuße des Komposthaufens. Zucchini bedeckt im Sommer mehr als einen Quadratmeter, Kürbis rankt 3 bis 5 m weit. Manche Sorten, zum Beispiel 'Gelber Zentner' bringen riesige Früchte hervor. Das ergibt reichlich Kürbisfleisch für süßsaures Kompott und eine schöne, große, geschnitzte Kürbislaterne. 'Uchiki Kuri' heißt ein Kürbis des Hokkaido-Typ. Er trägt orangefarbene Früchte, die nur 1 bis 2 Kilo schwer werden. Ähnlich wie Zierkürbis (den man nicht essen kann) rankt er einige Meter weit beispielsweise über einen Pflanzenbogen. Bohnen, Zucchini und Kürbis werden am besten in Töpfen vorkultiviert, indem man zwei bis drei Samen in jeden Topf legt, wovon schließlich nur ein Pflänzchen belassen wird. Dieses setzt man ab Mitte Mai an die dafür vorgesehene Stelle.

Vorschläge für Kinderbeete

Ein Beet für Vier- bis Sechsjährige sollte nicht größer als 80 × 50 cm sein. Auf dieser Fläche werden 4 Liter Kompost und 50 g Hornspäne verteilt und leicht eingearbeitet. Dabei wird der Boden gelockert und anschließend glatt gerecht. Im April, wenn sich der Boden schon etwas erwärmt hat, beginnt die Aussaat. In der Mitte des Beetes ziehen wir im

Ein Beet für Vier- bis Sechsjährige.
Es wird zum ersten Mal im April bestellt und noch einmal, nachdem Erbsen und Radieschen geerntet sind.

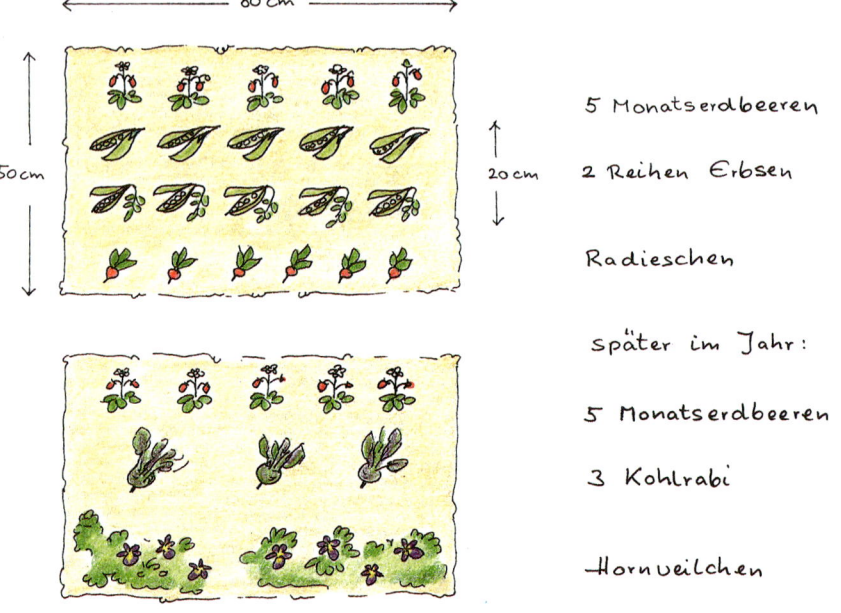

80 cm

50 cm

20 cm

5 Monatserdbeeren

2 Reihen Erbsen

Radieschen

später im Jahr:

5 Monatserdbeeren

3 Kohlrabi

Hornveilchen

Abstand von 20 cm zwei Saatrillen für Erbsen. Sie sollen 5 cm tief in die Erde kommen und in der Reihe einen Abstand von etwa 3 cm haben. Zwischen die Reihen stecken wir Reisig als Rankhilfe. Später, wenn die Erbsenpflanzen etwa handhoch stehen, muss leicht angehäufelt werden.

Nun ist auf dem Beet noch Platz für eine Reihe Radieschen und fünf Monatserdbeeren. Auch für die Radieschen wird eine Saatrille gezogen, in die wir den Samen mit 5 cm Abstand 1 cm tief säen. Radieschen bilden keine Knollen, wenn man sie zu dicht sät. Auf die andere Seite der Erbsenreihen setzen wir die Monatserdbeeren. Eine Mulchdecke aus Stroh tut ihnen gut. Von Ende Mai an blühen und fruchten sie bis zum Herbst. Zum Schluss werden Pflanzen und Saat gut angegossen. Auch während des Sommers darf man das Gießen nicht vergessen. Ende Juni sind Erbsen und Radieschen geerntet. Dann ist wieder Platz für eine neue Kultur. An Stelle der Erbsen setzen wir drei Kohlrabi-Pflänzchen, und wo die Radieschen standen, säen wir ganz dünn Hornveilchen aus. Die sehen sehr hübsch aus und blühen lange.

Die Sechs- bis Achtjährigen können schon eine Fläche von 120 × 80 cm bewirtschaften. Auf solch einem Beet haben dann mehrere Kulturen Platz. Hier einige Beispiele (Pflanzpläne auf Seite 150):

In die Mitte des gelockerten und gedüngten Beetes werden Ende April zwei Saatkartoffelknollen in eine Furche 5 cm tief gelegt. Wenn sich die Blatttriebe zeigen, werden die Pflanzen angehäufelt. Im Abstand von 40 cm rechts und links der beiden Kartoffeln pflanzen wir je einen Brokkoli und eine Sonnenblume. Beide können im wir im Topf vorkultivieren. Am Rand haben zwei oder drei Schnittlauchpflanzen Platz und neben die Sonnenblume setzen wir zwei Ringelblumen. Kümmel passt gut zu Kartoffeln, nicht nur in der Bratpfanne, sondern auch auf dem Beet. Deshalb streuen wir ein paar Samenkörner an den Rand der Kartoffelfurche. Weißer Duftsteinrich, dünn ausgesät, bildet die Randeinfassung.

Brokkoli kann mehrmals geerntet werden: erst eine große Rosette in der Mitte, später kleinere an den Seitentrieben. Die Kerne der Sonnenblume können wir zur Vogelfütterung im Winter aufbewahren. Die Kartoffeln sind zu ernten, wenn ihr Laub vergilbt. Dann gibt es Pellkartoffeln mit Salz und Butter, gewürzt mit Kümmel. Oder wir garen sie im Lagerfeuer, gut eingewickelt in Alu-Folie. Sollte noch eine Kartoffel übrig sein, so lassen sich daraus zwei Stempel schneiden zum Bedrucken von Weihnachtskarten und Geschenkpapier. Man sieht, Kartoffelknollen sind sehr vielseitig verwendbar.

Beim zweiten Vorschlag stehen in der Beetmitte zwei Tomatenpflanzen, zum Beispiel eine Cocktailtomate und eine Fleischtomate. Sie werden erst Mitte Mai gepflanzt, wenn keine Nachtfröste mehr zu befürchten sind. Auf der einen Seite der Tomaten haben drei Kohlrabipflanzen Platz, auf der anderen säen wir eine Reihe Karotten und davor ein wenig Dill. Neben den Kohlrabi sieht eine Einfassung aus Tagetes sehr

80 cm

120 cm

2 Tuff Schnittlauch

3 Ringelblumen

1 Sonnenblume

2 Kartoffeln

Kümmel

1 Brokkoli

Duftsteinrich

Zwei Kinderbeete
mit Nutz- und Zier-
pflanzen.

120 cm

4 Tagetes

3 Kohlrabi

2 Tomaten

1 Reihe Karotten

Dill

hübsch aus. Karotten schmecken am besten roh, frisch aus der Erde gezogen und sauber geschrubbt. Wer die Tomatenfrüchte sobald sie groß,
aber noch grün sind, mit kleinen, runden oder herzförmigen Aufklebern
versieht, kann gemusterte „Liebesäpfel" ernten. Das Papier verhindert
nämlich die Lichteinwirkung und somit die Rotfärbung. Die reifen Früchte bleiben an dieser Stelle gelb. Bei rotbackigen Äpfeln lässt sich dersel-

be Effekt erzielen. Die Aufkleber nehmen wir dann natürlich wieder ab. Solchermaßen verzierte Früchte sind fast zu schade zum Essen.

Wer keine Lust auf Gemüse hat, kann ein kleines Obstgärtchen anlegen. Seit einigen Jahren bieten die Baumschulen Säulenapfelbäumchen anbieten, so genannte „Ballerinas". Es gibt Sorten mit recht schwungvollen Namen wie 'Bolero', 'Polka', 'Waltz' oder 'Flamenco'. Sie sind genau das Richtige für unseren Zweck und kommen in die Mitte des Beetes. Umgeben werden sie mit Erdbeerpflanzen und Steckzwiebeln im Wechsel. Dann gibt es im Frühsommer Erdbeeren und im Herbst Äpfel aus eigener Ernte, vielleicht mit einem hellen Herz auf der roten Backe (siehe oben). Aus den reifen Zwiebeln lässt sich ein hübscher Zopf flechten.

Blumenliebhaber könnten ihr Beet so gestalten, dass darauf vom zeitigen Frühjahr bis in den Herbst immer etwas blüht. Dazu steckt man im Herbst die Zwiebeln von Schneeglöckchen, Gartenkrokus, Traubenhyazinthen und Tulpen in die Erde und zwar immer dreimal so tief, wie die Zwiebel dick ist. Die ersten Blüten erscheinen schon im Februar und die Tulpen blühen noch bis Anfang Mai. Danach werden Sommerblumen gepflanzt. Die Auswahl ist groß. Das können bunte Zinnien sein oder Schleifenblumen und Sommerastern. Auch einjähriger Rittersporn sieht hübsch aus mit Kosmeen und Kronlichtnelken. Bechermalven passen gut zu Lobelien und Schwarzkümmel, der auch „Gretel im Busch", „Braut in Haaren" oder „Jungfer im Grünen" heißt. All diese Pflanzen werden am besten in Töpfen vorkultiviert und einzeln ausgepflanzt, wobei immer ihre endgültige Größe zu berücksichtigen ist.

Sollten die Kinder eher Wildblumen bevorzugen, so können sie Klatschmohn, Kornblume, Kamille, Leinkraut, Sommer-Adonisröschen und Ackerrittersporn aussäen. Entsprechende Wildblumenmischungen (Wiesenblumen ohne Gras) sind im Handel erhältlich. Wichtig ist, dass ganz dünn ausgesät wird, damit später jede Pflanze ausreichend Platz auf dem Beet hat.

Manche Baumarten bringen besonders große Samen hervor. Wer hat nicht schon eine Kastanie in den Boden gesteckt, um zu sehen, was daraus wird? Vielleicht auch Eicheln, Walnüsse, Bucheckern oder Haselnüsse, ganz so wie es die Eichhörnchen machen. Aus Vorräten, die sie nicht mehr finden, wachsen junge Bäume und Sträucher. Nach diesem Muster kann ein Kinderbeet zur Mini-Baumschule werden. Die Überraschung ist groß, wenn die Buchecker aufgeht und ein erstes Blattpaar entfaltet, das den Buchenblättern auf dem Baum gar nicht ähnlich sieht. Es handelt sich dabei um Keimblätter, und erst das nächste Blattpaar, das gebildet wird, gleicht denjenigen des Elternbaumes. So etwas lässt sich auch bei Ahorn und Esche beobachten. Eichen und Kastanien dagegen bilden gleich „richtige" Blätter. Bei ihnen bleiben die Keimblätter im Boden. Das sieht man beim Verpflanzen.

Es macht viel Freude und erfüllt Kinder mit Stolz, wenn ihre Gehölze zügig heranwachsen. Doch nach zwei, spätestens drei Jahren kommt der

Zeitpunkt, wo man ihnen einen passenden endgültigen Pflanzplatz zuweisen muss. Aber diesen zu finden ist nicht immer einfach. Welcher Garten verträgt schon mehrere Großbäume, wie es Eiche, Kastanie, Buche und Ahorn eben sind? Sie können immerhin 25 bis 35 m hoch werden und entsprechend breit. Vielleicht ist es besser, für solche Bäume einen geeigneten Platz am Waldrand zu suchen.

Haselnüsse vom eigenen Strauch ernten, knacken und frisch verzehren - das ist ein ganz besonderer Genuss!

Literatur zum Thema
Blessing, Langer, Fladt 1997
Kreuter 1991
Probst (Gärten zum Leben) 1/97
Schmid, Henggeler 1989
Schumann 1997
Votteler 1990

Lebewesen im Boden

Jonatan und die Regenwürmer

Eigentlich wollte Frau S. das Staudenbeet an der Terrasse schon im vergangenen Jahr überarbeiten. Aber mit drei kleinen Kindern in der Familie fand sie dazu keine Zeit und schob die Gartenarbeit immer wieder hinaus. Nun haben sich zwischen Phlox und Herbstastern allerlei Wildpflanzen ausgebreitet, die dort weniger erwünscht sind. Gras ist von der Rasenfläche aus in das Beet gewuchert und die Wüchsigkeit von Rittersporn und Margeriten ließ nach. Sie müssen aufgenommen, geteilt und an einen anderen Platz gesetzt werden. Außerdem soll die Pflanzung ein wenig ergänzt und das Beet vergrößert werden. Es ist also höchste Zeit, hier Hand anzulegen.

Die Frühlingssonne lockt ins Freie. Max, der älteste der drei Geschwister, spielt bei seinem Freund in der Nachbarschaft. Die kleine Maria hält ihr Mittagsschläfchen. Nur der fünfjährige Jonatan will bei der Mutter bleiben und ihr bei der Gartenarbeit helfen.

Am Vormittag war sie in der Staudengärtnerei und hat Pflanzen eingekauft, die nun in Kisten auf der Terrasse stehen. Ehe sie aber Schwertlilien, Schafgarbe, Salbei, Nelken und all die schönen Stauden aus ihren Töpfen nehmen und in die Erde setzen kann, muss sie zuerst das Beet vorbereiten, von allen Gräsern und Unkräutern befreien, Kompost und Hornspäne zugeben und den Boden lockern. Die Steine, die dabei zu Tage kommen, sammelt Jonatan in den Anhänger seines Dreirades. So wie es aussieht, bereitet er einen größeren Steintransport vor.

Die Mutter entdeckt bei ihrer Grabearbeit einen Regenwurm. Er steckt noch zwischen den Wurzeln des Grassodens, den sie soeben ausgestochen und gewendet hat. Das erregt Jonatans Interesse. „Ein Regenwurm", ruft er und lässt die Steine aus seinen Händen auf das Pflaster fallen. Der Wurm zieht sich eilends in die Erde zurück. Man sieht nur noch ein kurzes Stück. „Jetzt streckt er ein Bein raus", stellt Jonatan fest. Die Mutter muss lächeln. „Meinst du denn, ein Regenwurm hat Beine?" Vorsichtig zieht sie das Graspolster auseinander, holt den Wurm heraus und legt ihn ihrem Sohn auf die Handfläche. Jonatan betrachtet ihn ganz genau. Nein, Beine hat er nicht, auch keinen Kopf, aber viele Körpersegmente, die aussehen wie lauter Ringe. Außerdem fehlen dem Wurm die Augen. „Womit sieht er denn?" will Jonatan wissen. „Er ist blind", erklärt die Mutter. „Weißt du, in der Erde, wo er lebt, ist es immer dunkel. Da braucht er ohnehin nichts sehen. Aber er hat ein sehr feines Gefühl und bemerkt jede Erschütterung im Boden. Das ist für ihn viel wichtiger."

Der Regenwurm auf Jonatans Hand fühlt sich feucht und ein wenig schleimig an. Er ringelt sich und zuckt. Jonatan sieht nun auch, dass er an seiner Bauchseite etwas heller gefärbt ist als am Rücken. Nun streckt der Wurm sich lang und spitz nach vorne, hält sich mit dem vordersten Segment auf der Kinderhand fest und zieht einen Teil des Wurmkörpers nach. Jetzt versteht Jonatan, was bei diesem Wurm vorne und was hinten ist. Der Vorgang wiederholt sich. Aber diesmal zwängt sich der Regenwurm mit seinem verschmälerten Vorderende zwischen zwei Finger der kleinen Hand. Das kitzelt und Jonatan muss lachen. Die Mutter erklärt ihrem Sohn, dass so ein Regenwurm an jedem Körpersegment feine Borsten besitzt, mit denen er sich festhalten kann. Das ermöglicht ihm die Fortbewegung, und so ist er auch in der Lage, sich im Boden in seiner Wurmröhre zu verankern, so dass die Amseln sich ordentlich anstrengen müssen, wenn sie einen Wurm aus der Erde ziehen wollen.

Inzwischen hat sich der Regenwurm ganz durch die Finger gezwängt und ist auf das Gartenbeet gefallen. Dort ringelt er sich und beginnt, in den Boden zu kriechen. Jonatan hebt ihn schnell wieder auf. Aber nun haftet an ihm lauter sandige Erde und er sieht aus wie frisch paniert. „Jetzt ist er ganz schmutzig", stellt Jonatan fest. „Soll ich ihn abwaschen?". „Nein, lass ihn lieber wieder in die Erde kriechen," meint die Mutter. „Dort bahnt er sich eine Röhre, die er mit seinem Körperschleim austapeziert und dann wird er von selbst wieder sauber. Außerdem verträgt er das Licht nicht. Er bekommt ganz schnell Sonnenbrand." Das will Jonatan natürlich nicht und deshalb gräbt er ihn ein.

Maria hat ausgeschlafen und meldet sich. Die Mutter geht nach drinnen. Jonatan wendet sich wieder seinem Dreirad zu. Da kommt

Max nach Hause und Jonatan erzählt ihm von seinem Regenwurm: dass er keine Augen hat und auch gar nichts sehen muss, weil er in einer schleimigen Röhre im Boden wohnt und dass er auf der Hand kitzelt und nicht gerne in der Sonne ist. Der große Bruder hört ihm geduldig zu. Ihm ist das selbstverständlich alles längst bekannt. „Regenwürmer sind sehr nützlich", weiß er. „Die fressen Gras und Blätter und machen guten Boden draus. Das sind dann die kleinen Wurmhäufchen, die man auf dem Rasen sehen kann." Und dann fällt ihm noch etwas ein: „Wenn ein Regenwurm verletzt ist, wächst ihm das Teil wieder nach, das verlorengegangen ist." Jonatan ist beeindruckt. Wirklich? Das wäre ja ganz so, als würde sich bei ihm ein abgetrennter Finger wieder ergänzen. Und dann kommt den beiden eine Idee: Wenn das so ist, dass ein halber Regenwurm sich wieder zu einem ganzen auswächst, dann könnte man ja die Würmer halbieren und auf diese Weise vermehren, was wiederum für den Gartenboden sehr hilfreich wäre.

Sofort machen sie sich ans Werk, graben im Beet, suchen nach Regenwürmern, die sie auf dem Terrassenbelag mit Mutters Pflanzschaufel zerteilen. Die armen, verwundeten Würmer ringeln sich, zappeln und zucken. Jonatan ist gar nicht wohl dabei. Zum Glück kommt die Mutter gerade. „Was macht ihr denn da?" „ Wir vermehren Regenwürmer!" verkündet Max, „die werden nämlich wieder ganz!" Die Mutter zieht die Stirn in Falten. „Woher willst Du das denn wissen? Hat das Dein Freund erzählt?" „Ja", gibt Max kleinlaut zu und erinnert sich, dass dessen Auskünfte nicht immer zuverlässig sind. „Ihr quält doch die armen Tiere nur." Die Mutter erklärt den beiden, dass ein Regenwurm zwar einen Teil seines Körpers regenerieren kann, wenn er verletzt wurde, dass aber immer nur der vordere Körperteil weiterlebt und auch nur dann, wenn er noch lang genug ist. „Was meint ihr, womit sollte denn das Regenwurm-Hinterteil fressen?" Das leuchtet den beiden ein. Und nun tut es ihnen leid, dass sie die armen Würmer verletzt haben. Irgendwie wollen sie ihren Fehler wieder gutmachen. Die Mutter schlägt ihnen vor, die Wurmhälften drüben bei den Johannisbeersträuchern in die Erde zu bringen, so dass wenigstens einige von ihnen heilen können. „Den Boden dürft ihr dann mit Grasschnitt und Laub vom Komposthaufen abdecken. Das ist Regenwurmfutter. So können die Würmer sich gut ernähren. Sobald sie wieder gesund sind, werden sie Eikokons legen und sich ganz normal vermehren."

Jonatan ist irgendwie erleichtert. Die beiden Buben machen sich gleich an die Arbeit und die Mutter auch. An diesem Nachmittag wird ihr Staudenbeet allerdings nicht mehr fertig.

Regenwurm im Glas

Charles Darwin hielt den Regenwurm für das wichtigste Tier der Welt. Diese Anschauung vertrat er, weil ohne Regenwürmer die Erde bald in ihren pflanzlichen und tierischen Abfällen ersticken und die Bodenfruchtbarkeit rasch nachlassen würde. Es gibt zwar noch sehr viele andere Zersetzer im Boden, dem Regenwurm kommt aber eine Schlüsselrolle zu. Er frisst und wühlt sich durch alle Erdschichten bis zu einer Tiefe von zwei bis drei Metern. Dabei schluckt er ständig Erde und abgestorbene Pflanzenteile. Was er dann wieder ausscheidet, ist krümeliger, nährstoffreicher Humus. Auf einer Wiese kommt es so jedes Jahr zur Bildung von durchschnittlich 10 kg Wurmhumus je m². Dieser Regenwurmkot enthält viel mehr Nährstoffe als der umgebende Boden, zum Beispiel dreimal soviel Phosphor und Kalium, siebenmal soviel Stickstoff, doppelt soviel Kalzium und sechsmal soviel Magnesium. Der Regenwurm ist also nicht nur Abfallbeseitiger, sondern auch Düngerfabrikant. Außerdem sorgt er mit seiner Wühltätigkeit für Bodendurchmischung und mit seinen Wurmröhren, die er mit nährstoffreichem Regenwurmschleim auskleidet, für Durchlüftung und Wasserabzug im Boden. Es liegt nahe, dass Pflanzenwurzeln diesen gebahnten Weg durch die Erdschichten für ihr Wachstum nutzen.

Dieser einfache Versuch macht die Tätigkeit der Regenwürmer deutlich. Bereits nach wenigen Tagen zeigt sich, wie sie welke Pflanzenteile verarbeiten und den Boden durchmischen.

Abgesehen von den Kothäufchen an der Erdoberfläche sehen wir normalerweise nicht viel von diesen Wurmaktivitäten. Wir können sie uns aber mit einem einfachen Versuch vor Augen führen. Dazu füllen wir einen Glasbehälter, das kann ein Einmachglas sein, mit Schichten unterschiedlichen Substrates. Beispielsweise kommt zuunterst etwas Komposterde, darüber 1 cm dick Sand, dann Gartenerde, nochmals etwas Sand und schließlich wieder einige Zentimeter hoch Kompost. Alles sollte leicht feucht sein. Die Schichten zeichnen sich deutlich voneinander ab. In dieses Glas setzen wir nun etwa ein Dutzend Regenwürmer. Wir füttern sie mit abgestorbenen, welken Pflanzenteilen. Dazu eignet sich Gras, Blätter von Hasel, Holunder, Salat usw., die wir oben auf die Substratschichten legen. Dann wird das Glas mit einem übergestülpten Karton oder einem Tuch abgedunkelt. Bei Zimmertemperatur fühlen sich die Bodentiere wohl.

Nun können wir täglich kontrollieren und werden bald feststellen, wie sich die Regenwürmer ihren Weg durch die Erde im Glas bahnen und wie sie Gras und Laub in den Boden ziehen. Schon nach einer Woche ist von den verschiedenen Schichten nicht mehr viel zu sehen. Sie wurden gründlich durchmischt. Dann ist es Zeit, die fleißigen Wühler samt Erde in ihren natürlichen Lebensraum zurück zu bringen.

Entdeckungen im Kompost

Wie kommt es eigentlich, dass sich all die Abfälle, die wir schön geschichtet und gut durchmischt auf den Komposthaufen geben, schon nach einem Sommer in dunklen, krümeligen Humus verwandelt haben? Wenn wir nicht wüssten, dass an diesem Abbauprozess Myriaden von Kleinlebewesen tätig waren, so könnten wir geradezu an Zauberwerk denken. Man sagt, dass sich in einem Fingerhut solcher Komposterde mehr Lebewesen befinden, als es auf der ganzen Erde Menschen gibt.

Aber wo sind die alle? Die meisten sind so winzig, dass wir sie auch unter dem Mikroskop kaum sehen. Dazu gehören Bakterien, Strahlenpilze, Algen, Schimmelpilze, Hefen, Wimpertierchen, Geißeltierchen, Amöben, Rädertierchen und andere Einzeller. Kleine Fadenwürmer (Nematoden), die sich wie Mini-Aale durch den Boden schlängeln, erkennen wir schon unter dem Mikroskop. Von ihnen gibt es viele verschiedene Arten. Einige davon sind bei Gärtnern und Landwirten weniger beliebt, weil sie als Parasiten im Gewebe von Pflanzen leben und so zum Beispiel an Rüben oder Phlox Schaden anrichten können. Die meisten Fadenwürmer ernähren sich aber von Algen und Bakterien oder fressen Rädertierchen und gelegentlich auch andere Arten ihrer Gattung.

Hornmilben werden fast 1 mm groß. Von ihnen weiß man, dass sie Löcher in die Blätter fressen. Diese wurden jedoch vorher schon von Bakterien und Pilzgeflecht überzogen, von Asseln und Tausenfüßern angeknabbert. Anscheinend ist das Laub dann für Milben leichter zu verdauen. Es gibt aber auch Raubmilben, die anderen Bodentieren nachstellen und sie verspeisen. Auf diese Weise verhindern sie eine Übervermehrung einzelner Arten auf Kosten anderer.

Im feuchten Laub sehen wir manchmal zu Abertausenden kleine, helle Tierchen. Einige davon springen wie Flöhe empor. Unter der Lupe können wir sie genauer betrachten. Es sind Springschwänze. Flügel haben sie nicht, aber eine Sprunggabel. Die sieht man normalerweise nicht, denn sie ist unter dem Bauch eingeklappt und steht so unter Spannung, dass sie mit einer Haltevorrichtung fixiert werden muss. Droht Gefahr, so lockert sich diese Halterung und schnellt das Tierchen in die Höhe – daher der Name! Meistens krabbeln die Springschwänze aber ganz normal auf ihren sechs Beinen. Sie fressen verwesende pflanzliche und tierische Stoffe. Algen, Pilze und Bakterien schmecken ihnen auch. Deshalb können sie im Komposthaufen gut leben. Im feuchten Moos unter Gehölzen oder an Baumstümpfen kommen dunkelgraue Springschwänze vor, die oft so dicht gedrängt beieinander sitzen, dass es aussieht wie ein dunkler Überzug.

Asseln, Käferlarven, Hundertfüßer, Steinkriecher und Regenwürmer sind groß genug, dass wir sie auch ohne Lupe gut beobachten können. Der Regenwurm im Kompost ist etwas kleiner als jener im Gartenbeet und von rötlicher Farbe. Deshalb nenn man ihn den Roten Mistwurm (*Eisenia foetida*). Jener aus dem Gartenbeet heißt eigentlich Tauwurm (*Lumbricus terrestris*).

Wer nun im Kompost nach Bodentieren sucht und nicht so recht fündig wird, kann sich einen sogenannten Berlese-Apparat bauen und mit dessen Hilfe die Tierchen aus dem Boden locken. Dazu nimmt man ein Gefäß, zum Beispiel einen kleinen Eimer, und hängt ein ausgedientes, grobmaschiges Küchensieb hinein. Dieses befüllt man mit einer dünnen Schicht halbreifer Komposterde und stellt das Ganze unter eine Lampe. Weil Bodentiere die Dunkelheit suchen und vor dem Licht fliehen, kriechen sie nach unten und fallen durch das Sieb in den Eimer. Dort können wir sie uns dann in Ruhe ansehen. Es wäre aber Quälerei, sie allzu lange dem Licht und der Trockenheit auszusetzen. Deshalb entlassen wir sie wieder auf den Komposthaufen, sobald wir sie betrachtet haben.

Damit die Organismen im Kompost ihre Aufgabe der Zersetzung und Bodenbildung gut erfüllen können, brauchen sie Nahrung, Wärme, Luft und Feuchtigkeit. Deshalb darf der Kompost nicht zu nass und nicht zu trocken sein. Man muss das zu kompostierende Material gut durchmischen, locker aufschichten und somit belüften. Andernfalls beginnt es zu faulen und zu gären. Während des Winters bleiben Küchenabfälle auf dem Kompost weitgehend unverändert liegen. In dieser Jahreszeit ist es bei uns für Umsetzungsprozesse zu kalt. Im Frühjahr ändert sich das rasch. In trockenen Randschichten finden wir zwischen Laub und Abfällen häufig Asseln, aber keine Regenwürmer. Für sie ist es dort zu trocken. An solchen Stellen nisten sich gelegentlich Ameisen oder sogar

Mäuse ein. Wer das verhindern will, muss den Kompost umsetzen, so dass äußere Schichten nach innen gelangen und umgekehrt. Nötigenfalls muss angefeuchtet werden. Ist der Kompost aber zu nass, so beginnt er zu faulen und verbreitet üblen Geruch. Dann ist es höchste Zeit, dass man ihn lockert, umsetzt und mit trockenem Holzhäcksel oder zerknülltem Zeitungspapier versieht. Hat sich das organische Material zu Humus umgewandelt, so verlassen die Bodentiere den Kompost und suchen sich anderweitig Nahrung, zum Beispiel in der Laubschicht unter Gehölzen. Dort können wir im Prinzip dieselben Vorgänge wie im Komposthaufen beobachten. Sie verlaufen nur etwas weniger konzentriert, und während sich ein frisch aufgesetzter Kompost stark erwärmen kann, bleibt die Temperatur in einer dünnen Laubschicht ziemlich konstant.

Durch die ständige Arbeit der Bodenorganismen verwandeln sich unsere Garten- und Küchenabfälle, die wir auf den Kompost bringen, in Humuserde. Solch hilfreiche Tätigkeit verrichten aber nicht nur die Organismen im Kompost, sondern die zersetzenden Bodenlebewesen ganz generell. Wären sie nicht, so würde alles Leben nach 20 bis 30 Jahren in den eigenen Abfällen ersticken. Allein sie sind fähig, abgestorbene organische Substanz wieder in Stoffe zu verwandeln, die von Pflanzen aufgenommen werden können. So halten sie den Naturkreislauf aufrecht, zu dem nicht nur das Wachsen, Blühen und Fruchten gehört, sondern auch das Vergehen.

Literatur zum Thema
Buer 1994
Bund Naturschutz 1982
Kreuter 1991
Lohmann 1988
Naturschutz-Zentrum Nordrhein-Westfalen 1993

Ein Haustier als Freund und Gefährte

Welches Kind wünscht sich nicht ein Haustier, vielleicht sogar mehrere. Am schönsten wäre natürlich ein ganzer Bauernhof mit Hühnern, Gänsen und Enten, mit Schafen und Ziegen, mit Kühen, Schweinen, einem Esel und einigen Pferden. Ein Hofhund würde dann das Haus bewachen und eine Katze in der Scheune Mäuse fangen. Die meisten Kinder erleben Haus- und Nutztiere – wenn überhaupt – nur während des Urlaubs oder beim Besuch auf dem Land. In einer Stadtwohnung ist Haustierhaltung nur begrenzt möglich. Wer einen Garten besitzt, hat es da schon besser. Hund oder Katze, Kaninchen oder Meerschweinchen können dann zu Hausgenossen werden, womöglich auch Vögel in einer Gartenvoliere.

Ehe man sich jedoch für ein Haustier entscheidet, gilt es einige Fragen zu klären.

Jedes Tier benötigt nicht nur regelmäßig Futter und frisches Wasser, sowie eine ihm entsprechende Unterkunft, sondern auch liebevolle Zuwendung, Bewegung und Auslauf. Ein Hund muss mehrmals täglich ausgeführt werden. Katzen bewegen sich lieber frei in der Umgebung. Kaninchen und Meerschweinchen brauchen einen kleinen Stall und einen Auslaufkäfig mit 2 bis 4 m² Grundfläche.

Was geschieht mit dem Tier während der Urlaubszeit? Kann man es in das Ferienquartier mitnehmen oder muss es zu Hause versorgt werden? Gibt es jemanden, der dies zuverlässig und liebevoll übernimmt? In solchen Situationen leiden Haustiere manchmal sehr. Es kann sein, dass sie auf fremde Personen aggressiv reagieren oder trauern.

Die Haltung eines Haustieres kann auch zu Konflikten mit Nachbarn führen, sei es, dass sich das Kaninchen unter dem Zaun hindurch gräbt und sich am nachbarlichen Gemüse gütlich tut oder der Hund durch lautes Gebell für Unruhe sorgt. Katzen haben gleichermaßen große Liebhaber wie heftige Gegner. Sie sind eben Raubtiere, die ihrem Instinkt gemäß gelegentlich nicht nur Mäusen, sondern auch Vögeln nachstellen. Dabei können Katzen sehr verschieden sein. Manche verhalten sich ganz friedfertig und sorgen schlimmstenfalls für Beunruhigung der gefiederten Schar. Es gibt aber auch schlimme Räuber, vor denen kein Kleintier sicher ist, weder Eidechsen und Blindschleichen noch Spitzmäuse und Vögel.

Geflügel schnattert, gackert und kräht. Man kann es eigentlich nur auf dem Lande halten. Für Hühner ist außer dem Stall ein Auslauf von ausreichender Dimension erforderlich, wo sie Gras finden und in der Erde scharren können. Gänse und Enten benötigen darüber hinaus einen

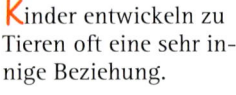

Kinder entwickeln zu Tieren oft eine sehr innige Beziehung.

Teich. Hausgärten im Siedlungsbereich können das normalerweise nicht bieten.

Die Unterbringung für ein Tier muss im Garten gut integriert werden. Eine hübsch gestaltete Voliere kann durchaus zur Zierde gereichen. Der Kaninchenstall oder das Sommerquartier der Meerschweinchen lässt sich gut in Anlehnung an ein Gebäude oder in einer Heckennische unterbringen. Dabei ist eine kurze Entfernung vom Kompostplatz wegen der nötigen Säuberungsarbeiten praktisch. Das Auslaufgehege kann direkt an den Stall anschließen. Noch besser ist ein verschiebbares Gestell, das man täglich an eine andere Stelle bringt. So weiden die Tiere nach und nach den Rasen ab, und ihr Mist verteilt sich als Dünger auf der Fläche.

Kleine Kinder lieben Tiere mit einem weichen Fell, die sie streicheln können, mit denen sie schmusen und spielen. Kaninchen oder Meerschweinchen sind dann gute Gefährten. Sie sind lieb, weich und anschmiegsam. Allerdings wollen sie nicht immer auf den Arm genommen werden. Ebenso wie Hunde und Katzen werden sie zahm, wenn man behutsam mit ihnen umgeht. Schon bald kennen sie ihre „Freunde".

Vögel sind keine Schmuse- und Streicheltiere und eignen sich daher eher als Haustier größerer Kinder.

Ein Hund kann zum treuen Kameraden und geliebten Spielgefährten werden.

Im Alter von fünf bis acht Jahren können Kinder bereits lernen, eine gewisse Verantwortung für ihr Tier zu übernehmen. Unter Anleitung verrichten sie einfache Betreuungsarbeiten wie die Fütterung des Tieres und die Säuberung eines Kleintierstalles. Mit kontinuierlicher Pflege sind sie allerdings überfordert. Erst mit acht bis zwölf Jahren sind Kinder alt genug, um ein Tier selbstständig und eigenverantwortlich zu betreuen. Eltern müssen nur noch an die erforderlichen Tätigkeiten erinnern und gelegentlich einspringen.

Während Katzen immer selbstständig bleiben und ihrem Halter zwar Zuneigung, aber keine Gefolgschaft schenken, werden Hunde zu treuen Gefährten. Sie fordern aber auch mehr Zuwendung als andere Haustiere, allein schon dadurch, dass sie mindestens einmal täglich ausgeführt werden müssen, am besten zu einer festen Zeit.

Natürlich sind Haustiere nicht nur für Kinder da. Sie gehören einfach zur Familie. Nicht selten bleiben sie den Eltern erhalten, wenn die Kinder das Haus verlassen. Aber die Haltung von Hund, Katze und Vögeln ist ja nicht nur für Kinder schön. Das Haustier wächst allen ans Herz und ist auch älteren Menschen ein lieber Gefährte.

Literatur zum Thema
Fritzsche 1983

Spielplatz Natur

„Biotopgarten. Bitte auf den Wegen bleiben." So steht es auf einem Schild gleich neben dem Eingang. Kein Zaun umgrenzt diesen Garten, dafür aber eine große, dichte Hecke aus Weißdorn, Wildrosen, Pfaffenhütchen, Ginster, Hasel, Hainbuche, Holunder und noch so manch anderen Gehölzen. Beim Aushub der Baugrube für den Hausbau kamen neben Lehm und Sand auch große und kleinere Sandsteinblöcke zum Vorschein. Statt dieses Material auf die nächste Deponie abzufahren, verwendete man es, um daraus einen Wall am Grundstücksrand zu formen. Darauf wurde die Hecke gepflanzt und dies gibt dem Garten den Rahmen, schützt vor Wind und unerwünschten Einblicken und verleiht dem vorher ziemlich ebenen Grundstück die Form einer Mulde.

Der Garten hat viel zu bieten: Ein Wassergraben sammelt die Niederschläge und leitet sie in zwei Teiche. Der Terrassensitzplatz ist dreiseitig vom Haus umschlossen und auf der Südseite von einem Laubengang begrenzt, so dass hier ein kleiner Gartenhof entstand. Er dient Bewohnern und Gästen zum gemütlichen Beisammensein. In der warmen Jahreszeit ist dieser Hof eine Sommerfrische für zahlreiche Zimmerpflanzen. An der Westseite des Hauses steht in einem windgeschützten Winkel eine Feierabendbank, auf der man den Tag sehr gut ausklingen lassen kann. Außerdem gibt es einen kleinen Gartenpavillon und in versteckten Winkeln

zwischen Sträuchern ein paar Mußebänkchen, die von Zeit zu Zeit ihren Standort wechseln.

Nutzgarten und Gewächshaus liegen auf der Südwestseite des Hauses, wo die Besonnung am besten ist. Der Kompostplatz daneben wird von Sträuchern beschattet. Rasenwege schlängeln sich durch die Wiesenflächen. Am Rande findet man Stein-, Reisig- und Altholzhaufen. An unvermuteten Stellen entdeckt der aufmerksame Betrachter Skulpturen, Sammlerstücke und andere kleine Kunstwerke, daneben allerlei Pflanzen in Kübeln, Töpfen und Schalen.

Unzählige Wildpflanzen haben sich spontan angesiedelt. Zumindest für eine Weile werden sie gern geduldet. Andererseits finden immer wieder gestaltende und lenkende Eingriffe statt. Erstaunlich viele Tiere fühlen sich in diesem Garten wohl: Vögel und Kleinsäuger, Reptilien und Lurche, Insekten und Spinnentiere. Ihre Zahl dürfte einem Naturschutzgebiet zur Ehre gereichen.

Eine vierköpfige Familie bewohnt diesen Garten: Die Eltern, die Söhne Andreas und Klaus, ein Hund und ein Kater. Der Vater ist von Beruf Biologe. Was ihn neben seinen großen Kenntnissen auszeichnet, ist seine ungewöhnlich reiche Phantasie und Kreativität. Ihm und seiner Familie fällt immer wieder etwas ganz Neues ein. Deshalb verändert der Garten auch ständig sein Aussehen und zwar in stärkerem Maße, als dies bei einer naturnahen Anlage ohnehin der Fall ist.

Auf den großen Sandsteinblöcken sonnen sich nicht nur die Eidechsen. Auch Kinder turnen gern darauf herum.

Was Kinder im Garten benötigen, solange sie noch klein sind, ist ein Sandplatz. An der sonnigen Südwestecke des Hauses entstand gleich neben den Gemüsebeeten in einer Gemeinschaftsaktion von Vater und Söhnen eine geräumige, praktische Sandkiste mit Sitzgelegenheit und Rollo, damit der Kater den Spielplatz nicht in einem unbeobachteten Augenblick als Toilette zweckentfremdet.

Nun braucht man zum Sandspielen natürlich Wasser. Zunächst lässt sich dies aus der Regentonne an der Hausecke beschaffen. Viel interessanter ist es jedoch, wenn man Wasser mittels Schwengelpumpe aus einer unterirdischen Zisterne pumpen und über eine ausgediente Dachrinne dem Sandspielplatz zuleiten kann. Dass die Eltern die Pumpenanlage eigentlich eher zur Bewässerung des Kleingewächshauses und der Gemüsebeete gedacht hatten, ist für die beiden Buben völlig unwichtig. Hauptsache, sie ist vorhanden. Dann kann es schon passieren, dass voller Eifer gepumpt wird, so dass der Sandplatz

Aus einem Sandsteinquader wurde eine hübsche Vogeltränke.

sich in einen See verwandelt. Zum Glück leitet der Wassergraben das „Hochwasser" in den Gartenteich ab, ehe es die Terrasse erreicht.

Einer der beiden Gartenteiche ist ziemlich groß. Er wurde so ausgestattet, dass man darin an einem heißen Sommertag ein Bad nehmen kann. Dazu hat man an einer Uferseite eine Stufe angebracht und die Folienabdichtung mit Magerbeton ausgekleidet, so dass sie nicht so leicht beschädigt werden kann. In den ersten beiden Jahren nach der Anlage war das sommerliche Bad im Gartenteich ein beliebtes Vergnügen. Der Hund hatte daran offensichtlich den meisten Spaß. Nach einiger Zeit sammelte sich Schlamm auf dem Boden, was die Badefreuden schmälerte. Inzwischen gehört das Gartengewässer eher den Fröschen und Molchen, den planschenden Vögeln, den Wasserkäfern, Libellen und Köcherfliegenlarven. Nun sind auch die Ufer so eingewachsen, dass man hier eher auf Naturerkundung geht als zum Baden.

Der Vater liebt es, mit Holz, Steinen, zusammengetragenen Gebrauchsgegenständen und Pflanzen zu gestalten. Neben dem Werk eines Steinbildhauers gibt es im Garten einen Kilometerstein der Königlich Bayerischen Eisenbahn. Auf alten Sandsteinpfosten thronen Schalen voller Mauerpfeffer und Thymian. In Großmutters Suppenterrine vermehren sich die winzigen Pflänzchen eines exotischen Farnes. Rosetten einer Hauswurz quellen über den Rand einer ausgedienten Teedose. In einem blau emaillierten Kartoffeldämpfer vom Flohmarkt gedeiht Gewürzsalbei.

Wen wunderts, dass die beiden Söhne der väterlichen Kreativität nacheifern. Dann wird mit Hammer und Meißel ein geeigneter Sandsteinblock bearbeitet, dass die Brocken nur so zur Seite fliegen. Gelegentliche Fehltreffer auf den Daumen werden dabei zähneknirschend in Kauf genommen. Wenn schließlich aus dem Stein eine Vogeltränke entsteht, ist aller Schmerz vergessen.

Ein besonderes Ereignis war der Bau eines Insekten-Nistplatzes. Wegen seines Aussehens hatten die Nachbarn zunächst vermutet, dass hier ein Backofen entstehen würde. Die Wände des Häuschens bestehen unten aus Lehmschlag wie bei der Wand einer alten Scheune. Darüber liegen einige Reihen Lochziegel, und im Giebel unter dem Dach lagern Schilfbündel. Für Andreas und Klaus war das Schönste der Bau der Lehmwand. Endlich durften sie nach Herzenslust und ohne Einschränkung mit Lehm matschen und in der trüben Brühe rühren. Natürlich haben sie sich gegenseitig damit verziert, so dass sie anschließend kaum mehr zu erkennen waren.

In den verschiedenen Hohlräumen siedelten sich diverse Arten von Soltärbienen und Grabwespen oder sogar parasitierende Erzwespen an. An einem warmen Sommertag herrscht hier reger Flugverkehr. Gehörnte Mauerbienen verwenden die Löcher in den Ziegeln als Brutkammer, die sie mit Pollenvorrat und einem Ei bestücken und dann mit Lehm verschließen. Andere Wildbienenarten bevorzugen die Schilfstängel für ihr Gelege, das sie dann mit einem gelben Pollenstöpsel verschließen. Dass irgendwo Blattschneiderbienen wohnen, bemerkt der kundige Beobachter an den halbrunden Schnittstellen im Laub der Gartengehölze. Ob auch sie in der Insekten-Wohnanlage zu Hause sind oder eher in den Bohrlöchern eines alten Wurzelstockes, bleibt zunächst ungewiss.

Durch den Garten führen ganz geheimnisvolle Wege. Sie sind schmal und schlängeln sich durch das dichte Gesträuch der Hecke. Vorher muss man den Wassergraben mittels einer kleinen Holzbrücke überwinden und dann über selbstgebaute Treppenstufen den Wall hinaufsteigen. Auf diesen Wegen kann man rennen oder schleichen, sich verstecken und einander erschrecken oder auch Geisterbahn spielen. Nur eine Regel gibt es: alle müssen auf den Wegen bleiben. Sogar der Kater liebt dieses Spiel, nur hält er sich nicht immer an die Regeln.

Ähnlich interessant sind die Wege durch die Wiese. Sie werden jedes Jahr mit dem Rasenmäher neu festgelegt und führen zu verschiedenen Geheim- und Lieblingsplätzen. Dort wird dann eine kleine Rasenfläche gemäht und eine Bank gezimmert oder unter Sträuchern ein Lager gebaut. Manchmal schneiden die Buben sich die dichten, überhängenden Äste einer Purpurweide zu einer Pflanzenlaube zurecht. Dann wird eine Decke ausgebreitet, und wenn die Mutter Zeit hat, setzt sie sich dazu und liest etwas vor oder erzählt Geschichten. Begonnen hat das mit der Feierabendbank und dem Pavillon. Inzwischen hat jeder in der Familie bestimmt zwei Mußeplätze für sich.

Ein Rasenweg führt zum Insekten-Nisthaus, wo man seltene Mauerbienen und Grabwespen beobachten kann.

Neben der Garage entstand aus Weidenruten, die einfach im Frühjahr in den gelockerten Boden gesteckt und gut angegossen wurden, ein Laubengang. Die Ruten wurden miteinander verflochten und die Kreuzungsstellen mit Bast fixiert. Im Laufe weniger Jahre schloss sich oben das Dach, und der 6 m lange Laubengang wäre ein düsteres Tunnel geworden, wenn man nicht von vornherein Fenster und Durchblicke in den weiteren Garten offen gelassen hätte.

Nun möchte man wohl annehmen, dass es sich hier um ein riesiges Grundstück handelt. Dabei ist es mit seinen 1500 m² nur wenig größer als die meisten Gärten heutzutage. Was diesen Garten auszeichnet, ist seine Vielfalt, die zahlreichen Ecken und Winkel und die Tatsache, dass er sich ständig verwandelt. Das Wichtigste ist, dass es hier Raum zum Spielen gibt, wo Fantasie und Kreativität sich entfalten können. Dies gilt, wie wir sahen, nicht nur für die Kinder, sondern gleichermaßen für die Erwachsenen. Damit ist es ein echter Familiengarten. Als Biotopgarten wurde er angelegt, als Refugium für Tiere und Pflanzen. Genau das macht ihn aber zu einem hervorragenden Erlebnisbereich für Kinder und Erwachsene. Immer wieder lässt sich etwas entdecken, beobachten, erforschen, was bisher unbekannt war. Oder es gibt Begegnungen mit Pflanzen und Tieren, die vom Vorjahr vertraut waren. Das ist dann wie ein Wiedersehen mit Bekannten. Naturbeobachtung ist überall möglich: an den Bäumen und in der Hecke, im Laub und an totem Holz, im Reisighaufen wie zwischen Steinen, auf der Wiese und im Rasen, am Wasser, zwischen Blumen und beim Gemüse. Kinder und Eltern gehen hier gemeinsam auf Entdeckungsreise.

Gartenbiotope

In naturnahen Gärten entwickelt sich eine erstaunlich große Artenvielfalt. Untersuchungen haben das belegt. So konnten in einem etwa 1000 m² großen, reich strukturierten Hausgarten, der Obstbäume, freiwachsende Hecken, Wiese, Trockenmauern, Graben und Teich, Totholz und Dachbegrünung aufweist, mehr als 500 Pflanzenarten und mindestens 700 Tierarten nachgewiesen werden. Allein 50 verschiedene Vogelarten wurden hier beobachtet. Solche Gärten haben für den Naturhaushalt eine enorme Bedeutung. Dabei sind sie keine nachgebauten Reservate, aber Orte, an denen sich lebendige, natürliche Vielfalt entwickeln kann. Sie sind von Menschenhand angelegte Refugien, die neben der Bereicherung des Naturhaushaltes alle Funktionen erfüllen, die man von Hausgärten erwartet. So liefern sie Obst, Gemüse und Kräuter, dienen der Erholung und Erbauung. Hier gibt es Bewegungsraum für Kinder und Erwachsene. Auch persönliche Kreativität kann sich entfalten.

In einem naturnahen Garten gibt es viel zu beobachten. Erwachsene können Kinder dabei anleiten.

Das Besondere naturnaher Gärten besteht darin, dass sie verschiedene Standorte aufweisen: nährstoffreiche und magere Substrate, sonnige und schattige Plätze, trockene, feuchte und nasse Lebensräume. Die Pflanzengemeinschaften werden, soweit sie sich nicht spontan entwickeln, den Standorten entsprechend ausgewählt und bestehen zu einem guten Teil aus heimischer Flora. Sie ist nämlich direkt oder mittelbar Lebensgrundlage der hier vorkommenden Tiere. Das gilt zwar nicht ausschließlich, ist aber überwiegend der Fall.

Die Tugenden des betreuenden Gärtners sind Geduld, Einfühlungsvermögen und Toleranz. Er wird die eigenen Nutzungsansprüche etwas zurückstecken. Falls erforderlich, greift er behutsam regulierend ein. Den Kreislauf von Fressen und Gefressenwerden wird er weitgehend gewähren lassen. Gifte setzt er nicht ein. Wo es nicht stört, darf spontanes Wachstum aufkommen.

Wenn wir bereit sind, auf die Natur einzugehen, können wir sehr viel lernen. Von der Haltung der Aneignung, des Habenwollens finden wir hin zu Bewunderung, zum Staunen, sogar zu Achtung und Liebe gegenüber unserer Mitwelt. Der Wunsch, alles festlegen und bestimmen zu wollen, wandelt sich zum Gewährenlassen. Damit kann sich ein neues Verhältnis von Mensch und Natur entwickeln. Wenn wir das erlangen, haben wir viel gewonnen.

In solch einem Garten lässt sich eine Fülle faszinierender Beobachtungen machen. Das gilt für Kinder wie für Erwachsene. Erfahrungsgemäß achten Kinder mehr auf die kleinen Dinge, die nahe dem Boden zu sehen sind: Käfer und Ameisen, Heuschrecken und Marienkäfer, Schmetterlinge, Wespen, Hummeln und Spinnen, Blumen, Früchte, Nussschalen, bunte Steinchen, Schneckenhäuser und vieles mehr. Natürlich interessiert auch alles, was es im Wasser zu sehen gibt.

Ruhiges Ausharren ist dagegen eher Sache der Größeren. Wer scheue Tiere beobachten will, muss Geduld aufbringen und Distanz halten, denn sie wollen nicht belästigt werden. Kommen wir ihnen zu nahe, so fliehen sie. Unsere Rücksichtnahme wird jedoch belohnt. Dann können wir Vögel bei Futtersuche, Nestbau und Jungenaufzucht beobachten, dem Igel auf seinem Abendspaziergang begegnen, Frösche betrachten oder der Maus zusehen, wie sie eine Nuss aufbeißt.

Nicht nur Kinder entwickeln sich zu wahren Naturforschern, wenn sie dazu ein wenig Anregung, Information und Anleitung erhalten. Das macht auch Erwachsenen viel Freude. Einige Hilfsmittel erleichtern die Forschertätigkeit im Garten ganz wesentlich. Für Vogelbeobachtungen ist ein Feldstecher unerlässlich. Wenn wir kleine Dinge betrachten wollen, müssen wir sie unter die Lupe nehmen. Bei Pflanzen ist das nicht schwierig; sie laufen nicht davon. Auch manche Insekten sitzen still und lassen sich in Ruhe betrachten. Andere hingegen muss man fangen. Dabei ist ein Kescher hilfreich und zwar sowohl auf dem Trocknen als auch im Wasser. In einem Becher mit einer Lupe im Deckel können wir die kleinen Tierchen dann gut betrachten. Wasserlebewesen sehen wir am besten in einer Schale mit hellem Grund. Beim Einsammeln kleiner Tiere hat sich ein Exhaustor als recht praktisch erwiesen. Dabei werden die Objekte durch einen Schlauch mit dem Mund gesaugt. Ein zwischengeschaltetes Gefäß nimmt sie auf, und eine Gaze am zweiten Schlauchstück verhindert, dass sie in den Mund gelangen.

Bei allem Beobachten und Forschen im Garten gilt die Grundregel, dass jedes Lebewesen, nachdem wir es betrachtet haben, wieder an den Platz zurückgebracht wird, von dem wir

Wer will, kann sich einen Exhaustor selbst basteln. Dazu nimmt man ein durchsichtiges Gefäß, bohrt zwei Löcher in den Deckel und befestigt darin Gummischläuche. Der eine führt zum Mund und wird mit einem Gazestück verschlossen, damit die kleinen Insekten, die man nun einsaugen kann, auch im Auffangbehälter bleiben.

es entnommen haben. Andernfalls würden wir der Natur einen schlechten Dienst erweisen.

Im Folgenden werden wir an einigen Beispielen sehen, welche Lebensräume für Tiere und Pflanzen ein Garten bieten kann und was es dort alles zu entdecken gibt. Anlage, Bau und Bepflanzung einzelner Biotope kann hier nicht beschrieben werden. Dafür gibt es weiterführende Literatur.

Literatur zum Thema
Briemle 1989
Bund Naturschutz in Bayern e.V. 1982
Chinery 1986
Klausnitzer 1994
Lohmann 1988
Oberholzer, Lässer 1997
Schimmelpfeng 1995
Witt 1992

Ein Wasserfrosch im Gartenteich.

Im Wasser leben nicht nur Fische

In einem ausreichend großen und tiefen Gartenteich lassen sich einige Elritzen, Stichlinge oder ein kleiner Schwarm Moderlieschen halten. Weil diese kleinen Fische gut getarnt sind oder sich verborgen halten, bekommen wir sie nicht immer zu sehen. Goldfische fallen schon auf Grund ihrer Färbung auf. Deshalb sind sie auch bei Teichbesitzern so beliebt. Man kann ihnen in Ruhe zusehen. Allerdings gibt es mit Fischen im Gartenteich oft Probleme, selbst wenn es sich um Friedfische handelt. Häufig gründeln sie und wühlen den Schlamm vom Teichgrund auf, so dass sich das Wasser eintrübt. Außerdem machen sie anderen Teichbewohnern die Nahrung streitig. Deshalb verzichten viele Besitzer eines Gartenteichs darauf, Fische einzusetzen.

Auf den Steinen am Ufer sonnt sich ein großer, graugrüner **Wasserfrosch**. Wir bemerken ihn erst, als er mit einem Sprung ins Wasser vor uns flieht. Wenn wir uns ruhig verhalten, taucht er nach einer Weile langsam wieder aus der Tiefe auf. Die Beine weit ausgestreckt, schwimmt er nahe an der Wasseroberfläche und duckt sich zwischen die Blätter der Seerose. Es ist verständlich, dass er seine Augen ganz oben auf dem Kopf trägt. So behält er den Überblick, während sein ganzer Körper im Wasser liegt.

Am Abend beginnt er mit seinem Konzert. Prall bläst er die Schallblasen an beiden Backen auf und lässt seinen Lockruf erschallen, nicht immer zur Freude der Nachbarn. Die sind mit seinem Ruf auch gar nicht gemeint. Er möchte vielmehr eine Partnerin gewinnen. Hat er sie gefunden, so klammert er sich an ihrem Rücken fest und beide suchen einen guten Laichplatz im flachen Wasser auf. Dort legt das Weibchen die Eier, während das Männchen seinen Samen darauf abgibt. So entsteht ein Laichballen, in dem jedes der kleinen Eier von einer Gallerthülle umgeben ist.

Mit ihrem Kescher fangen die beiden Kinder kleine Wassertiere, um sie zu beobachten und anschließend wieder freizulassen.

Tag für Tag werden die Eier größer, und schon nach einer Woche beginnt es sich in den Gallerthüllen zu regen. Kleine Kaulquappen sind geschlüpft. Bald wimmelt es im flachen, warmen Wasser nur so von ihnen. Ein morscher Baumstumpf, der ins Wasser ragt, ist von den kleinen, zappelnden Wesen schwarz überzogen. Hier nagen sie an den Algen, die auf dem Holz wachsen. Einige Zeit lang schwimmen die Kaulquappen wie kleine schwarze Kommas durch den Teich. Nach etwa vier Wochen verändern sie ihr Aussehen und ihre Ernährungsweise. Während ihnen Hinterbeine wachsen, beginnen sie sich für tierische Nahrung zu interessieren. Etwas später bilden sich die Vorderbeine und schließlich verschwindet der Schwanz. Kaulquappen, die wie Fische mit Kiemen atmen, haben sich zu lungenatmenden Landtieren verwandelt und krabbeln als Fröschlein an Land.

Nicht nur Frösche, Kröten und Molche machen in ihrer Jugend eine Entwicklung vom Wasser- zum Landtier durch, sondern auch manche Insektenarten, darunter die Libellen. Im Sommer können wir einer **Großlibelle** zusehen, wie sie über den Teich schwirrt, sich hin und wieder am Ufer niederlässt und nahe dem Wasserspiegel ihre Eier einzeln an Moospolster oder Pflanzenstängel heftet. Die Larve, die sich daraus entwickelt, lebt räuberisch unter Wasser. Wer mit dem Kescher vorsichtig am Teichboden entlang fährt, kann vielleicht eine Libellenlarve fangen. Mit großen Augen erspäht sie ihre Beute, und mit einem speziellen Fangapparat schnappt sie sich ihr Opfer. Wenn die Zeit ihrer Verwandlung gekommen ist, kriecht die Larve aus dem Wasser an einer Pflanze hoch und klammert sich dort fest. Dann pumpt sie Luft in ihren Körper, bis die Haut am Rücken platzt. Rücklings schiebt sie sich aus der Hülle. So hängt sie eine Zeitlang, schnellt dann empor und hält sich mit den Füßen fest, während sich der Hinterleib gänzlich aus der Larvenhülle schiebt. Langsam entfalten sich die Flügel, wachsen zu ihrer vollen Größe heran und erhärten nach und nach, bis die junge Libelle gerüstet ist zu ihrem ersten Flug. Diese Verwandlung findet meistens in den Morgenstunden statt. Uns fallen oft erst die zurückgelassenen leeren Larvenhüllen auf, die an den Pflanzen hängenbleiben.

Bei der Suche nach einer Libellenlarve gehen sicherlich auch andere Objekte ins Netz. Eventuell haben sich 2 bis 3 cm lange, röhrenförmige Gebilde aus Holzstückchen darin verfangen. Auch sie legen wir in eine helle Schale und bedecken das Ganze mit Wasser aus dem Teich. Dann dauert es nicht lange und das scheinbar leblose Holzgebilde beginnt sich

zu bewegen. Wir erkennen, dass in jeder Röhre ein kleines Tier steckt. Es sind **Köcherfliegenlarven**. Kleine Holzteilchen haben sie mit einem Spinnfaden verklebt und sich daraus eine Schutzhülle für ihren empfindlichen Hinterleib gebaut. Andere Köcherfliegenlarven verwenden dazu Laubreste, wieder andere nehmen kleine Steinchen oder sogar winzige Schneckenhäuser.

Der **Wasserschlauch** ist eine recht merkwürdige Pflanze. Er lebt völlig untergetaucht, schwimmt frei im Wasser und hat keine Wurzeln. Im Hochsommer schiebt er kleine gelbe Blüten, die entfernt an die des Löwenmauls erinnern, aus dem Wasser, damit sie von Insekten besucht werden. An den fein gegliederten Blättern sind etliche Blattzipfel zu Bläschen umgebildet, mit denen der Wasserschlauch kleine Wassertiere fangen kann. Solch eine Blase ist mit einer ventilartigen Klappe verschlossen, die sich nur nach innen öffnen kann. Mit einer Absonderung zuckerhaltigen

Am Gewässerrand ist eine Großlibelle aus ihrer Larvenhülle geschlüpft.

Schleims wird ein Beutetier angelockt. Berührt es die kleinen Borsten an der Außenseite der Fangblase, so dehnt sich diese plötzlich, die Klappe schnappt auf, das Opfer wird eingesaugt und schließlich verdaut. Auf diese Weise versorgt sich der Wasserschlauch mit Nährstoffen. Wer ihm beim Beutefang zusehen will, sollte einen kleinen Spross entnehmen, mit Wasser in eine helle Schale legen und den Vorgang mit einer guten Lupe betrachten.

Steine, Sand und flinke Räuber

Offene Kies- und Sandflächen trifft man in Gärten selten an. Bereits nach kurzer Zeit sind sie mit Flechten, Moosen, Gräsern und bescheidenen Kräutlein bewachsen. Trockene Standorte gibt es aber öfter, zum Beispiel unter dem Dachüberstand des Hauses. Weil hier ohnehin nichts wächst, wird die Fläche üblicherweise mit einem Plattenbelag versehen oder mit Rundkies belegt. Wie wäre es, statt dessen ein Trockenbiotop einzurichten? Es sieht auch sehr ansprechend aus, wenn hier ein paar schöne Steine gut zueinander gruppiert in Sand oder Kies versetzt werden.

Einige Tierarten wissen solch trockene, unbewachsene Situationen sehr zu schätzen, vor allem dann, wenn diese Plätze in der Sonne liegen. Flinke Räuber sind darunter, wie die wenige Millimeter große **Zebra-springspinne**. Diesen Namen bekam sie wegen der Schwarz-Weiß-Zeichnung ihres Hinterleibes. Kommt man ihr zu nahe, so springt die kleine Spinne wie ein Floh in die Höhe. Mit zwei großen Augen, die angeordnet sind wie Scheinwerfer am Auto, kann sie sehr gut sehen. Ihre Beute erkennt sie auf 20 cm Entfernung. Wenn sie ein lohnendes Opfer entdeckt, stürzt sie sich mit einem Sprung darauf. So muss sie sich nicht die Mühe machen, ein Netz zu weben. Nur manchmal seilt sie sich an einem Faden aus gesponnener Seide ab. Zebraspringspinnen trifft man gar nicht so selten an. Aber man muss genau hinsehen. Am besten nimmt man eine Lupe zu Hilfe.

Auf einer trockenen, sandigen Fläche finden sich manchmal **Sandlaufkäfer** ein. Häufiger als den braunen Wald-Sandlaufkäfer findet man seinen wunderschön grün-schillernden Verwandten, den Feld-Sandlaufkäfer. Beide sind langbeinige Schnellläufer, die das Fliegen anscheinend verlernt haben. Dass dies aber nicht so ist, bemerken wir, wenn wir sie versehentlich aufschrecken. Schnell fliegt so ein Sandlaufkäfer brummend auf, um schon nach kurzer Strecke wieder zu landen, ganz so, als wäre er froh, sicheren Boden unter den langen Beinen zu fühlen. Die Larve der Sandlaufkäfers lauert in einer senkrechten, selbst gegrabenen Röhre auf Beute.

Technisch raffiniert beschafft sich der **Ameisenlöwe** seine Nahrung. Er ist kein königliches Raubtier im Pelz, wie sein Name vermuten ließe, sondern die Larve der Ameisenjungfer, einer Netzflüglerin, die so ähnlich aussieht wie eine Libelle. Diese Larve baut sich im trockenen Sand einen kleinen Trichter, an dessen tiefstem Punkt sie sich eingräbt. Nur ihre Kiefernzangen ragen noch heraus. So wartet der Ameisenlöwe geduldig, bis ein unachtsames Beutetier, meist eine Ameise, in den Trichter rutscht und sich wegen des nachrieselnden Sandes nicht mehr schnell genug daraus befreien kann. Manchmal beschießt er die Ameise sogar mit Sandkörnchen, bis sie endgültig den Halt verliert, in die Tiefe gleitet und somit in seine Fänge gerät. Dann packt er zu und verzehrt sein Beutetier.

Unbewachsene sandige Plätze weiß auch die **Sandwespe** zu schätzen. Anders als Feldwespe, Deutsche Wespe und Mittlere Wespe, die einen Staat bilden, lebt sie solitär. Jedes Sandwespen-Weibchen legt ihre Eier einzeln und versorgt ihre Brut selbst. Wer Glück hat, kann eine Sandwespe im Garten beobachten, wie sie zwischen Steinen oder Gartenplatten im sandigen, kaum oder nur spärlich bewachsenen Boden einen passenden Platz für ihre Brut sucht. Ihren schwarzen Körper mit der dünnen, rostroten Wespentaille bedecken zwei längs gefaltete Flügel. Flink läuft sie hin und her, jedes Krümel, jeden winzigen Überhang unter Steinen prüfend. Ab und zu fliegt sie auf, um sich sogleich wieder niederzulassen. Hat sie eine geeignete Stelle gefunden, so gräbt sie dort eine Bruthöhle und geht dann auf Raupenjagd. Ihre Beute lähmt sie mit einem Stich, so dass diese zwar noch lebt, aber bewegungsunfähig ist. Unter großen Anstrengungen schleppt sie die gelähmte Raupe fort und zerrt sie in die gegrabene Brutkammer. Dann legt sie dort ihr Ei und verschließt die Bruthöhle. So findet die schlüpfende Larve bereits eine Raupe als Babynahrung vor.

Laufkäfer halten tagsüber meist Siesta, bevorzugt unter Steinen oder Baumwurzeln. Wer eine Steinplatte hochhebt, findet darunter gelegentlich einen dieser fast 3 cm großen Käfer. Eine besonders augenfällige, goldgrün schimmernde Art nennt man „Goldschmied". Sehr attraktiv ist auch der Körnige Laufkäfer. Seine metallisch glänzenden Flügeldecken haben Längsrippen und in den Furchen dazwischen noppenartige Erhebungen. Die meisten Lauflkäfer können tatsächlich nicht fliegen. Ihre Flügel sind miteinander verschmolzen. Das gewährt ihnen in ihrem Lebensraum am Boden zwischen Steinen guten Schutz. Erst in der Dämmerung geht so ein Laufkäfer auf die Jagd nach Nacktschnecken, Würmern und Insekten. Er stürzt sich darauf, packt die Beute mit seinen zangenartigen Kiefern, injiziert ihr einen Verdauungssaft und saugt sie anschließend in aller Ruhe aus.

Ein Trockenrasen auf dem Dach

Traditionell dienten Gärten zur Kultur von Nutzpflanzen. Daher war und ist man stets bemüht, die Fruchtbarkeit des Bodens zu erhalten und zu verbessern. Die kargen Standorte in der Landschaft blieben sich selbst überlassen oder wurden als Weidefläche genutzt. Hier entwickelten sich die Lebensgemeinschaften der Fels- und Geröllfluren, die Magerrasen und Heideflächen. Inzwischen haben solche Standorte Seltenheitswert. Viele stehen unter Naturschutz.

Vielleicht erwächst nun der Wunsch, ein derartiges Biotop im Garten einzurichten.

Es wäre aber nicht sinnvoll und auf die Dauer gesehen auch wenig erfolgversprechend, fruchtbaren, nährstoffreichen Gartenboden so zu verändern, dass er einen Trockenrasen oder eine Geröllflur trägt. Wo jedoch wasserdurchlässige, nährstoffarme Substrate natürlicherweise vorliegen, hat es durchaus seinen Reiz, sie entsprechend zu nutzen. Hier könnte sich ein Magerrasen mit bunter Flora entwickeln. Selten genug dürfte dies in Gärten der Fall sein. Diese Form der Wiesenvegetation ist auch kaum belastbar. Als Spielfläche eignet sie sich jedenfalls nicht.

Allerdings lässt sich die Vegetation kahler Felsbänke sehr gut auf einem flachen oder gering geneigten Dach schaffen. Das ist bereits mög-

lich, wenn die Dachkonstruktion eine zusätzliche Flächenlast von nur 50 kg/m² aufnehmen kann. Für eine nicht durchwurzelbare Abdichtung muss natürlich gesorgt sein. Darauf kommen Drän- und Vegetationsschicht in einer Dicke von 4 bis 7 cm, je nach Ausführung. Spezialisierte Firmen bieten entsprechende Dachbegrünungen an. Zum Schluss werden Kräuter und Gräser angesät und die Sprossen von Mauerpfeffer-Arten eingebracht.

Meist bewächst und belebt sich diese Fläche schneller, als man zunächst vermutet. Ihre Bewohner kommen mit den kargen Verhältnissen erstaunlich gut zurecht. Sie sind Spezialisten für Magerstandorte und an Hitze und Trockenheit angepasst. Nur Konkurrenz vertragen die Pflanzen karger Standorte nicht. Die haben sie aber dank ihres dürftigen Substrates auf der Dachfläche auch nicht zu befürchten. Gedüngt und bewässert wird hier nicht. Auch sonst sind keine Pflegearbeiten erforderlich, es sei denn, Gehölzsämlinge keimen auf. Diese müssen entfernt werden.

Die Pflanzen solcher Trockenstandorte sind wahre Asketen. Mit einem wachsartigen oder ledrigen Überzug ihrer Blätter schützen sie sich vor Austrocknung. Katzenpfötchen und Kleines Habichtskraut bedienen sich dazu dichter Behaarung. Manche Arten rollen die Blätter ein, wenn es ihnen zu heiß und trocken wird. Andere durchziehen mit vielen feinen

Auf nährstoffarmen und wasserdurchlässigen Substraten, wie man sie z.B. für Dachbegrünungen aufbringt, gedeihen neben Schwingelarten vor allem Mauerpfeffer und Thymian.

Wurzeln den Boden nach Wasser und Nährstoffen. So macht es der Thymian, der seine Polster nach allen Seiten ausdehnt und dessen Blüten gern von Hummeln besucht werden. Der Mauerpfeffer dagegen speichert Feuchtigkeit in seinen dicken, wachsüberzogenen Blättern. Er macht das so ähnlich wie ein Kaktus in der Wüste.

Bewohner von Höhlungen und Spalten

Eine Trockenmauer wirkt nicht nur durch ihr abwechslungsreiches Fugenbild lebendig, sie steckt auch voller Leben. Am augenfälligsten sind die Polsterpflanzen, die aus allen Ritzen quellen. Rosetten der Dachwurz zwängen sich aus den Spalten und scheinen am Stein zu kleben. Ganz bescheiden gibt sich das kleine, zarte Hungerblümchen. Im Frühling leuchten die gelben Blüten des Steinkrautes weithin in schönem Kontrast zu magentaroten und tief violetten Blaukissen. Silberhornkraut webt einen zarten Schleier aus kleinen silbrigen Blättern neben den nadeligen Polstern der Pfingstnelken, deren Blüten ihren Duft verströmen. Polster-Seifenkraut, Zwerg-Glockenblumen und Sonnenröschen führen den Blütenreigen fort.

Bienen, Schwebfliegen und dicke **Hummeln** besuchen die Blüten und naschen vom Nektar, der ihnen geboten wird. Eine **Weinbergschnecke** ist ein Stück weit an der Mauer hochgekrochen, hat sich dort in ihr Haus zurückgezogen und verschläft nun den Tag. In einem Winkel zwischen den Steinen lauert ein langbeiniger **Weberknecht**. Wenn er Glück hat, überwältigt er ein kleines Insekt, indem er es mit zwei seiner dünnen Beine zu Boden drückt. Meist muss er sich aber mit Aas und Pilzen zufrieden geben. Er ist ein durstiger Geselle. Manchmal sieht man ihn an einem Tautropfen trinken. In einer Spalte hat eine **Trichterspinne** ihr Netz gewebt. Man sieht sie kaum. Am Eingang ihrer Wohnröhre lauert sie auf Beute, ein kleines Insekt, das unvorsichtig genug ist, in ihr Gespinnst zu geraten.

Auf besonnten Steinen können Tiere Wärme tanken. **Schmetterlinge** nutzen diese Form von Kachelofen gerne. Fest pressen sie ihren Körper auf den Untergrund und breiten ihre Flügel aus, um soviel Wärme als nur möglich aufzunehmen. Auch die **Wolfsspinne** nutzt den warmen Stein für ein Sonnenbad. Am Hinterleib trägt sie einen Eikokon. Mit Fäden hat sie ihn an ihren Spinnwarzen angeheftet. Die Sonnenwärme brütet die Eier aus. Später wird sie auch die geschlüpften Jungen noch zwei bis drei Wochen im Kokon spazierentragen. Mit dieser Last am Körper huscht sie über die Steine auf der Jagd nach Insekten.

Warme Steine voller Höhlungen sind auch der bevorzugte Lebensraum der **Eidechse**. Ganz still liegt sie da, lässt sich den Rücken bescheinen und nimmt über die Bauchseite die im Stein gespeicherte Wärme auf. Wenn das Zauneidechsen-Männchen sein Hochzeitskleid mit den leuchtend

grünen Flanken trägt, ist es leicht zu entdecken. Seine Frau Gemahlin trägt lieber ein unscheinbares, braungraues Kleid. Man bemerkt sie oft erst, wenn sie flink davonhuscht und unter Polsterstauden verschwindet. Eidechsen ernähren sich von Käfern, Raupen, Fliegen, Schmetterlingen und Spinnen. Blitzschnell jagen sie nach allem, was auf den Steinen krabbelt. Da müssen sich die Spinnen und Insekten bei ihrem Sonnenbad sehr in acht nehmen.

An feuchten Stellen zwischen Steinen gedeiht das **Mauer-Zimbelkraut**. Mit langen, kletternden Sprossen kann es größere Flächen überziehen. Es ist ein interessantes Pflänzchen. Seine kleinen, violett-gelben Blüten, die in großer Zahl erscheinen, erinnern ein wenig an die des Löwenmauls. Die Pflanze reckt sie der Sonne entgegen, solange sie auf den Besuch von Insekten hofft. Nach der Bestäubung wenden sich die Blüten vom Licht ab und schieben die reifenden Samenkapseln in Mauerspalten. So bereitet die Mutterpflanze ihren Nachkommen optimale Startbedingungen.

Blühende Polsterstauden gedeihen nur bei ausreichender Besonnung. An der schattigen Mauerseite fühlen sich **Farne** wohl. Aus schmalen Ritzen gucken die zarten, kleinen Pflänzchen des Streifenfarns und der Mauerraute hervor. Am schattigen Mauerfuß breitet sogar der Wurmfarn seine Wedel aus. Ebenso könnte der feingliedrige Frauenfarn, der Hirschzungenfarn mit seinen glattrandigen Wedeln oder der einfach gegliederte Tüpfelfarn hier wachsen.

Das Zauneidechsen-Männchen wärmt sich in der Sonne.

Auffällige Blüten, die Insekten anlocken, haben Farne nicht. Ebensowenig reifen daran deutlich sichtbare Früchte. Wie vermehren sie sich also? Einige der Wedel tragen an ihrer Unterseite merkwürdige Schuppen. Je nach Art sind sie verschieden gefärbt und auch unterschiedlich angeordnet. Unter diesen Schuppen verbergen sich die Sporenbehälter. Schüttelt man die Farnwedel zur Reifezeit der Sporen, so rieseln diese wie brauner Staub herab. Mit einem Blatt Papier können wir sie auffangen und auf einem Substrat aus Anzuchterde und Sand ausstreuen. Halten wir die Erde feucht und warm, so wird bald ein grüner Überzug erscheinen. Unter der Lupe erkennen wir zahllose, winzige, herzförmige Gebilde. Das sind sogenannte Vorkeime. An ihrer Unterseite bilden sich männliche und weibliche Fortpflanzungsorgane. Nun werden begeißelte, männliche Samenzellen freigesetzt, die über einen Wasserfilm zu den weiblichen Eizellen gelangen müssen, um diese zu befruchten. Das funk-

An der schattigen Seite der Trockenmauer breiten sich Farne, Efeu, Gundelrebe und Mauerzimbelkraut aus.

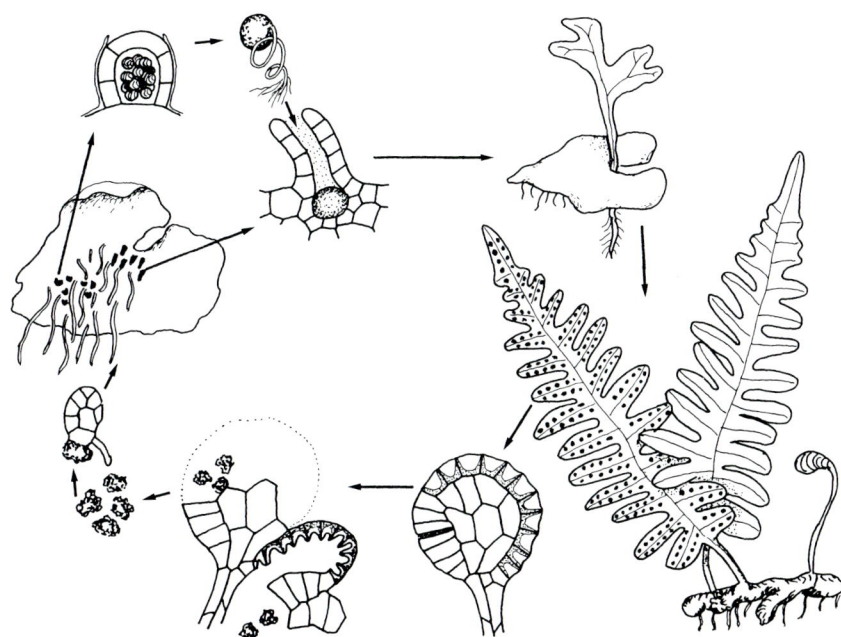

<u>G</u>enerationswechsel der Farne (aus Jahns 1982).

tioniert nur bei ausreichender Feuchtigkeit. Aus der befruch-
teten Eizelle erwächst schließlich eine neue Farnpflanze. Man
kann das auf dem Fensterbrett ausprobieren. Moose vermehren sich übrigens auf die gleiche Weise.

Die Ameisen, das Schöllkraut und der Grünspecht

Zugegeben, Ameisen gehören nicht unbedingt zu den gern gese-
henen Gästen im Garten. Zum einen mag das daran liegen, dass
sie im Rasen Nester bauen und dabei kleine Hügel aufwerfen.
Noch weit weniger erwünscht ist solch wühlende Nestbautätig-
keit auf der sonnigen Terrasse. Dort beginnen dann die Platten des
Belags zu wackeln, um im Laufe der Zeit unter Sandhäufchen zu versinken. Dem lässt sich gut abhelfen, indem man Plattenbeläge nicht in
einem Sandbett verlegt, sondern auf Splitt, dessen gröbere Körner die
kleinen Tiere nicht transportieren können. Ameisen sind bei uns auch
deshalb nicht beliebt, weil sie sich gegen Angriffe mit einem Biss und in
die Wunde gespritzter Ameisensäure zu wehren wissen. Wer hätte solch
unangenehme Erfahrung noch nicht gemacht?

Ameisen sind Leckermäulchen. Sie lieben die süßen Ausscheidungen
von Blattläusen. Deshalb sieht man sie oft in deren Kolonien. Dort be-

trillern sie die Läuse mit ihren Fühlern, damit diese reichlich süßen Saft ausscheiden, den die Ameisen dann auflecken. Deshalb behüten und verteidigen sie ihre Honigtauspender auch. Der dicke Marienkäfer jedoch, der eine Laus nach der anderen verspeist, lässt sich nicht von ihnen vertreiben. Manche Blattlausarten bringen die Ameisen sogar in ihr unterirdisches Nest, lassen sie an Pflanzenwurzeln saugen und sichern sich so

ihre Süßigkeit. Für die Ernährung der Ameisen im Winter ist dies durchaus von Bedeutung. Der Honigtau der Blattläuse liefert ihnen Energie. Eine vollwertige Ernährung stellt er jedoch nicht dar. Dazu bedarf es eiweißreicher, also fleischlicher Kost. Diese besorgen sich die Ameisen in Form von Insekten, darunter auch etliche Gartenschädlinge. Nur ist das selten augenfällig.

Am Rand der Hecke blüht unter den Büschen gelb das **Schöllkraut**. Zugleich reifen bereits die ersten Samen in langen Schoten. Diese platzen auf und heraus fallen dunkelbraune, halbkugelige Samenkörner mit einem

Die weißen Anhängsel an den reifen Samen des Schöllkrautes werden von Ameisen mit Vorliebe verzehrt.

kleinen, weißen Anhängsel. Es enthält Eiweiß, Zucker und Fett und ist somit eine beliebte Ameisenspeise. Deshalb sammeln die emsigen Tierchen diese Wegzehrung samt Schöllkrautsamen auf und transportieren beides ein Stück weit. Haben sie ihre Kost verspeist, so bleibt das Samenkorn unbeachtet liegen. Diesen Trick machen sich etliche Pflanze zunutze. Auf solche Weise verbreiten Ameisen nicht nur die Samen von Schöllkraut, sondern auch die der Buschwindröschen, der Leberblümchen, des Lerchensporns, einiger Veilchenarten, der Schneeglöckchen, des Kriechenden Günsel und der Taubnessel.

Sehr leicht lässt sich beobachten, dass Ameisen auf regelrechten Straßen verkehren und zwar in beiden Richtungen. Mit Duftnoten haben sie diese Wege markiert, die von ihrem Nest zu einer ergiebigen Futterquelle führen. Wer genau hinsieht, wird feststellen, dass Ameisen sich auch miteinander verständigen, ganz so, als würden sie ein Schwätzchen halten. Gefällt es ihnen nicht, dass auf ihrer Straße der Keimling einer Pflanze aufgeht, so fällen sie ihn kurzerhand mit ihren Mundwerkzeugen. Die Ameisentrampelpfade führen oft buchstäblich über Stock und Stein. Uns fallen sie am ehesten auf, wenn sie den Gartenweg queren oder an einem Baumstamm senkrecht in die Höhe führen.

Verfolgen wir die Ameisenstraße in Richtung des Futtertransportes, so führt sie uns zum Nest, wo der ganze Staat zu Hause ist. Eine einzige Königin legt in einem Jahr viele tausend Eier. Daraus schlüpfen Larven, die dann von Arbeiterinnen gefüttert und gepflegt werden. Sie besorgen auch den Nestbau. Normalerweise sehen wir davon nichts. Wenn wir aber einen Tontopf über das Nest stülpen, der sich in der Sonne erwärmt, so werden wir bereits nach wenigen Tagen bei einer vorsichtigen Kontrolle feststellen, dass die Arbeiterinnen ihre Nestkammer in den warmen Tontopf verlegt haben. Larven und Puppen, die landläufig „Ameiseneier" genannt werden, haben sie hier untergebracht, damit sie sich in der Wärme rasch entwickeln. Heben wir den Topf hoch, so bringen die Ameisen in fieberhafter Eile ihre Brut tiefer im Nest in Sicherheit.

An warmen Sommertagen schwärmen die erwachsenen Männchen und Weibchen zu ihrem Hochzeitsflug aus. Dann ist das ganze Ameisenvolk in Aufruhr. Arbeiterinnen öffnen an einigen Stellen das Nest und geflügelte Geschlechtstiere verlassen den Bau. Emsig klettern sie auf Grashalme und starten von dort zu ihrem Hochzeitsflug. Das ist für Vögel ein gefundenes Fressen. Sie picken die kleinen Insekten vom Boden auf und verfolgen sie auch in der Luft. Diejenigen geflügelten Ameisen, die ihnen entkommen sind, paaren sich während des Fluges. Bald darauf sterben die Ameisenmännchen. Befruchtete Königinnen werfen ihre Flügel ab und suchen sich eine geeignete Erdspalte als Versteck und Winterquartier. Erst im kommenden Frühjahr gründen sie einen neuen Staat.

Für Vögel stellen Ameisen eine nahrhafte Kost dar, und zwar nicht nur im Sommer. Gelegentlich kann man beobachten, dass der **Grünspecht** im Winter Löcher in die Grasnarbe hackt. Dann ist er nicht etwa auf der Suche nach Regenwürmern, sondern er versucht, an Ameisennester zu gelangen. Sie scheinen in dieser Zeit seine Lieblingsspeise zu sein. Weil sie sich aber in der kalten Jahreszeit in tiefere Bodenschichten verkriechen, muss er ordentlich im Boden stochern und mit seiner Zunge angeln, um an die leckere Beute zu kommen. Einzelne Ameisen werden auch gern von Rotkehlchen und Hausrotschwanz gefressen und helfen somit einigen Vogelarten, im Winter nicht zu verhungern.

Rasen, Wiese und Gehölzsaum

Dichter **Rasen** entwickelt sich, wenn man eine Fläche mit Gras und Kräutern regelmäßig mäht. Dass dann vor allem Gräser gedeihen, liegt an deren Wachstumsverhalten. Gehölze und Stauden haben ihren Vegetationspunkt an der Spitze, das heißt sie wachsen immer oben weiter. Gräser dagegen schieben sich sozusagen von unten aus dem Wurzelstock. Deshalb macht es ihnen nicht so viel aus, wenn der obere Teil der Blätter und Halme abgeschnitten wird. Nur zur Blüte und Fruchtreife kommen sie dann nicht. Zusätzlich breiten sie sich mit Ausläufern aus, was ihnen einen weiteren Vorteil gegenüber den Kräutern verschafft, die wir in einer Wiese finden.

Mit den Rasengräsern können nur solche Kräuter konkurrieren, die sich vor dem Mäher ducken und den scharfen Messern entgehen. So drückt zum Beispiel der Löwenzahn seine Blattrosette fest auf den Boden. Sie bleibt fast unbeschädigt, aber die meisten seiner Blüten werden abgemäht. Wächst der gleiche Löwenzahn zwischen hohen Gräsern auf der Wiese, so streckt er Blätter und Blüten steil in die Höhe, um ausreichend Licht zu bekommen. Gänseblümchen haben eine ähnliche Strategie wie der Löwenzahn entwickelt. Auch sie breiten ihre Blätter flach aus. Weißklee und Fadenehrenpreis entgehen dem Rasenmäher, weil sie mit ihren Trieben dicht auf dem Boden entlang kriechen.

Regelmäßiger Schnitt fördert also die Rasengräser und einige Begleitpflanzen, die an diese Art der Behandlung angepasst sind. Außerdem benötigt Rasen ausreichende Besonnung, regelmäßigen Niederschlag und genügend Dünger, sowie guten Wasserabzug im Boden. Ist dies nicht gegeben, werden andere Pflanzen begünstigt. Auf undurchlässigen Böden, nährstoffarmen Substraten, vor allem aber bei Lichtmangel, breiten sich **Moose** aus. Sie erobern die Fläche, sobald Gräser und Kräuter Schwäche zeigen. Im Schatten von Bäumen und Sträuchern ist das der Fall. Ebenso beobachten wir im Winterhalbjahr den Vormarsch der Moose.

Sie vermehren sich ähnlich wie Farne, brauchen also zu ihrer Befruchtung Feuchtigkeit, sind aber sehr genügsam, was Nährstoffangebot und Licht anbelangt. Deshalb finden wir Moose vor allem im Wald. Erstaunlicherweise können sie einerseits sehr gut Wasser speichern, zum anderen aber längere Trockenzeiten hervorragend überdauern. Deshalb gedeihen Moose auch auf Steinen und sogar auf dem Dach.

Dass dem Moos im Rasen schlecht beizukommen ist, liegt an seiner enormen Regenerationsfähigkeit. Würden wir ein Moospolster ganz fein zerhacken, den grünen Brei auf Aussaaterde streichen und gut feucht halten, so könnten wir verwundert feststellen, dass nach kurzer Zeit aus diesen allerkleinsten Moosteilchen wieder neue Pflänzchen sprießen. Für die gärtnerische Praxis bedeutet dies, dass dem Moos mit dem Vertikutiergerät langfristig nicht beizukommen ist. Stimmen die Verhältnisse, so wird es sich bald wieder ausbreiten. Nachhaltig hilft nur die Strategie der Verdrängung. Verschieben sich die Bedingungen zugunsten der Gräser, so verschwinden die Moose. Im alljährlichen Wechsel von Winter und Sommer lässt sich das gut beobachten.

Wiesen sind in ihrem Erscheinungsbild sehr unterschiedlich, je nachdem, ob sie sich auf lockerem Sand oder schwerem Lehm entwickeln, ob der Boden viele Nährstoffe enthält oder mager ist, ob die Fläche ganztags besonnt wird oder im Halbschatten liegt. Außerdem spielt es eine Rolle, wann und wie oft sie pro Jahr gemäht wird. Ziemlich wenig Einfluss hat auf die Dauer die Auswahl des Saatgutes, das bei der Neuanlage einer Wiese verwendet wird. Nach vier oder fünf Jahren hat sich die Zusammensetzung der Wiesenvegetation so eingestellt, wie es dem Standort, der Pflege und der Beanspruchung entspricht.

Wiesen voller Gräser, blühender Kräuter und schwirrender, summender Insekten sind ein herrliches Feld für Entdeckungen, Beobachtungen und Träumereien. Aber dazu muss man sie gewissermaßen erschließen. Deshalb mäht man am besten Wege durch die Wiesenfläche. Dabei dürfen kleinere und größere Rasenplätze zum Spielen oder Ausruhen entstehen. Wer will, kann das jedes Jahr ein wenig anders gestalten. Wo jedoch eine zusammenhängende Fläche für Sport und Spiel im Garten gewünscht wird, sollte die Wiesenvegetation auf einen **Saum** entlang der Gehölze beschränkt bleiben. So finden Pflanzen und Tiere einen Lebensraum, der ihnen zusagt. Entsprechend viele interessante Beobachtungen sind hier zu machen.

Zwischen hohen Stängeln hat die Kreuzspinne ihr Radnetz gewebt.

Großes grünes Heupferd.

Auf den Brennnesseln sind die Raupen des Tagpfauenauges aus den Eiern geschlüpft.

An einem warmen Sommertag summt es vor Insekten. Bienen eilen von einer Blüte zur nächsten. Ihre Höschen sind schon gelb vom gesammelten Pollen. Kleine rotbraune Käfer sitzen auf den weißen Blütenschirmen des Klettenkerbel. Dicke Hummeln weiden diejenigen der Engelswurz ab. Ein Distelfalter saugt mit seinem langen Rüssel Nektar aus den tiefen Blütenröhren der Wilden Karde. Dazwischen hat die Kreuzspinne ihr Netz gewebt und wartet nun auf ein unvorsichtiges Insekt, das sich darin verfängt.

Lautstark setzt das Zirpen einer **Heuschrecke** ein. Im hohen Gras ist sie so gut getarnt, dass man sie kaum sieht. Nur wer genau auf die Stelle achtet, woher ihr Gesang ertönt, kann sie entdecken. Wenn man sich ganz vorsichtig nähert, kann man erkennen, dass sie diese Töne mit Flügeln und Beinen erzeugt, indem sie beide ganz schnell gegeneinander bewegt. Sie besitzt nämlich auf der Innenseite ihrer Hinterschenkel eine Schrillleiste mit vielen kleinen Chitin-Erhebungen. Diese Schrillleiste reibt sie gegen eine Schrillkante auf dem Flügel. Das funktioniert so, als würde man einen Kamm über die Tischkante ziehen und damit musizieren.

Manchmal finden wir auf Brennesseln die schwarzen, haarigen **Raupen des Tagpfauenauges**. Sie sind aus einem Häufchen kleiner, grüner Schmetterlingseier geschlüpft. Jetzt fressen sie soviel von den Blättern der Brennessel, wie sie nur in sich hineinstopfen können und werden mit dieser Kost täglich größer. Für uns bietet sich hier die Gelegenheit, die Verwandlung von der Raupe zum Schmetterling zu beobachten. Im Freien ist das allerdings ein unsicheres Unterfangen. Dazu muss man die Raupen täglich im Auge behalten. Einfacher geht es, wenn wir einige davon mit einer ausreichenden Menge ihrer speziellen Futterpflanze, in diesem Fall der Brennnessel, in einen Karton setzen, der vorne mit einer durchsichtigen, luftdurchlässigen Gaze bespannt ist. Die Brennnessel stellt man ins Wasser, am besten in eine dünnhalsige Vase, damit die Raupen nicht hineinfallen. Täglich müssen wir die Tiere mit frischem Futter versorgen, solange, bis sie sich an einem Stängel anheften und verpuppen. Ungefähr zwei Wochen später sieht man bereits die Flügel durch die Puppenhülle schimmern. Dann dauert es nicht mehr lange, bis diese Hülle aufplatzt und der Schmetterling sich daraus entfaltet. Diese Verwandlung von der wurmartigen Raupe zum blütenhaften Falter hat immer etwas an sich, das an Zauber denken lässt.

Die Raupe des Mittleren Weinschwärmers in Droh-Haltung.

Täuschen, tarnen und warnen

Jeder muss zusehen, wie er seinen Feinden entgeht: Die einen geben sich besonders gefährlich, die anderen verstecken oder tarnen sich. Viele Schmetterlinge und ganz besonders ihre Raupen sind wahre Meister der Verstellung. Ein **Tagpfauenauge** bemerkt man kaum, wenn es mit zusammengeklappten Flügeln ruhig dasitzt, so dass nur die graubraune Unterseite sichtbar bleibt. Man hält es dann leicht für ein abgestorbenes Blatt. Öffnet der Falter jedoch seine Flügel, so werden zwei große Augen sichtbar. Manche seiner Feinde kann er damit irritieren. Eine ähnliche Strategie verfolgt die **Raupe des Mittleren Weinschwärmers**. Man findet sie im Sommer auf Weidenröschen oder Labkraut. Sie ist hellbraun gefärbt und trägt am Beginn des Hinterleibs drei Paar Augenflecken. Fühlt sie sich bedroht, so zieht sie den Kopf ein, und lässt die vermeintlichen Augen bedrohlich anschwellen.

Beinahe alle **Nachtfalter** tragen bräunlich gezeichnete Flügeldecken. Wenn sie tagsüber unbeweglich an einem Baumstamm sitzen, kann man sie kaum von der Rinde unterscheiden. Auf diese Weise haben sie eine Chance, der Aufmerksamkeit der Vögeln zu entgehen. Für Raupen ist das sehr wichtig. Einige von ihnen nehmen ziemlich genau die Farbe der Blätter an, welche sie verspeisen. Andere, man denke an verschiedene Spannerarten, imitieren sehr erfolgreich ein kleines Ästchen.

Die harmlose Toten-kopf-Schwebfliege sieht einer Wespe täuschend ähnlich.

Farblich auffallende Raupen schmecken den Vögeln offensichtlich ganz und gar nicht, so dass sie eine solche Beute angewidert von sich schleudern. Ein Jungvogel, der eine derartige Erfahrung gemacht hat, wird Raupen dieser Art nicht mehr anrühren, was für sie natürlich von Vorteil ist.

Aus demselben Grund, nämlich um nicht gefressen zu werden, täuschen **Schwebfliegen** falsche Tatsachen vor. Sie sind ganz harmlos und besitzen keinen Stachel, sehen aber bewehrten Insekten, nämlich Wespen, Bienen und Hummeln zum Verwechseln ähnlich. Mit ihrer auffälligen Verkleidung ziehen die Schwebfliegen Nutzen aus den schlechten Erfahrungen, die ihre Fressfeinde mit dem wehrhaften Vorbild gemacht haben. So bleiben sie unbehelligt. In ihrem Flugverhalten unterscheiden sie sich sehr deutlich von den schwerfälligeren Hummeln, Bienen und Wespen. Im Schwirrflug kann eine Schwebfliege scheinbar in der Luft stehen, dann blitzartig auf-, ab-, vor- oder zurückstoßen. Sekundenlang verharrt sie fliegend vor einer Blüte und lässt sich schließlich darauf nieder.

Was schläft in einer Knospe?

Ende März fangen die Knospen am Kastanienbaum an zu schwellen. Sie werden etwas dicker, als sie im Winter waren, und ihre braunen Schuppen sind nun klebrig wie Fliegenfänger. Sie tragen nämlich einen Überzug aus Harz. Das schützt sie vor den Angriffen verschiedener Pilze, Bakterien und Viren. Bienen scheinen das zu wissen. Sie sammeln solches Harz bereits im Herbst, um damit ihren Stock abzudichten. Die Knospen der Pappeln, Kiefern und Birken besuchen sie allerdings lieber als die der Kastanien. Imker entlocken ihren Bienen ein wenig vom gesammelten Harz, das man Propolis nennt und zu Heilzwecken verwendet.

Wenn wir im Frühjahr eine dicke Kastanienknospe der Länge nach vorsichtig aufschneiden, so entdecken wir darin den gesamten Blütenstand mit Blättern, Stiel und Blütenähre. All das wurde bereits im vergangenen Sommer, schon einige Zeit vor dem herbstlichen Laubfall gebildet und hat solchermaßen geschützt vor Frost und Austrocknung den Winter überstanden. Man muss schon eine Lupe zu Hilfe nehmen, um alles genau zu erkennen. In der Mitte liegt der Spross. Er ist stark behaart und umgeben von winzigen Blütenknospen, die aussehen wie kleine, helle Kugeln. Eigentlich sind das Knospen in der Knospe. Eine Schicht weiter außen liegen die Blätter. Ganz eng sind sie zusammengefaltet und mit wolliger Behaarung eingehüllt, wie mit einem Pelz, der sie vor Kälte schützt.

Nun dauert es nur noch wenige Wochen, dann ist es warm genug, dass sich die Knospen öffnen. Dazu nimmt der Baum Wasser aus dem Boden auf und füllt damit alle Zellen in den zusammengefalteten Blättern und

In der Kastanien-
knospe ist bereits der
gesamte Blütenstand
angelegt.

Blüten. Man kann fast zusehen – und manchmal sogar hören – wie die Knospen aufbrechen. Dann fächern sich die Blätter auf und in ihrer Mitte streckt sich die Blütenkerze empor. Es ist kaum zu glauben, dass all dies bereits in der Knospe zu finden war.

Die Kunst des Nestbaues

Vögel sind scheue Tiere. Einige gewöhnen sich zwar ganz gut an uns Menschen, aber im Allgemeinen dürfen wir ihnen nicht zu nahe kommen, sonst vertreiben wir sie aus unserer Umgebung. Gerne würden wir ihnen ganz genau bei Nestbau und Brutpflege zusehen, es ist jedoch besser, sie aus der Distanz mit einem Feldstecher zu beobachten und nicht nach ihrem Nistplatz zu suchen. Ihr Verhalten verrät uns ohnehin recht viel.

Wenn ein Vogelmännchen täglich hoch oben auf dem Hausbaum sein Morgenkonzert gibt, dann tut es dies, um sein Revier zu markieren und vielleicht auch aus Hochzeitslaune. Wir können davon ausgehen, dass bald ganz in der Nähe ein Nest gebaut wird. Das erkennen wir daran, dass die Vögel allerhand Nistmaterial sammeln. Wenn dann, Wochen später, reger Flugbetrieb einsetzt, jeweils mit einer Fracht aus Würmern und Insekten im Schnabel, so werden mit Sicherheit Junge versorgt.

Wo überall in unserem Garten Vögel gebrütet haben, entdecken wir meist erst im Herbst, wenn das Laub gefallen ist, das sie bis dahin verborgen hat. Im Spalier am Haus hat die Amsel ihr napfartiges Nest zurückgelassen. Sie benötigt es nicht mehr. Deshalb dürfen wir es herausnehmen und aus den Nähe betrachten. Es ist ziemlich groß, fast 20 cm im Durchmesser und die Nestmulde ist ungefähr 7 cm tief. Außen besteht es aus Zweigen und Wurzelfasern, die sorgsam ineinander verflochten sind. Mit solchem gröberen Material hat die Amsel ihr Nest auch in den Zweigen des Obstspaliers befestigt. Zwischen die feinen Ästchen ist trockenes Laub verwoben. Sogar einen Fetzen dünner Kunststofffolie können wir entdecken. Dieser Rohbau wurde mit Lehm vermörtelt. Die Vögel bedienten sich dazu der Wurmhäufchen, welche die Regenwürmer auf dem Rasen hinterließen.

Die nächste Schicht besteht aus Grashalmen. Nun erinnern wir uns auch, wie die Amseln im Frühjahr Halme aus der Mulchdecke unter den Himbeeren gesammelt haben. Mit den Grasbüscheln im Schnabel sahen sie aus, als trügen sie einen dicken Schnurrbart. Ganz innen ist das Nest weich ausgepolstert mit Moos und sogar mit flauschigen Federchen. Das ist auch nötig, damit die Eier während der Brutzeit darin nicht auskühlen. Sind dann die kleinen Amselküken geschlüpft, so sollen sie weich liegen und in einer kalten Nacht nicht frieren.

Im Reisighaufen neben dem Kompost finden wir das allseitig geschlossene Kugelnest des Zaunkönigs. Nur an der Seite ist ein Einflugloch zu sehen. Sein Nest lassen wir unberührt. Zaunkönige benötigen ihr Nest zwar nicht mehr für eine Brut, aber sie verbringen gerne kalte Winternächte in dieser kuscheligen Hülle.

Ganz dicht über dem Boden im Gewirr niedriger Brombeersträucher hat der Zilpzalp seine Behausung hinterlassen. Von oben sieht sie aus wie ein Häufchen aus zerkrümeltem Laub. Darunter hat er sein fein verflochtenes Nest verborgen. Im Sommer konnte man den Zilpzalp kaum beobachten. Denn er ist scheu und außerdem recht unauffällig gekleidet. Dafür ist er kaum zu überhören. Unablässig ruft er seinen Namen.

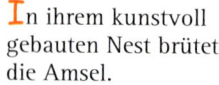

In ihrem kunstvoll gebauten Nest brütet die Amsel.

Der Garten bei Nacht

Am Abend wagt sich der Igel aus seinem Versteck.

Wenn die Sonne untergegangen ist und die Dämmerung hereinbricht, werden draußen all jene Tiere munter, die den Tag verschlafen haben. **Schnecken** kriechen aus ihren Ritzen und Verstecken. Nun müssen sie nicht mehr befürchten, in der Sonnenhitze zu vertrocknen. Gemächlich gleiten sie auf einer Schleimspur zu ihren Futterquellen. Auch die **Erdkröte** verlässt nun ihre kühle Mulde unter dem morschen Wurzelstock. Sie sucht nach Schnecken, Würmern und Insekten. Unterwegs nimmt sie ein Bad in der Vogeltränke.

Ein solches Angebot an Nahrung lockt auch den **Igel** aus seinem Schlafplatz unter dem Holzstoß hervor. Leise grunzend pflügt er sich durch die Wiese, verspeist dabei schmatzend ein paar Schnecken. Auf seinen kurzen Beinen läuft er schneller, als man es vermuten würde. Dass man dem Igel keine Milch anbieten sollte, dürfte wohl bekannt sein. Trockenfutter für Katzen und eine Schale mit frischem Wasser ist die bessere Alternative. Eigentlich findet er aber seine Nahrung sehr gut alleine. Wie seine Verwandten, die Spitzmäuse, ist er Insektenfresser. Außerdem verspeist er Regenwürmer, Eidechsen, Blindschleichen und allerlei Lurche. Fallobst nimmt er als Zukost. Wenn Gefahr droht, rollt sich der Igel ein. Seine spitzen Stacheln machen wirklich einen sehr wehrhaften Eindruck. Meistens sind sie von zahlreichen Flöhen besiedelt.

Zur Zeit des Sonnenunterganges, während der Amselhahn hoch auf dem Dachfirst sein Abendlied sang, hat die Nachtkerze ihre intensiv nach Honig duftenden Blüten geöffnet. Goldgelb leuchten sie in der Dämmerung und locken die Nachtfalter an. Auch der Phlox erhält Besuch von den Schwärmern, die mit ihrem langen Rüssel Nektar tanken. Mücken tanzen in der Luft. Eine Spitzmaus jagt unter den Büschen nach Käfern.

Fledermäuse ziehen lautlos flatternd ihre Kreise. Dunkel heben sie sich vor dem Abendhimmel ab. Kinder und junge Leute können ihre hohen Peiltöne manchmal hören. Die Ohren Erwachsener sind dazu nicht mehr in der Lage. Fledermäuse orientieren sich nach dem Prinzip des Echo-Lotes. Sie sind erstaunlich behende Flieger. So machen sie auch in völliger Dunkelheit Jagd nach Mücken, Motten, Nachschwärmern und anderen Insekten, wovon sie nicht selten ein Mehrfaches ihres Körpergewichtes verspeisen. Den Tag haben sie an gut geschützter Stelle verschlafen. Dazu suchen sie sich gerne einen hohlen Baum aus. Weil geeignete Quartiere immer seltener werden, ist es sinnvoll, Fledermäusen zu helfen, indem man ihnen spezielle Nistkästen anbietet. Diese kann man im

In einer Baumhöhlung hat die Breitflügel-Fledermaus ihr Sommerquartier.

Fachhandel fertig kaufen oder nach einer Anleitung selbst bauen. Sie müssen an einer geschützten, warmen Stelle hängen.

Inzwischen ist es ganz dunkel geworden. Am Boden zwischen Steinen und Gräsern glimmt ein fahles, grünliches Licht auf, nicht weit davon ein zweites und dann noch eines. Es sind **Johannis-Glühwürmchen**, auch Große Leuchtkäfer genannt. In der Zeit um die Sommersonnwende kann man sie beobachten. Ausdauernd schicken sie ihr Licht in die Dunkelheit. Ab und zu verlischt eines der grünen Lichter, während ein anderes an unvermuteter Stelle aufleuchtet. Im Lichtkegel einer Taschenlampe erkennen wir ein knapp 2 cm langes Tierchen. Es ist flügellos und hat helle Pünktchen an den Segmentseiten. Leuchten kann es mit einer Platte an der Unterseite des Hinterleibes und es lässt sich auch durch den Schein der Taschenlampe nicht stören. Die flügellosen Glühwürmchen sind Weibchen. Sie machen mit ihrem Licht auf sich aufmerksam. Die Männchen sehen eher nach einem Käfer aus und können fliegen. Durch die Nacht taumelnd suchen sie eine Partnerin, wobei auch sie wie mit einem Laternchen leuchten. Dabei bleiben sie ziemlich dicht am Boden. Dass diese Leuchtkäfer und vor allem ihre Larven Schnecken fressen, macht sie für die Gärtner nur noch sympathischer.

Literatur zum Thema
Aichele, Schwegler 1994
Blessing, Langer, Fladt 1997
Buer 1994
Chinery 1979
Garms 1985
Hintermeier 1994
Peterson, Mountfort, Hollom 1979
Pfletschinger 1979
Press 1996
Schauer, Caspari 1984
Schulze 1986

Vieles wäre noch zu berichten. Dieses Buch kann nur einige Anregungen geben. Wer mit Menschen zu tun hat und anderen mit Aufmerksamkeit begegnet, wird unendlich viel erfahren. Wer mit wachen Sinnen die Natur betrachtet, wird täglich neue Entdeckungen machen. Auch wenn der Rhythmus von Werden, Wachsen und Vergehen ständig wiederkehrt, so zeigt sich uns dieser Ablauf doch in immer neuen Variationen. Auch wir sind mit unseren Leben in diese Kreisläufe eingebunden. So wünsche ich viel Freude beim Gestalten, Spielen und Erkunden!

Bei den Johannis-Glühwürmchen kann nur das Männchen fliegen. Das Weibchen ist flügellos.

Agde, Georg: Sicherheit und Haftung bei naturnahen Spielräumen. In: Stadt und Grün, 3/96, S. 210 ff.

Aichele, Dietmar; Schwegler, Heinz-Werner: Die Blütenpflanzen Mitteleuropas, Band 1–5. Franckh-Kosmos Verlag, Stuttgart 1994.

Akademie für Lehrerfortbildung Dillingen: Hundertundeine Idee zur Gestaltung des Schulgeländes, Akademiebericht Nr. 246, 1994. Akademie für Lehrerfortbildung, Postfach, 89 401 Dillingen.

Bärtels, Andreas: Gartengehölze. Verlag Eugen Ulmer, Stuttgart 1981. 2. Auflage.

Blessing, Karin (Hrsg.); Langer, Silvia; Fladt, Traude: Natur erleben mit Kindern. Verlag Eugen Ulmer, Stuttgart 1997.

Bradley, Clare: Der Familiengarten, schön, praktisch, sicher. DuMont Buchverlag, Köln 1997.

Briemle, Helga: Gärten – von Kindern – für Kinder. Berichte der ANL, Heft 19. 1995 Bayerische Akademie für Naturschtuz und Landespflege Laufen.

Briemle, Helga: Gärten am Haus. 1995. Bayerischer Landesverband für Gartenbau und Landespflege e. V., Herzog Heinrich Straße 21, 80 336 München.

Briemle, Helga: Naturnahe Gärten – Gestaltungsvorschläge und Praxisbeispiele. BLV, München, Wien, Zürich 1989. 2. Auflage.

Bruns, Susanne: Was Großvater noch wusste II. Franckh-Kosmos-Verlag, Stuttgart 1992.

Buer, Friedrich: Natur in der Stadt neu entdecken. Landbuch Verlag, Hannover 1994.

Bundesverband der Unfallversicherungsträger der öffentlichen Hand – BAGUV: Merkblatt Spielgeräte in Kindergärten. BAGUV, Marsstraße 46, München 1991.

Bund Naturschutz in Bayern e. V. (Hrsg): Ökologischer Garten – ein Handbuch. Fischer alternativ, Frankfurt am Main 1982. 5. Auflage.

BUND (Hrsg.);Lutz, Erich; Netscher, Michael: Handbuch ökologischer Kindergarten – kindliche Erfahrungsräume neu gestalten. Verlag Herder, Freiburg, Basel, Wien 1996.

Burchartz, Arne: Spielplatzgestaltung und Naturverständnis – „be-greifen" natürlicher Umwelt. Berichte der ANL, Heft 3/83 Bayerische Akademie für Naturschutz und Landespflege, Laufen.

Chinery, Michael: Naturschutz beginnt im Garten. Otto Maier Verlag, Ravensburg 1986.

Chinery, Michael: Insekten Mitteleuropas. Verlag Paul Parey, Hamburg und Berlin 1979. 2. Auflage.

Deutscher Imkerbund e. V.: Bienenwelt. Deutscher Imkerbund e. V., Villiper Hauptstr. 3, 53 343 Wachtberg 1997.

DIN Normen DIN 18 034: Spielplätze und Freiflächen zum Spielen. DIN 7926: Spielgeräte Teil 1–3. Beuth-Verlag, Berlin

Doernach, Rudolf: Biohaus für Dorf und Stadt. Fischer alternativ, 1981

Fritzsche, Helga: Tiere im Garten, anlocken – ansiedeln – halten. Kosmos-Florarium in Farbe. Franckh'sche Verlagshandlung, Stuttgart 1983.

Garms, Harry: Fauna Europa – ein Bestimmungslexikon der Tiere Europas. Englisch Verlag, Wiesbaden 1985.

Goldsworthy, Andy: Andy Goldsworthy. Zweitausendeins, Frankfurt am Main 1995.

Goldsworthy, Andy: Holz. Zweitausendeins, Frankfurt am Main 1996.

Guiness, Bunny: Der Familiengarten, phantasievolle Ideen, praktische Bauanleitungen, einfache Pflanztips. Callwey-Verlag, München 1997.

Hintermeier, Helmut und Margrit: Bienen, Hummeln. Wespen im Garten und in der Landschaft. Obst- und Gartenbauverlag, München. 1994.

Jahns, Hans Martin: Farne, Moose, Flechten Mittel-, Nord- und Westeuropas. BLV, München, Wien, Zürich 1982. 2. Auflage.

Kirsch, Konstantin: Naturbauten aus lebenden Gehölzen. OLV organischer Landbau Verlag, 1997.

Klausnitzer, Ulrich: Biotope im Garten. Neumann Verlag, Radebeul 1994.

Klug, Hans-Peter; Roth, Maria (Hrsg.): Spielräume für Kinder. Votum-Verlag, Münster 1991.

Kreuter, Marie-Luise: Der Biogarten. BLV, München, Wien, Zürich 1991.

Lohmann, Michael: Das Naturgartenbuch, Grundlagen und praktische Anleitungen. BLV, München, Wien, Zürich 1988. 2. Auflage.

Luz, Renate: Naturspiel – Beispiel Garten. Berichte der ANL, Heft 19, Bayerische Akademie für Naturschutz und Landschaftspflege, Laufen 1995.

Mathes, Gertrud: Vergiftungsgefahren in der kindlichen Umwelt – wie giftig sind Giftpflanzen? Laufener Seminarbeiträge 3/83. Akademie für Naturschutz und Landschaftspflege, Laufen.

Naturschutz-Zentrum Nordrhein-Westfalen: Natur-Spiel-Räume für Kinder; 1993 Natur-Kinder-Garten; 1993. LÖLF, Postfach 10 10 52, 45 610 Recklinghausen.

Neuenschwander, Eduard: Schöne Schwimmteiche. Verlag Eugen Ulmer, Stuttgart 1993.

Oberholzer, Alex; Lässer, Lore: Gärten für Kinder. Verlag Eugen Ulmer, Stuttgart 1991.

Oberholzer, Alex; Lässer, Lore: Ein Garten für Tiere: Erlebnisraum Naturgarten. Verlag Eugen Ulmer, Stuttgart 1997.

Pennick, Nigel: Das Geheimnis der Labyrinthe, eine Reise in die Welt der Irrgärten. Goldmann-Verlag, München 1990.

Pestalozzi, Hans A.: Wo kämen wir denn da hin! In: Spielraum und Freizeit, 4. Winsen/Aller 1994.

Peterson, Roger; Mountfort, Guy; Hollom, P. A. D.: Die Vögel Europas. Verlag Paul Parey, Hamburg und Berlin 1979. 12 Auflage.

Pfletschinger, Hans: Einheimische Spinnen, die Webspinnen – Arten und Verhalten. Franckh'sche Verlagshandlung, Stuttgart 1979. 2. Auflage.

Press, Hans Jürgen: Der Natur auf der Spur. Ravensburger Buchverlag, 1996.

Probst, Wilfried (Hrsg.): Gärten zum Leben und Lernen. Kallmeyersche Verlagsbuchhandlung, Seelze/Velber 1/97.

Richberg, Inga-Maria: Altes Gärtnerwissen wieder entdeckt. BLV, München, Wien, Zürich 1996.

Rücker, Karlheinz: Giftige Stauden. Gartenpraxis 1/89. Verlag Eugen Ulmer, Stuttgart 1989.

Schaier, Alice: Gartenarbeit für Körperbehinderte und Senioren. Verlag Modernes Lernen Borgmann KG, Dortmund 1986.

Schauer, Thomas; Caspari, Claus: Der große BLV Pflanzenführer. BLV München, Wien, Zürich 1984. 4. Auflage.

Schimmelpfeng, Ute und Jürgen: Das große Buch vom Naturgarten – Ihr Paradies für Tiere und Pflanzen. Walter Rau Verlag, Düsseldorf 1995.

Schmid, Otto; Henggeler, Silvia: Biologischer Pflanzenschutz im Garten. Verlag Eugen Ulmer, Stuttgart 1989.

Schumann, Eva: Gartenprobleme – was tun? Obst- und Gartenbau-Verlag, München 1997.

Schulze, Andreas: Vogeltips für Jedermann. Ehrenwirth Verlag, München 1986. 3. Auflage.

Votteler, Willi: Sommerblumen für Garten und Balkon. Bayerischer Landesverband für Gartenbau und Landespflege, Herzog Heinrich Straße 21, 80 336 München 1990.

Weber, Angelika; Greiner, Karin: Kleine Gärten und Reihenhausgärten: Phantasievoll gestalten und nutzen. Verlag Callwey, München 1992.

Widmayr, Christiane: Alte Bauerngärten neu entdeckt, Geschichte – Anlage – Pflanzen – Pflege. BLV, München, Wien, Zürich 1984.

Wirth, Peter: Garten-Anlage, Handwerkliches Arbeiten mit Erde, Stein, Holz. Verlag Eugen Ulmer, Stuttgart 1981.

Wirth, Peter: Hausgärten planen – Entwürfe und Beispiele. Verlag Eugen Ulmer, Stuttgart 1984.

Wirth, Peter: Gartensitzplätze. Verlag Eugen Ulmer, Stuttgart 1993.

Witt, Reinhard: Naturoase Wildgarten – Überlebensraum für unsere Tiere, Planung – Praxis – Pflege. BLV, München, Wien, Zürich 1992.

Bildquellen

Zeichnungen

Die farbigen Zeichnungen fertigte Helga Briemle, Behringersdorf.

Abbildung Seite 181: Jahns, Hans Martin: Farne, Moose, Flechten Mittel-, Nord- und Westeuropas. BLV, München, Wien, Zürich 1982. 2. Auflage.

Die Kinderzeichnungen auf den Seiten 83, 84, 110 und 127 entstanden im Zeichenunterricht bei Klaus Spitzer, Düsseldorf.

Fotos

Bureau Aangepast Groen, Groesbeek, Niederlande: Seite 64, 65

Fischer, Ellen: Seite 26, 30

Guggeler, Martina, Stuttgart: Seite 80, 95

Himmerhuber, Peter, Regensburg: Seite 190

Kauth, Peter, Lübeck: Seite 196

Kuch, Erich, Dörzbach-Hohebach: Seite 128

Mioulane, N. und P., M. A. P. (Mise au Point), F-Evry: Seite 161

Oberholzer, Dr. Alex, CH-Solothurn: Seite 188

Oberholzer, Franz (+): Seite 179

Pfletschinger, Hans (Copyright: Toi Angermayer), Holzkirchen: Seite 193

Reinhard, Hans, Heiligkreuzsteinach-Eiterbach: Seite 2, 8, 61, 117, 118, 153, 174, 177, 180, 186, 191

Redeleit: Seite 7 unten, 22, 76, 77, 125, 173, 184

Stein, Gitte und Siegfried, Vastorf: Seite 36

Strauß, Friedrich, GartenBildAgentur Strauß, Au in der Hallertau: Seite 144

Thomas, Brigitte, GartenBildAgentur Strauß, Au in der Hallertau: Seite 7 oben, 18

Thomas, Dr. Hermann, Dresden: Seite 192

Tschakert, Ingeborg, Erlangen: Seite 27

Wirth, Peter, Leinfelden-Echterdingen: Seite 5, 15, 28

Alle anderen Aufnahmen stammen von der Autorin.

Register

Die Deutsche Bibliothek – CIP-Einheitsaufnahme

Ein Titeldatensatz für diese Publikation ist bei Der
Deutschen Bibliothek erhältlich

ISBN 3-8001-6683-6

© 2000 Verlag Eugen Ulmer GmbH & Co.
Wollgrasweg 41, 70599 Stuttgart (Hohenheim)
email: info@ulmer.de
Printed in Germany
Lektorat: Agnes Pahler
Herstellung: Jürgen Sprenzel
Druck und Bindung: Offizin Andersen Nexö, Zwenckau

In diesem Buch geht es um Gärten, in denen Kinder mit natürlichen Materialien ungehindert spielen können, wo Gräben, Hügelburgen, Weidenhäuser, Rasenbänke, Wasserbereiche, Kies- und Sandanlagen zu vielseitigen Aktivitäten anregen.

Gärten für Kinder. Naturnahe Schul- und Familiengärten. Dr. Alex Oberholzer, Lore Lässer. 3. Aufl. 1995. 168 S., 57 Farbf., 49 Zeichn. ISBN 3-8001-6595-3.

Lebendig schildern die Autoren, welche Ansprüche Tiere an einen Garten stellen, wie sie am liebsten leben und in welchem Umfeld sie sich wohlfühlen. So können Gartenfreunde leicht die richtigen einheimischen Pflanzenarten für ihren Garten auswählen, Blumenwiesen, Hecken mit Staudensaum, Weiher und Trockenmauern anlegen und pflegen.

Ein Garten für Tiere. Erlebnisraum Naturgarten. Alex Oberholzer, Lore Lässer. 1997. 223 S., 99 Farbf., 26 Zeichn. ISBN 3-8001-6625-9.

In diesem Buch werden 11 Naturräume - vom Gemüsegarten bis zu Wegen und Zäunen, vom Wald bis zum Weiher - vorgestellt, in denen Kinder Natur erleben, wahrnehmen und "be-greifen" können. Dann folgen Tips und Anregungen für Erlebnisspiele, für Naturbeobachtungen mit Kindern und für praktische, handwerkliche Beschäftigungen in der Natur und mit Naturmaterialien. Das Buch bietet für alle wichtigen Natur-Erlebnisräume unzählige Anregungen dafür, was man mit Kindern und Jugendlichen in der Natur unternehmen und erleben kann.

Natur erleben mit Kindern. Karin Blessing (Hrsg.), Silvia Langer, Traude Fladt. 1997. 192 S., 86 Farbf., 31 Zeichn. ISBN 3-8001-6870-7.

In diesem Buch werden einfache Reigen und Abzählreime, traditionelle Versteck- und Hüpfspiele beschrieben.

Alte Kinderspiele. Johanna Woll, Margret Merzenich, Theo Götz. 3. Aufl. 1998. 128 S., 44 Farbf., 23 Lieder nach Noten. ISBN 3-8001-6896-0.